패스
파인더
리더십

패스파인더 리더십

두 번의
교회 개척

불확실성에
도전하는
믿음의 여정

안성우 지음

피플스북스

패스파인더(Pathfinder)는
군사 용어로는 '선도자'
미국에서는 '화성탐사선'
로고스에서는 '개척자'로 읽고 '선구자'로 해석한다

누군가 열어 놓은 길
안정적이고 좋아 보이지만
실상은 상처 가득이다

기득권과의 갈등으로
에너지 낭비하며 시간 허비하기보다
길을 내기로 결정했다

두 번의 교회 개척
적진 향해 "공격 앞으로!" 명령하지 않고
"나를 따르라!" 외치며
선도에 선 생명 건 용사 **패스파인더**

두렵고 고독한 길이지만
철학과 소신 가지고 누구도 가지 않은 길을 내겠다는
용기 있는 자에게 주어진 이름

패스파인더

그 산지도 네 것이 되리니
비록 삼림이라도
네가 개척하라
그 끝까지 네 것이 되리라
가나안 족속이 비록 철 병거를 가졌고 강할지라도
네가 능히 그를 쫓아내리라 하였더라
(수 17:18)

안성우 목사님은 대신교회에서 부목사로 사역했습니다. 대신교회 설립 35주년 지교회로 개척을 내보냈는데 교회가 아름답게 성장했습니다. 첫 번째 책『멈출 수 없는 사랑』에서 영혼 사랑에 목숨 건 개척자의 사랑 이야기가 아직도 감동으로 자리하고 있습니다. 개정증보판『패스파인더 리더십』을 출간 전에 읽어보고 오늘의 로고스교회가 성장한 이유를 찾았습니다. 모험을 두려워하지 않는 용기입니다. 개척 12년 만에 일산으로 교회 이전은 워낙 큰 프로젝트라 걱정 담은 기도로 응원했습니다. 이전한 지 8년 만에 탄탄하게 자리 잡은 것은 리더십의 성장이라 생각합니다. 때마다 일마다 몸을 사리지 않는 열정에 영적인 무게감이 더해지는 글을 보며 남은 사역을 더 기대합니다.

교회 개척에서부터 중대형교회로 성장해가는 역사와 로드맵을 오롯이 담았습니다. 목회자의 자기 아픔을 진솔하게 머금은 글을 수채화처럼 그려냈습니다. 목회자의 자기 갱생은 장기 목회의 필수요소인데 그 과정과 내용이 특유의 필체에 묻어납니다.

안성우 목사님과 같은 목회자를 제자, 지교회 사역자로 삼게 된 것을 대단히 기쁘게 생각합니다.

개척자에서 리더로 다시 태어난『패스파인더 리더십』을 기쁜 마음으로 강력히 추천합니다.

박현모 목사
(대신교회 담임목사, 기독교대한성결교회 전 총회장)

제가 안성우 목사님과 직접적인 사귐을 가지게 된 것은 함께 수업을 하면서부터입니다. 과목은 "구약성서와 설교"였습니다. 안 목사님은 바쁜 사역 속에서도 최선을 다해 공부했습니다. 모든 일에 열의를 다하는 모습을 보며 어떻게 개척을 하고 목회를 했을까 하는 궁금증이 생겼습니다. 힘든 과정을 거쳤을 텐데 참으로 밝은 얼굴을 하며 이렇게 열심을 다해 공부를 하는가? 목회의 바쁜 사역 때문이란 핑계를 댈 수 있었음에도 불구하고 전혀 그런 내색을 하지 않고 과제 하나도 성실하게 준비할 수 있을까? 이런 궁금증이 있었기에 안 목사님의 추천사 요청에 선뜻 그렇게 하겠노라 대답했습니다. 그분의 생각과 삶, 사역 등을 알 수 있는 기회가 될 수 있을 것이라는 생각 때문이었습니다.

제 기대는 전혀 어긋나지 않았습니다. 바쁜 시간을 쪼개어 책을 성심껏 읽고 어떤 부분에서는 그의 글로 인해 깊은 명상에 빠지기도 했습니다. 저 자신을 돌아볼 수 있는 시간이었고 저의 부족함을 발견할 수도 있었습니다. 자신의 삶과 목회를 숨김없이 기록하고 있으며 그의 고통도 감사도 다 표현했습니다. 목사님은 어떻게 개척을 하게 되었는가에서부터 지금의 교회로 성장하기까지 겪었던 수많은 이야기들을 누구든지 충분히 이해할 수 있게 함과 동시에 책에 쓰지 않은 부분까지도 상상할 수 있도록 진술하게 기록했습니다. 단순히 개척의 어려움만 아니라 어떻게 그 어려움과 고난을 헤쳐 나갔으며 또한 하나님께서 어떻게 승리하게 하셨는지에 대한 그의 신앙고백도 잘 나타나 있습니다. 제가 이 책을 읽는 시간들은 참으로 깊은 감동의 시간이었습니다.

책 제목에서 말하고 있듯 이 책은 그야말로 패스파인더입니다. 이 책은 저자의 경험담을 통해 목회자가 어떻게 목회를 해야 하는지에 대해 하나하나 안내하는 책이기 때문입니다. 목회자가 가져야 할 소양에서부터 목회에 대한 방법에 이르기까지 소상하게 소개하고 있으며 각 장의 마지막 부분에는 로고스교회의 성도들의 간증이야기까지도 독자에게 담아내고 있습니다. 목사님 자신이 생각하고 사역한 것으로 그치는 것이 아니라 성도들이 어떻게 목사님의 목회에 반응하고 그들의 신앙을 고백하고 있는지에 대한 소개는 안 목사님의 목회가 정확하게 그 길을 가고 있음을 보여주는 증거이기도 합니다.

특히 안 목사님의 『패스파인더 리더십』은 이제 막 목회를 시작하는 전도사님들과 목사님들에게 필독서가 될 것입니다. 개척을 준비하는 목회자도 반드시 읽어야 할 책입니다. 동시에 비단 목회자만이 아니라 누구나 읽어도 깊이 감동을 받을 수 있는 책입니다. 그의 삶과 사상, 그리고 신앙까지도 독자에게 보여주고 있기 때문입니다. 한 개인의 삶과 신앙을 진솔하게 말한다는 것은 그리 쉬운 일은 아닐 겁니다. 그래서 이 책은 단순한 목회의 패스파인더로서만이 아니라 한 목사님의 신앙과 삶이 그대로 드러나 있는 책이 되어 독자들에게 깊은 감동을 주는 책이 될 것입니다.

노세영 목사
(서울신학대학교 총장, 구약학 교수)

안성우 목사님은 그의 책, 『멈출 수 없는 사랑』을 통해 처음 알게 됐습니다. 기업의 경영 컨설팅을 하고 있을 때 안 목사님을 만난 적이 있었는데 교회 개척에 관한 깊은 통찰과 이해에 큰 감동을 받았습니다. 그 후 교회를 개척하면서 개척자의 길이 얼마나 어려운지를 몸소 체험했습니다. 이 책을 좀 더 일찍 읽었더라면 개척과 교회에 대한 이해가 훨씬 깊었을 것입니다.

피터 드러커는 리더십은 비영리 법인 대표에게 배우라고 했습니다. 저자가 『멈출 수 없는 사랑』, 그 이후 10년을 『패스파인더 리더십』으로 출간한 것은 결정적인 순간마다 패러다임의 전환을 체득했기 때문일 것입니다. 저자와의 만남을 통해 저자가 리더십의 가치를 알고 몸소 실천하는 목사님임을 확신할 수 있었습니다. 혼란한 시대에 한국 교회의 건강한 길을 모색하는 저자에게 박수를 보냅니다.

이 책은 리더십의 고착상태에서 혼란을 겪고 있는 사회 초년생과 목회자들이 추구해야 할 진정한 가치가 무엇인지를 알려주고 잠재된 가능성을 발휘할 수 있도록 도와주는 책입니다.

진정한 리더십의 부재 속에서 고민하는 사람들에게 큰 도움이 될 것이라 확신합니다.

전옥표 목사
(전 삼성전자 한국총괄 전략마케팅 상무,
〈이기는 습관〉, 〈빅 픽처를 그려라〉의 저자, 위닝경영연구소 대표)

안성우 목사님의 책 『멈출 수 없는 사랑』을 처음 접한 것은 10년 전 시골 교회 담임목사로 청빙 받았던 때입니다. 무서울 것 없는 서른다섯이었습니다. 온 힘을 다해 말씀을 전했습니다. '죽으면 죽으리라' 외치며 목회했어요. 그러나 현실은 너무도 답답했습니다. 젊은 목사의 목회 열정은 현실 앞에서 한없이 작아졌습니다. 점점 지치고 약해지고 희미해져가던 어느 날 『멈출 수 없는 사랑』을 만났습니다.

앞이 보이지 않던 교회 현실과 갈급한 심령에 시원한 냉수였습니다. 저는 독서목회를 지향합니다. 경건, 신학, 인문학 서적을 주제별로 읽었습니다. 마치 목마른 수가성 여인이 매일 아무도 없는 시간에 홀로 물을 길렀던 심정이었죠. 이 책, 저 책을 섭렵했어요. 읽고, 또 읽으며 자양분을 공급받았습니다. 그러던 중에 『멈출 수 없는 사랑』을 만난 겁니다. 마치 주님이 주시는 생수로 수가성 여인의 목마름이 해갈됐던 것처럼 목회 갈증이 해소됐습니다.

열정만으로는 열리지 않는 교회의 현실 앞에서 작아진 목사의 마음을 위로해주었습니다. 교회를 바로 세우고, 영혼을 사랑하는 목회에 소망을 주었습니다. 목회 길잡이가 됐습니다. 금번 『멈출 수 없는 사랑』이 그 후 10년을 담은 개정 증보판 『패스파인더 리더십』으로 다시 태어나게 된 것이 누구보다 기쁩니다. 이 땅의 모든 목회자들에게 답답한 목회와 현실을 풀어주는 시원한 냉수가 될 것을 믿어 의심치 않습니다.

고광희 목사
(청주 성동장로교회 담임목사)

Contents

PART 2
건강한 교회를 세우는 목회 리더십

PART 3
건강한 교회를 완성하는 목회 리더십

개척자로 부름 받은 지 20년째다. 로고스교회 개척 7년 차에 안식년을 보냈다. 초판 『멈출 수 없는 사랑』은 안식년 기간 동안 토론토에서 1년 간 쓴 책이다. 13년 전 떠나기 위해 짐을 싸면서 사역도 쌌다. 이삿짐을 꾸리다 보면 버릴 것이 나온다. 패스파인더로 7년, 외형적인 모습은 등록 성도 약 900명, 예배당 부지 330평, 교육관 부지 52평과 400여 평의 건물, 교육 시설이 좁아 들여온 컨테이너 하우스 두 동이 전부였다. 성도들과 작별 인사를 나누고 공항으로 출발하며 차마 창밖을 볼 수 없었다. 지하 예배실부터 함께 고생한 몇몇 성도 얼굴이 스쳐 지나갔다. 나지막이 되뇌었다.

"지난 7년간 함께해서 행복했습니다. 사랑합니다."

변함없는 마음으로 자리를 지켜줌에 감사할 뿐이다. 여기저기서 성공적인 개척이라 말했다. 그래 성공이라 치자. 지칠 대로 지쳐 짧은 만남조차 싫은 게 성공일까? 실패였다. 에너지관리 실패, 사람 싫어하는 목회자였다. 목회 성공을 말할 수 있겠지만 사람은 그 누구도 목회 성공 여부를 평가할 자격이 없다. 평판이나 외부 평가는 그리 중요치 않다. 자신만이 안다. 실패자인걸. 하루하루 주님의 뜻 생각하며 단지 최선을 다할 뿐이다.

목회 연구를 위해 안식년 떠난다고 했지만 쉴 생각 밖에 없었다. 개척이후 일주일에 하루 7시간 이상 5일간 전도했다. 금요일 오후가 되면 기도원에 올라가 1박 2일 동안 설교를 준비했다. 반복적인 패턴은 6년간 계속되었다. 일중독에 빠진 개척자가 여린 공동체를 1년 간 떠난다는 건 쉬운 결정이 아니었다. 하지만 떠날 수밖에 없었다. 떠나지 않으면 도망갈 것 같았다.

리더십 전문가 존 맥스웰(John C. Maxwell)은 '리더의 수준이 공동체의 수준'이라 했다. 마음을 후벼 팠다. 교회를 성장시키려 하기보다 목회자의 수준을 높여야 했다.

안식년 동안 교회는 마이너스 성장했다. 돌아와서 3년 정도 침체가 계속됐다. 그동안 독서와 교회 지키는 일만 주력했다. 2009년 개척된 지 11년 되던 해 제2의 부흥기를 맞이했다. 예배당에 앉을 자리가 부족했다. 예배당 건축하자는 말이 많았지만 오히려 선교사 다섯 가정을 파송했다. 건축은 2013년으로 미루었다. 하나님의 생각은 달랐다. 약 15분 정도 걸리는 일산 한소망교회(류영모 목사)를 매입해서 이전하게 하셨다.

6년 주기설이 있다. 목회자에게 6-7년이면 한계나 위기가 온다. 첫번째 한계는 안식년으로 넘었다. 두 번째 한계는 교회 이전으로 넘었다. 세 번째 한계는 오늘부터 시작이다. 로고스교회 개척 20년을 바라본다. 정년 은퇴하려면 약 18년 남았다. 1년에 한 달씩 교환목회를 통한 성장을 준비하고 있다. 떠나야 보인다.

『패스파인더 리더십』으로 개정증보판을 내기로 결심했다. 첫째, 종교개혁 500주년을 맞이해 연수를 다녀왔다. 얻은 은혜와 배움이 컸다. 존 칼빈(John Calvin)은 『기독교 강요』를 다듬고 다듬어 완성도 높은 책으로 남겼다. 미래에 다른 책도 집필하겠지만 단 한 권의 책을 남긴다면 이 책을 남겨야 한다 생각했다. 개척자, 목회자, 창업자의 길을 가는 이들과 고통도 기쁨도 함께하고 싶다.

둘째, 사랑하는 신원과 강민에게 남긴다. 신원은 대졸후 직장생활 초년생의 혹독함을 이겨내고 있다. 강민은 대학교 2학년, 휴학 카드를 내밀었다. 벤처를 창업하겠단다. 1년 동안 벤처 생태계를 체험하고 복학했지만 다시 창업에 뛰어들 것이다. 눈물 젖은 빵은 아니어도 어린 나이에 눈물 머금은 햄버거를 먹어본 아들의 용기를 높이 산다. 아이들이 인생을 쉽게 생각하지 않기를 바란다.

셋째, 청주에서 걸려 온 전화다. 초판 5천 권을 찍었는데 완판 되어 책을 살 수 없단다. 저자가 보관하고 있는 책이 있다면 보내 달라고 했다. 책을 읽으며 많은 위로를 받았단다. 개척하는 후배와 부목사에게 꼭 읽히고 싶다 하셨다.

초판 이후 10년을 담고, 10년 후 한번 더 개정증보판을 내기로 결심했다.

첫 번째 안식년을 떠날 때 하나님은 질문 하셨다.

"담임목사가 1년 간 안식년으로 교회를 비울 때 주인의식을 가지고 교회를 지킬 사람은 있니?"

"지속적으로 성장했니?"
"초심을 잃지 않고 있는 거니?"
"목회 주인이 나라면서, 그렇게 지쳤다면 너의 주인은 누구니?"

답을 낼 수 없었다.

교회 설립 20주년 만에 받은 질문이다.

"좋은 목사를 넘어 위대한 목사를 꿈꾸고 있는가?"
"주님 닮은 인격으로 성장하고 있는가?"
"지성과 영성은 성장하고 있는가?"
"온전한 목사가 되기를 한 순간도 포기하지 않았는가?"

개척 때 첫 기도는 로고스교회에서 은퇴하는 것이었다. 둘째는 자립이었다. 마지막은 개척 후배들에게 용기를 주고 싶었다. 20년 전 외쳤다.

"선배님 어디 계십니까?"

지금은 질문을 받을 때가 됐다. 개척 12년 만에 교회 이전 프로젝트를 감당했다. 교단에서 개척 교회 모델이 됐다고 하는데 부끄러운 것뿐이다. 개척 필패론(必敗論)에 잠겨 있는 한 사람의 손이라도 잡아주는 마음으로 개정을 시작한다.

많은 선배들이 도전해야 할 때 지쳐있음을 봤다. 도시 개척 교회 중약 2퍼센트가 다음 과정을 거친다. 개척 10년 전후 10-20억 원, 20년

에 40-60억 원, 30년에 100억 원 내외 예배당 건축 프로젝트를 감당한
다. 100억 프로젝트는 교회가 중대형교회로 성장할 인프라를 갖추었다
고 봐도 좋다. 이때 리더의 나이는 60대 전후가 보편적이다. 건축비 50
퍼센트가 부채라고 할 때 빚을 갚느라 목회 황금기를 소모하고 만다.

로고스교회는 개척 12년 만에 약 101억 프로젝트를 감당했다. 하려
했던 것이 아니라 인도하심 받았다. 예배당 이전 과정을 상세히 기록할
것이다. 아픔과 눈물은 두 번째 책 『최고의 질문』에 담았기에 중복을
피하겠지만 내용 전달을 위해 약간의 중복은 이해를 부탁한다.

어렵고 힘든 목회 여정 가운데 있는 분께 작은 위로가 됐으면 좋겠
다. 개척을 망설이는 후배에게는 불을 지펴 선도자로 불리우고 싶다.
목회의 한계를 여실히 느끼고 사역지 이동을 고민하는 분에게는 '지금
여기에서' 함께 하는 마음을 나누고 싶다. 청빙 받는 것도 하나님의 뜻
이지만 못 받는 것도 하나님의 뜻이다. 청빙을 기대하며 시간 허비하기
보다 오늘에 최선을 다하는 영성을 구한다. 하나님의 인도하심 받아 사
역지를 옮기는 것은 감사한 일이지만 큰 떡, 남의 떡 쫓다 일생 허비할
수도 있는 노릇이다.

고 옥한흠 목사님은 별세목회 연구원 주최 22회 전국 목회자 세미나
중 다음과 같이 말씀하셨다.

"목사들 속에 들어있는 야망, 큰 교회를 이루려는 꿈, 경쟁심, 사람
의식하기, 칭찬 받고자 하는 마음…. 이와 같은 독이 빠져야 한국교회
가 변화됩니다."

신학대학에 입학한 지 34년이 지났다. 몸으로 부딪히고 깎이며 경험한 것들도 담았다. 한없이 부족한 모습을 숨김없이 담아 낸 것은 목회만이 아니라 창업을 준비하는 분에게 용기를 주고 싶다. 자영업자의 무덤 시대가 됐다. 하지만 여전히 창업 신화는 쓰여질 것이다. 두 번이나 개척자의 길을 가는 동안 침상에 자리한 눈물 젖은 베개가 아직 마르지 않았다. 패스파인더가 겪는 어려움과 고통은 별게 아니다. 이미 목숨 건 순교정신으로 길을 가기 때문이다. 하나님은 공평하시다. 한 사람이 살면서 흘릴 눈물의 정량은 동일하다.

이 책은 두 번이나 개척자의 길을 눈물 머금은 미소로 동행한 아내 한진숙과 부족한 아버지를 자랑스럽게 생각하는 신원, 강민에게 바친다.

초판, 캐나다 토론토 North York Centre 도서관에서
개정증보판, 고양시 일산동구 마두동 로고스교회 서재에서

Special Thanks to...

개척자의 길을 열어주시고 늘 인도해 주신 대신교회 박현모 목사님, 신학의 기틀을 놔 준 노세영 교수님, 목회 멘토 류정호 목사님께 감사드립니다. 마음 담은 글을 머금은 추천사를 써 주신 고광희 목사님, 『이기는 습관』의 저자 전옥표 목사님께 감사드립니다.

마지막으로 로고스교회 성도님들께 머리 숙여 사랑과 고마움을 지면을 통해 전합니다.

Pathfinder
Leadership

PART 1

건강한 교회를 준비하는
목회 리더십

현재는 과거의 결과이다.
못하는 것이 아니라 준비가 안 된 것이다.
심는대로 거둔다.

비전: 교회는 무엇을 위해 존재하는가?

이런 사람은 세상이 감당하지 못 하느니라 그들이 광야와 산과 동굴과 토굴에 유리 하였느니라(히 11:38, 개역개정)

세상이 감당 못할 사람은 누구일까? 광야와 산과 동굴에서 수많은 시간을 보내도 불편해 하지 않는 사람이다. 비전을 품고 하나님의 역사하심을 기대하며 묵묵히 희생의 길을 걷는다. 개척자의 길은 고난을 향해 생명 건 마음의 준비부터 시작한다.

미국의 경영학자 피터 드러커(Peter F. Drucker)는 "군사들은 유능한 지휘관을 가질 권리가 있다"고 했다. 하나님의 사람은 건강한 교회와 능력 있는 영적 리더를 찾고 있다. 선택할 권리가 있다. 은사와 소신, 목회철학을 실현할 꿈이 있다면 개척만큼 좋은 길은 없다. 패스파인더로 몸을 던지는 것이 먼저다. 개척 목회 중에 하나님이 깎으시고 두드리셔서 만들어가심을 경험할 것이다.

개척 준비할 때 머금은 질문이다.

"교회가 이렇게 많은데 또 하나의 교회를 세울 필요가 있을까?"
"이미 세워진 교회에 부임해서 개혁을 하는 것이 좋지 않을까?"

장중열 선교학 교수님의 가르침이 생각났다.

"하나님은 시대마다 교회를 세우셨고 역사를 주도하셨다. 영향력 있는 목회는 개척 교회, 장기목회 공식 안에 있다."

교회 존재 목적은 주님이 선언하셨다.

내가 온 것은 양으로 생명을 얻게 하고 더 풍성히 얻게 하려는 것이라(요 10:10b, 개역개정)

교회는 사람들이 구원 얻고 더 풍성한 생명을 누리게 하는 곳이다. '생명을 얻게 하고 더 풍성히 얻게' 하는 목적선언문을 떠나서 교회는 존재할 수 없다. 풍성한 생명을 누리게 하는 건강한 교회를 세우기 위한 기초는 주님의 목적선언문에서 출발한다.

01. 비전은 주어지는 것

묵시가 없으면 백성이 방자히 행하거니와 율법을 지키는 자는 복이 있느니라(잠 29:18, 개역개정)

비전은 하나님이 만드신 그 무엇을 소유하거나 이루는 것이 아니라 하나님을 닮아 가는 것이다. 하나님은 우리가 하나님을 찾는지 자신이 만든 것을 찾는지 살피신다. 하나님의 손이 아닌 하나님의 얼굴을 구하는 자에게 하나님이 손 내미신다. 인생 최대 과제는 하나님의 뜻을 이루는 것이다. 하나님의 뜻, 첫 번째는 하나님의 형상을 회복하는 것이고 두 번째는 주신 과업을 완수하는 것이다. 모든 교회에 주신 일반적인 비전이 있다. 시대에 따라 교회가 위치한 지역, 문화적 특성과 역사와 개인차를 고려해서 주신 특별 비전이 있다.

비전은 여러 가지 길을 통해 주어진다. 만드는 것이 아니라 주신다.

첫째, 계시로 주어진다. 성경은 계시의 책이다. 하나님의 말씀을 읽을 때 주신다. 듣고, 묵상할 때 감동을 주신다. 시간이 지나도 잊히지 않고 영혼을 사로잡는 구절이 있다. 그 말씀 속에 비전이 담겼다. 비전을 말씀 속에서 바르게 해석하고 이해하지 못하면 야망을 비전으로 착각하기 십상이다.

둘째, 기도 응답으로 받는다. 기도할 때 말씀이 생각나고 깨닫게 하신다. 때론 세미한 소리로 들리기도 한다. 세미한 음성은 분주함과 욕망을 제거할 때 들린다. 기도 시간에 감동이 있고 잊히지 않는 단어가 있다.

셋째, 일상에서 발견한다. 영화나 뉴스, 길을 가다가 비전을 받는다. 떠오르는 명사나 동사, 핵심가치가 마음에 남는다. 고아원에 봉사 갔다가 느낀다. 난지도의 쓰레기 더미에서 발견할 수 있다. 금식기도 마치고 기도원을 나서는 길에 노래하는 새들에게서 들을 수 있다. 국립묘지에 놓인 한 송이 국화에게서 들을 수 있다. 주님은 우리의 일상을 인도하신다. 작은 것에도 귀 기울기고 주의 깊게 살펴야 한다. 일상이 중요한 것은 비전은 일상에서 구체화 되어야 하기에 그렇다. 하나님의 전인적 인도하심을 따름이 비전을 따르게 한다.

넷째, 역사를 통해 주어진다. 느헤미야는 하나님의 직접 계시 없이 비전을 발견했다. 민족에 대한 염려와 역사를 주도하시는 하나님의 부르심에 응답함으로 비전을 받았다. 에스라도 고레스를 통해 역사를 이루시는 하나님을 만났다. 그리고 예레미야를 통해 주신 말씀 성취의 때를 알았다. 엄밀히 말하면 역사적 시점에서 자기가 해야 할 일을 알았다.

예레미야의 입을 통하여 하신 말씀을 이루게 하시려고 바사 왕 고레스의 마음을 감동시키시매(스 1:1b, 개역개정)

그들에게 중요했던 것은 역사를 읽어내는 것이 아니라 그 역사의 부르심에 대한 응답이었다. '누군가 해야 할 일이라면 제가 하겠습니다.' 고백하는 것이다.

다섯째, 사람을 통해 전달하신다. 내게 처음으로 목회자의 길을 권한 사람은 도서관에서 만난 이였다. 사설 도서관장 아들인 그는 서울대학교 대학원에서 서양사학을 공부했다. 목회를 권한 이유를 묻자, 볼 때마다 그런 생각이 들 뿐이라고 했다. 1982년 성탄절 석양이 드리울 때, 스승께서 이유도 말하지 않고 133-1번 버스를 타고 모래네 시장에서 하차 할 것을 명하셨다. 정한 시간에 도착했더니 기다리고 계셨다. 앞서 걸어가시더니 쓰레기 숲 난지도의 한 교회로 데려가셨다. 1년간 모은 돈을 그 교회에 전하셨다. 난지도 교회 목사님이 말씀하셨다.

"매년 이렇게 오시는데 성함이라도 알면 좋겠습니다."

미소로 답하셨다. 쓰레기 더미, 쾌쾌한 냄새, 수십 년 피어올라 지지 않을 연기, 성탄이 지고 있음을 알리는 어둠 내린 난지도를 뒤로하고 걸을 때 물으셨다.

"하나님이 네게 여기서 목회하라고 하시면 할 수 있겠니?"

침묵으로 대답했고 지금도 그 답을 찾는 중이다.

비전은 만드는 것이 아니다. 존재하는 것이며 하나님으로부터 주어진다. 리더는 그것을 자기 것으로 확신하고 정리해야 한다. 미식축구 코치 빌 파빌스는 "가장 유능한 지도자는 자신의 가치관을 알고 그에 따라 살아가는 사람이다."라고 했다.

02. 비전의 목적과 역할

초등학교 저학년 때 운동장 끝에서 국기 게양대까지 선 긋기 시합을 했다. '누가 가장 반듯하면서 빨리 긋느냐?' 는 시합이었다. 두 유형의 사람이 있다. 목표지점을 보고 눈을 떼지 않고 긋는 사람이다. 다른 이는 엉덩이를 뒤로 쭉 빼고 그어진 선을 보며 반듯하게 그리려 한다. 가끔 뒤돌아보며 좌표를 수정한다. 누가 빠르고 반듯하게 그을지 아는 사람은 안다. 선을 보지 않고 목표지점을 봐야 한다. 비전을 지향하는 사람은 이와 같다. 길을 잃지 않는다. 현실을 볼 때 비전과 길, 두 가지를 모두 잃는다.

마라톤 선수가 메달을 받으려면 42.195킬로미터의 정해진 코스를 완주해야 한다. 골인지점을 통과해야 한다. 성서는 상 받는 사람의 조건을 말한다. '오직 한 사람인데 방향을 정하고 방향대로 달리는 자'라고 했다. 방향은 주님, 주님의 가르침이다. 주님이 비전이다.

윌리엄 폴라드(William C. Pollard)는 『서비스의 달인』에서 〈서비스 마스터(Service Master)〉사의 비전을 기록했다.

"일리노이 주에 있는 우리 본부의 로비에 들어오면 오른편으로 너비 3미터, 높이 60센티미터의 대리석 벽에 문구가 새겨져 있는 것을 볼 수 있다. 벽에 양각으로 새긴 그 글자들의 키는 거의 30센티미터 정도나 되는데 우리 회사의 목적을 밝히는 네 문장이 새겨있다."

모든 일을 통해 하나님께 영광 돌리고(To honor God in all we do)
사람을 도와 성장시키며(To help people develop)
탁월함을 추구하고(To pursue excellence)
수익을 늘려간다(To grow profitably).

서비스 마스터는 1929년에 이끼 제거 사업을 시작해서 2009년 매출 5조원을 올린 세계 최대의 용역업체다. 창설자 마리온 웨이드(Marion E. Wade)는 사람을 섬기고 주님을 섬기기 원했던 매우 신앙심 깊은 사람이었다. 회사 이름 자체가 주님(Master)을 섬긴다는 의미이다.

공동체를 움직이는 것은 무엇인가? 구성원을 움직이게 하는 것은 무엇인가? 무엇이 사람을 교만하지 않게 하는가? 공동체를 바르게 가도록 하는 것은 무엇인가? 비전이다. 올바른 비전은 건강한 리더와 공동체를 만든다. 목적지를 정하지 않고 항해를 시작하는 배는 없다. 목적지 입력이 잘못 됐다면 먼 거리를 항해해도 헛일이다. 비전은 공동체의 목적이요 방향이다.

같은 마음으로 비전 실현을 위해 움직이는 공동체는 큰 성과를 낸다. 비전은 목표와 목적지를 넘어 지도(map)이며 공동체의 생명이다. 사람은 목적 지향적이다. 속한 공동체의 비전을 통해 자신의 미래를 본다. 공동체의 비전은 개인의 삶의 목적과 비전을 발견하게 해 줌으로 삶의 동기를 부여해 준다.

존 맥스웰은 『인재 경영의 법칙』에서 "훌륭한 비전은 좋은 길잡이가 된다. 비전은 기관이 나아가는 방향을 설정한다. 비전은 기관의 법칙이나 규칙, 정책 안내서나 조직 체계들이 줄 수 없는 방향을 제공한다."고 말했다.

우리교회 성도 한 분은 교회 비전을 자신의 비전으로 받았다. 직업은 그에게 안정된 미래를 보장했다. 그러나 과감히 버리고 새로운 삶을 향해 도전장을 내며 이렇게 말했다.

"목사님 저는 망할 리 없습니다. 제가 하고자 하는 일은 하나님의 일을 위해서입니다. 대차대조표, 손익분기점 등을 충분히 검토 했습니다. 정한 수입의 일부를 교회가 비전을 이뤄가는 일에 쓰임 받도록 드릴 것입니다. 하나님의 목적을 하나님의 방법으로 이룰 것입니다. 아무런 두려움이 없습니다."

교회 비전이 자신에게 도전이 되어 안정적인 삶을 버리고 위대한 도전의 열매를 먹고 있다. 10년이 지나 개정증보판을 내는 지금, 교회 비전이 자신을 영향력 있는 사람으로 만든 계기가 됐다고 고백한다. 그분에게 도전을 받은 또 다른 사람의 말이다.

"하나님이 로고스교회를 급하게 쓰시는데 앉아 있을 수 없습니다. 그 비전을 위해 사람을 세우는데 구경만 하고 있을 수 없습니다. 제가 쓰임 받는 주역이 되기를 기도하고 있습니다."

로고스교회는 비전으로 출발했고, 비전이 로고스 구성원 각자의 삶을 이끄는 원동력이 됐다. 비전이 교회의 오늘이 됐다.

03. 로고스교회 비전

다음은 로고스교회가 개척 때 받은 비전이다. 개척하기 전까지 사역과 삶을 통해 고민하고 기도 했던 것을 적어 개척 이후에도 계속 다듬었다. 비전은 로고스 공동체의 가슴을 뜨겁게 하고 인도하는 길잡이다.

로고스교회 비전 선언문
건강한 교회를 세워 미래세대 리더를 키우고 세계 복음화에 공헌한다.

로고스교회의 모델

사도행전의 성령 충만한 선교지향적인 '안디옥 교회'가 우리의 모델이다.

로고스교회 5대 목적

1. 우리는 풍성한 생명들이 예배하는 교회가 된다.
2. 우리는 땅 끝까지 복음을 전하는 선교지향적 교회가 된다.
3. 우리는 미래세대 리더를 키운다.
4. 우리는 건강한 가정을 세운다.
5. 우리는 치유와 성장이 있는 소그룹 중심 교회로 간다.

로고스교회 전략

1. 예배를 통한 뿌리 내리기
2. 말씀 연구와 훈련을 통한 줄기 세우기
3. 교제로 인한 가지 펼치기
4. 봉사와 섬김의 꽃 피우기
5. 복음 전파를 통한 열매 거두기

로고스교회 10대 비전

1. 우리는 고양시와 대한민국 그리고 전 세계의 하나님을 모르는 사람들, 상처받은 사람들, 침체된 사람들, 좌절과 혼란 속에서 살아가는 사람들이 복음으로 사랑, 용납, 희망, 용서, 지도와 격려를 받을 수 있는 교회가 된다.

2. 우리는 고향을 잃어버린 시대에 모여서 그리스도를 높이고 서로

사랑하며 함께 배우고 화목하게 더불어 살아가는 '고향과 같은 교회'
가 된다.

3. 우리는 성장과 성숙, 예배와 소그룹 두 날개로 비상하는 교회가
된다. 교회와 가정과 사회를 하나로, 신앙과 신학, 인격과 능력이 균형
을 이루는 균형 잡힌 교회를 세워 간다.

4. 우리는 하나님의 미래세대가 주 그리스도를 닮게 함으로 통일시
대와 21세기의 리더로 세워 세계를 섬기는 훈련 교회로 간다.

5. 우리는 하나님이 보내신 수많은 청년들이 주께 나아와 찬양하며
헌신하는 차세대 영적 리더를 키우는 청년교회가 된다.

6. 우리는 도시문화를 이해하고 새벽 5시 30분에 자유로이 아름다운
기도와 찬양으로 하나님을 높이는 성령 충만한 기도 중심의 교회를 세
워간다.

7. 우리는 목적이 이끌어 가는 교회를 지향하며 비전, 인격, 사역에
있어서 섬김의 리더십으로 잘 훈련되어 전인적인 삶을 이끄는 300명의
평신도 선교사들이 기쁨으로 사역하는 사역 중심의 교회가 된다.

8. 우리는 20만 평의 전원에 '비전랜드'를 세워 선교사 숙소와 안식
관, 실버타운, 대안학교, 고아원, 장애인 공동체 등을 섬기고 청년창업
은행을 통해 사람을 키운다.

9. 우리의 역사적 비전은 세계와 통일시대의 선교이다. 통일시대 선
교를 위해 매주 선교비를 예치하며 1,000개의 지교회를 북한에 세워
한 가정이 한 교회씩을 세우는 헌신된 1,000가정과 1,000명의 선교사
를 후원 및 파송하는 것이 우리의 비전이다.

10. 우리는 건강한 가정을 세우기 위해 부모교실, 부부 성장학교, 아
버지 학교, 결혼예비자 학교 등을 통해 건강한 가정의 모델을 제시한다.

개척한 지 2년 6개월 됐을 때 예배당 건축이란 산을 넘었다. 비전이 건축을 이끌었다. 어린 구성원과 예배당을 건축한다는 것은 위험한 일이었다. 주인의식도 책임 의식도 없었다. 비저너리(visionary:미래를 읽고 전망을 제시하는 사람) 한 분이 말씀하셨다.

"우리교회 비전을 주신 분도 하나님, 이루실 분도 하나님입니다. 그렇기에 지금 도전해야 합니다. 우리 교회는 비전이 있지 않습니까!"

비전 선언문에는 목회철학이 오롯이 담겨있다. 성령께서 함께하시고 지도하셨음을 믿는다. 목회자에게 목회 방향을 설정하고 추진할 에너지를 공급하신다. 비전을 이루기 위해 먼저 헌신해야 한다. 아버지는 아들에게 말씀하셨다.

"소에게 물을 먹이려면 목동이 자기 발을 먼저 적셔야 한다."

예배당을 지어야 한다면 주일 한번 쓰는 건물로 만들지는 않겠다고 다짐했다. 예배와 양육이 첫 번째 목적이지만 통전적인 이유는 비전을 감당하기 위한 모형이었다. 믿음은 바라는 것들의 실상이다. 첫 번째 예배당 건축은 어렵지만 쉽게 이루어 졌다. 지역사회 초등학생을 위해 무료 영어스쿨을 열었다. 매일 100명의 학생들이 교회에서 영어를 배웠다.

안지혜 집사

　　로고스교회 교인이 된 지 벌써 19년이 됐습니다. 재수시절, 밤늦게까지 피아노 연습할 공간을 수소문하던 저에게 선뜻 본당 피아노를 사용하라고 제안해 주신 것이 계기가 됐습니다. 대학 입학 후 지금까지 쭉 로고스교회 교인으로 살고 있습니다. 처음 교회를 방문하던 날이 아직도 기억에 남습니다. 로고스교회는 상가건물 조그마한 개척 교회였는데, 교인도 아니었던 저에게 피아노, 전화, 냉난방기도 마음껏(!) 사용하라고 말씀하시던 담임목사님이 인상적이었습니다. 1년 동안 본당 피아노 앞, 장의자에 누워 쪽잠을 자며 연습한 후 대학에 합격했습니다. 가족처럼 축하해 주고 기뻐해주시던 성도들 모습이 아직도 눈에 선합니다.

　　대학 합격 후, 교회를 마음껏(!) 섬기고 더욱더 사랑하기 시작했습니다. 청년리더 독서모임에 나갔습니다. 교회학교 찬양대 지휘자로 봉사했습니다. 결혼하기 직전까지 할렐루야 찬양대 반주와 지휘로 섬겼습니다. 교회가 점점 성장하면서, 제 신앙도 함께 성장했습니다. 무엇보다 감사했던 것은 딸이 대학에 합격하면 신앙생활을 다시 하겠노라 하나님께 협박성 기도를 드린 엄마가 하나님과의 약속을 지키려고 교회를 다시 나오신 것입니다. 하나님과 깊게 교제하는 가운데 2017년 드디어 권사직분을 받으시며 "하나님을 더욱 뜨겁게 사랑하겠노라" 서원하셨습니다. 하나님의 섬세한 인도하심이 그저 놀라울 뿐입니다.

제 이야기를 좀 더 해보겠습니다. 전공은 원래 피아노였습니다. 대학을 졸업하고 대학원을 다니면서도 교회에서 연습하는 일이 많았는데, 피아노만 연습했다 하면 담임목사님께서 오셔서 자꾸 농담을 던지셨습니다.

"너는 피아노 앞에 앉아 있을 때 보다 사람들 앞에 섰을 때가 더 아름답다!"

말씀의 씨앗이 마음 밭에 뿌리를 내렸는지, 청년리더 독서모임에 나가 사명선언문을 작성했습니다. '고독하게 훈련해 혼자 빛나는 삶이 아니라 사람들과 더불어 빛나는 삶을 사는 게 더 의미 있지 않을까?' 생각이 계속해서 들었습니다. 고민 끝에 피아노에서 서양음악사로 전공을 바꿨습니다. '탁월한 인재를 키우는 일'을 사명으로 삼았습니다. 하나님께 기도했습니다. 사람을 키울 수 있는 실력과 인격을 허락해 달라고요. 그 이후 벌어진 일은 지금 생각해도 입이 딱 벌어집니다. 갑작스레 결혼을 하고 에너지를 전공한 남편을 따라 7년 동안 세계 곳곳을 들여다봤습니다. 최신 문물, 문화 융합, 종교 분쟁지역, 그리고 가장 가난한 나라를 돌며 다양한 경험을 쌓았습니다. 만약 피아노 앞에 앉아서 홀로 훈련하는 사람이었다면 상상도 할 수 없을 경험입니다.

7년간의 훈련을 잘 마치고 로고스교회에 돌아온 지 이제 200일 지났습니다. 청소년부 교사로 섬깁니다. 여전히 탁월한 인재를 키우고 싶다는 사명은 변함없습니다. 로고스교회를 떠나 세상 경험 후, 사명은 조금 더 구체적으로 다듬어졌습니다. 맥락을 같이하지만 수정했습니다.

"건강한 그리스도인을 키우는 것."

　이것이 제가 요즘 하나님께 묻고 물으며 나아가는 사명 선언문입니다. 유년부 교사 할 때 매주 힘이 났습니다. 유년부 학생은 에너지가 넘치고 스폰지 같아서 어떤 이야기를 해도 반응이 폭발적이었죠. 청소년부는 무슨 이야기를 해도 반응이 쿨(!)합니다. 요즘 전략을 짜느라 골머리를 앓습니다. '어떻게 하면 활기 넘치는 대답을 들을 수 있을까?' 매주 고민하고 시도하고 좌절합니다. 그래도 오랫동안 그들 곁에 있으렵니다. 먼저 건강한 그리스도인으로 살기위해 노력하며 묵묵히 그들 곁에 서렵니다. 하나님이 주신 달란트를 어떻게 탁월하게 다듬어 가야 하는지 함께 고민합니다. 한 가지 놀라운 기쁨이 있습니다. 10여 년 전, 유년부 교사로 가르쳤던 꼬맹이 제자가 성장해서 동료 교사로 함께합니다. 쿨한 청소년교회 학생과 든든한 동료 교사와 함께 사명을 발견하고 사명을 향해 나아가는 중입니다. 매주 좌충우돌이지만 매우 즐겁습니다.

안지혜 집사는 청소년교회 교사로
대학에서 강의하며 학생을 지도하고 있다.

체질: 내게 가장 잘 맞는 사역은 무엇인가?

주님께서는 우리가 어떻게 창조되었음을 알고 계시기 때문이며, 우리가 한갓 티끌임을 알고 계시기 때문이다(시 103:14, 새번역)

심리학자 칼 융(Carl G. Jung)은 인성을 묘사하고자 네 가지 특성 기준을 개발했다. 그 기준을 이사벨 마이어즈(Isabel B. Myers)가 체계화했는데 '마이어즈 브릭스 성격 검사(MBTI)'다. 인성은 외향적(E)-내성적(I) 유형, 감각적(S)-직관적(N) 유형, 사고형(T)-감정형(F) 유형, 판단형(J)-지각형(P) 유형으로 나뉜다. MBTI 검사는 자신을 이해하는데 도움을 준다. 일과 사람과 다양한 관계 방식을 가늠해 볼 수 있다. 한 예로 INTP 유형의 사람은 일반적으로 논리적 순수성을 추구하고자 하는 욕구가 강하며 분명하고 이해가 빠른 사색가이다.

01. 체질 파악

조선시대의 명의 이제마는 "인간은 천부적으로 물려받은 장부허실 (臟腑虛實)이 있고 사람마다 각기 체질이 다른 만큼 그 체질에 맞는 약을 써야 한다. 내가 죽고 난 이후에는 반드시 사상의학(四象醫學)이 사람들에게 널리 쓰이는 시대가 올 것이다." 했다.

사상의학을 존중하는 것은 하나님이 사람을 각각 다르게 창조하셨기 때문이다. 하나님이 만드신 사람 중에 똑같은 사람은 단 한 명도 없다. 똑같은 교회도 없다. 때론 다른 것 때문에 힘들지만 다르게 창조하셨다.

어렸을 때 맛있게 먹은 추억 속의 빵은 삼립빵 하나였다. 철이 들면서 빵 종류가 다양하다는 것을 알았다. 인생은 다양함 때문에 멋있어진다. 아침에는 베이글, 점심에는 샌드위치나 햄버거, 저녁에는 케이크를 한쪽 먹을 수 있으니 말이다.

교회가 획일적이고 목회자들의 설교가 천편일률적이라면 인공지능을 찾으면 된다. 교회는 다양한 사람들이 모여 사랑을 배우며 성장하고 치유하는 곳이다. 교회도 다양한 교회로 존재한다.

자신이 누구인지를 아는 것보다 더 어려운 것은 없다고 철학자는 말했다. 하나님의 자녀는 고민할 것 없다. 하나님의 형상대로 창조된 존재다. 이 사실을 믿는다는 것은 엄청난 힘을 가진 영적 정체성이다. 하나님은 단 한 사람도 동일한 염색체를 가진 자로 만들지 않으셨다. 목회자는 먼저 자신이 누구이며 어떤 영적인 체질의 사람인지 냉정하게 직시해야 한다. 자기 관찰에 실패하면 열심히 목회해도 내가 아닌 남이 되기 십상이다. 열매도 없고 허무하다. 하나님이 주신 은사와 재능과 무관한 목회를 하게된다. 다름을 이해하고 존중하는 것이 목회의 출발점이다.

영성의 체질에 따른 사역은 하나님을 존중하는 것이다. 창조의 섭리에 순응하는 것이다. 먼저 자신의 체질을 파악하고 함께하는 사람들의 특징과 지역사회의 욕구를 파악해 맞춤형 목회를 창조해야 한다. 개인차를 존중하고 접근하는 지혜가 필요하다.

게리 토마스(Gary Thomas)는 『영성에도 색깔이 있다』에서 성경 인물들과 교회의 역사적 운동들, 다양한 성격 기질을 사용해 아홉 가지 영적 기질을 소개했다.

첫째 유형은 자연주의자다. 아무리 아름답고 단출한 건물일지라도 이들은 일단 건물 밖으로 나가기 원한다. 강가에서 하나님께 기도하는 것을 더 좋아한다. 그들을 대할 때는 책을 덮어야 한다. 시범도 보일 필요가 없다. 그저 숲속이나 산이나 넓은 들판을 걷게만 해주면 된다. 야외로 나갈 때 한껏 치솟아 하나님을 예배한다.

둘째 유형은 감각주의자다. 하나님의 위엄과 아름다움과 광휘에 푹 잠기기 원한다. 예배 의식과 엄숙하고 장엄한 것에 특히 끌린다. 예배할 때 시각적 장치와 소리와 냄새에 가득 젖어들기 원한다. 향, 정교한 건축, 고전 음악, 격식 있는 언어가 마음을 상승시킨다.

셋째 유형은 전통주의자다. 의식, 상징, 성례, 제사에서 양분을 얻는다. 훈련된 신앙생활을 보이는 경향이 있다. 규칙적 예배 참석, 십일조, 주일 성수를 좋아한다.

넷째 유형은 금욕주의자다. 혼자 기도하는 것 외에 바라는 게 없다.

혼자 있고 싶어 하거나 단순성 속에 기도하고 싶어 한다면 그렇게 할 수 있도록 도와주면 된다.

다섯째 유형은 행동주의자다. 정의의 하나님을 섬긴다. 가장 좋아하는 성경 말씀은 '주께서 성전을 정화하신 사건'이다. 이들이 정의하는 예배란 악에 맞서 죄인들에게 회개를 촉구하는 것이다. 흔히 교회를 다시 세상에 나가 불의와 일전을 벌이기 위한 재충전의 장소로 본다.

여섯째 유형은 박애주의자다. 남을 섬김으로 하나님을 섬긴다. 가난하고 초라한 이들 속에서 그리스도를 본다고 고백한다. 보통 사람은 남을 돌보는 일이 피곤할 수 있지만 박애주의자에게는 오히려 재충전이 된다. 교회가 구제를 하지 않으면 교회를 떠날 준비를 한다.

일곱째 유형은 열정주의자다. 영적 혈액은 예배의 흥분과 신비이다. 즐거운 축제에 감격한다. 하나님과 그리스도인의 삶의 응원단장들이다.

여덟째 유형은 묵상주의자다. 하나님을 연인으로 지칭한다. 사랑하는 아버지와 신랑 이미지가 그들의 하나님 관점을 주도한다. '거룩한 낭만'으로 들어서는 아가서야말로 제일 좋아하는 성경 본문일 수 있다. 세상에서 가장 순결하고 가장 깊고 가장 밝은 사랑으로 하나님을 사랑하고자 한다.

아홉째는 지성주의자다. 회의론자일 수도, 헌신된 신자일 수도 있으나 어느 경우든 교리 공부를 좋아한다. '신앙'은 체험 못지않게 이해의 대상이다. 하나님에 대해 새로운 사실을 깨달을 때 그분이 가장 가깝게 느껴진다.

야구장에 갔다. 타자가 친 공이 머리 위로 날아오는데 넘어갈지 앞에서 뚝 떨어질지 알 수 없었다. 힘이 담긴 채 살아서 계속 비행하는데 순간 두려움이 엄습했다. 머리 위로 지나갔고 일행이 그 공을 잡았다. 다시 한 번 들린 타구음에 외야수가 한두 걸음 뒤로 물러갔다. 눈앞에 뚝 떨어진 공을 놓쳤다 황급히 집어서 송구했지만 늦었다. 국보급 외야수가 인터뷰에서 '공이 정면에 뜨면 몸이 기억 한다'고 했다. 생각하기 전에 몸이 먼저 반응한단다. 리더십은 반복적인 훈련을 통해서 자연스럽게 스며든다. 수많은 경험을 통해 체질화된다는 말이다. 자신이 누구인지 모르면 타인을 알 수 없다. 자신을 리드하지 못하면 타인을 리드할 수 없다. 자신을 리드하지 못하면 누군가 당신을 리드할 것이다. 자신이 누구인지 알기 위해 과거를 보라. 무슨 일에 흥미를 느끼고 시간가는 줄 몰랐는지 분석하라. 어떤 일을 할 때 성과가 있었는지 확인하라. 현재를 보라. 내면세계에 대한 성찰을 통해 자신이 무엇을 할 때 가장 즐거워하는지 그것을 찾아서 극대화시키는 노력이 필요하다. 모르겠다면 전문가의 도움을 받으라.

02. 체질과 사역

스티븐 코비(Stephen Covey)는 타임지가 선정한 미국의 가장 영향력 있는 인물 25명 중에 한 사람이다. 『원칙 중심의 리더십』에서 목적과 신념을 가지고 살아가는 일에 반대하는 '저지 세력'을 극복하는 세 가지 길을 말했다.

첫째, 자제력과 극기를 연마하는 것이다. 둘째, 성품과 역량위주로 일해야겠다고 결심하는 것이다. 셋째, 내 재능과 자원을 고귀한 목적과 봉사의 삶에 바치기로 결심하는 것이다. 원칙을 세워도 잘 지키지 못하는 두 가지 이유를 말했다. 하나는 우리 자신이 어떤 사람인지 알지 못한 채 계획을 세우기 때문이다. 둘은 미래에 대한 뚜렷한 청사진이 없기 때문이라는 것이다.

격하게 동의한다. 성품과 역량 위주로 일해야겠다는 결심 없이 일하는 사람은 불행하다. 자신이 누군지 모르고 계획을 세우면 헛수고 인생이 된다. 자신을 모르고 세운 계획은 결코 이룰 수 없다. 성품을 이해하고 역량 위주로 일해야겠다고 결심해도 변수는 늘 생긴다. 역량을 모르면 쉽게 지치고 중도 포기하는 일이 반복된다.

한의사 이철호는 『체질대로 삽시다』에서 체질에 따라 쓰는 약도 다르다고 했다. 지인의 아내가 건강을 잃었다. 많은 약을 써도 차도가 없었다. 체력은 점점 약해져 어떤 약도 쓸 수 없는 백약이 무효한 지경에 이르렀다. 그 몸으로 3년간 매주 월요일 원어성서 연구모임 점심을 준비하셨다. 마지막으로 한의사를 찾았다. 진단 받고 체질에 맞는 음식을 상당 기간 섭취했더니 건강이 몰라보게 좋아졌다. "체질에 맞는 음식이 약이다."는 말을 간접 체험했다.

일하는데 체질은 중요하다. 체질에 맞지 않는 일을 하면 스트레스가 가중된다. 싫어하는 일하는 시간이 길어지면 병에 걸릴 확률이 높아진다. 성과를 기대하기도 어렵다. 그렇다면 용기를 내서 더 늦기 전에 하고 싶은 일에 도전해 보자. 목회자의 성장배경, 정신, 문화, 영적 체질을 고려해 사역을 설계한다면 행복한 사람이 될 것이다.

때로는 농어촌에서 전혀 문제되지 않는 것이 도시 교회에서 문제가 된다. 잘 아는 분이 시골에서 목회할 때 일이다. 대심방 때 할머니들이 책 사보라고, 기름 값 하라고 주는 촌지를 받아쓰곤 했다. 서울로 사역지를 옮겼다. 심방할 때 예배상 위에 헌금이 올려졌다. '심방 감사헌금' 이라고 적히지 않은 것은 '인사' 라고 생각했다. 교회에서 몇 분이 문제를 제기했고 문화 차이인 것 같다 시인하고 수습했으면 될 일인데 감정 섞인 대처를 했다. 결국 교회를 떠나야만 했다. 이처럼 작은 일로 사역지를 옮긴 것에 대해 반론도 있겠지만 위기는 의외로 작은 문제에서 시작한다. 문화 차이와 교회 체질을 이해하지 못한 미련함이다.

도요타 자동차의 브랜드 파워를 안식년 보낼 때 캐나다에서 느꼈다. 15년 된 중고차를 구입해 1년을 타고 팔아도 차 값이 거의 떨어지지 않는다. 도요타 생산과정을 벤치마킹하는 회사들이 늘어나고 있다. 생산방식을 다룬 책이나 논문이 쏟아져 나왔다. 생산방식을 가르치는 컨설팅 회사도 많이 생겼다. 그러나 도요타 생산방식을 도입해 성공한 기업은 거의 없단다. 도요타 생산 도구나 수법을 본질과 혼동하기 때문이다. 도요타 자동차는 신뢰의 위기를 맞이했지만 정직하게 인정하고 재도약 했다.

> 내 안에 거하라 나도 너희 안에 거하리라 가지가 포도나무에 붙어 있지 아니하면 스스로 열매를 맺을 수 없음 같이 너희도 내 안에 있지 아니하면 그러하리라(요 15:4, 개역개정)

열매는 가지에서 맺힌다. 열매 맺는 조건은 주님이 우리 안에 우리가 주님 안에 거하는 것이다. 열매의 튼실함은 가지에 있지 않고 포도나무에 있다. 주님의 사랑, 인격, 목적이 있고 우리가 그것을 따르면 열매는 걱정하지 않아도 된다. 주님의 심장이 뛰고 있으면 된다.

하나님은 보편적으로 사람의 체질에 따라 적소에 배치하신다. 바울을 거점도시 선교사로 사용하셨다. 오지 선교도 필요하지만 바울은 도시가 익숙했다. 바울의 가슴에는 온통 주님의 피로 물들어 있었다.

심령 부흥회, 성령운동, 제자훈련, 셀 목회, 팀 목회, 교회를 이끌었던 흐름이 있다. 20년 전 한국 교회는 셀 목회 열풍의 시대였다. 셀 목회는 목회의 방법이 아니라 본질이다. 소그룹 운동은 주님의 제자 훈련방식이다. 소그룹 운동을 목회 본질로 이해하는 것이 아니라 부흥의 도구로 사용한다면 도요타 벤치마킹의 오류에 빠지기 십상이다. 도요타 생산 방식을 도입해 성공한 기업이 거의 없다는 결과를 잊지 말아야 한다. 도요타의 정신을 배워야 한다. 주님의 방법이 아닌 주님을 배워야 한다.

몇 년 전 이동원 목사님을 만났다. 대형교회를 이끄는 목회자의 영혼 사랑에 대한 마음을 봤다.

"지구촌교회는 셀 목회의 모델이다. 지구촌교회는 부흥했다. 지구촌교회가 셀 목회를 했기 때문에 부흥했다고 생각하면 큰 오산이다. 운동 경기장과 같은 교회(예배를 구경하기 위해 군중이 일시에 모였다가 빠져나가는)를 탈피하기 위해 본질적인 고민에서 셀 목회를 선택했다."

지구촌교회는 탁월한 리더십으로 목회 본질에 집중했다. 본질에 집중한 교회에 하나님이 성도를 맡기셨다고 고백한다.

체질 사역은 토착화 과정이 필수이다. 토착화 없는 모방은 공동체를 위기로 몰아간다. 빠르게 변하는 시대 가운데 새로운 것을 요구하는 사람이 많아지고 있다. 본질은 고집 세게, 비본질은 유연하게 대처하면 된다. 자기만의 칼로 전쟁해야 한다. 남의 칼은 쉽게 내려놓게 된다. 칼이 내재된 날선 능력이라면 칼집은 인격이다. 두 가지가 필요하고 균형을 이루어야 한다. 하나님은 각자에게 각기 다른 재능을 주셨다. 기도와 말씀 속에서 자신의 체질을 발견하고 맞춤형 사역을 개발해야 한다.

03. 절대화 오류를 넘어

사상의학으로 많은 사람을 치료한 한의사의 고백을 들었다. 한 환자를 소음인으로 진단하고 약을 썼는데 처음에는 병세가 호전되더니 어느 날 갑자기 악화되더란다. 확인 해보니 소음인으로 판정을 할 이유가 충분했지만 소음인이 아니었단다.

교회마다 DNA가 있다. 역사와 문화적 특징이 다르다. 리더마다 체질이 있다. 체질에 맞는 목회 방향과 리더십 계발은 선택사항이 아니다. 주님은 우리에게 사명을 주셨다. 사명은 '양으로 생명을 얻게 하고 더 풍성히 얻게 하는 것'이다. 이것은 명령이다. 체질과 무관하게 양들이 생명을 얻고 더 풍성히 얻도록 해야 한다. 은사를 주셨다. 은사를 발견하고 다듬고 발전시키는 것은 리더가 풀어야 할 중요한 과제이다.

리더가 자신의 체질을 파악하고 체질의 장점을 살려야 하지만 절대화는 위험하다. '아침형 인간'이 히트하자 '새벽형 인간'이 나왔고 '저녁형 인간'도 등장했다.

존경하는 목회자 한 분은 새벽기도를 인도하지 못했다. 전형적인 저녁형 인간이다. 저녁 식탁에서 사람 만나는 것을 즐거워하셨다. 집중력이 밤에 높아지니 새벽 1시까지 성서를 연구한다. 한국교회의 영향력 있는 목회자 중 한 분으로 은퇴 후 더욱 왕성한 활동을 하고 계신다.

리더는 자신의 체질에 맞는 사역을 찾고 집중하면 좋다. 절대화할 것은 하나님 말씀밖에 없다. 자신에 대한 이해나 체질을 절대화하지 말고 계속 점검하며 보완해 가면 좋다.

이윤은 기업의 목적이다. 이윤 추구를 넘어 사회 공헌을 사명으로 선언하는 기업이 많아진다. 이윤 없는 공헌은 없다. 기업도 공헌을 목적으로 하는데 교회가 지역사회와 하나님 나라 확장에 공헌할 수 없다면 불행해진다. 자립해야 공헌 할 수 있다. 목회자가 시간, 교회 재정, 열정의 비용을 지불하고 열매를 거두지 못할 수도 있다. 목회 성과를 단시간에 평가 할 수 없다. 누구도 자랑할 수 없다. 성과에 대한 평가는 최종적으로 하나님의 몫이다. 그럼에도 교회성장을 바라지 않는 목회자는 없을 것이다. 질적, 양적 성장 두 가지 측면을 다 말하는 것이다. 교회 성장을 위해 에너지를 사용하는데 결과가 없다면 이유가 무엇인지 분석해야 한다. 체질에 대한 연구 부족과 엉뚱한 곳에 힘을 낭비하고 있는 것은 아닐까? 정체성 없는 목회, 짜깁기 목회 하는 것은 아닌지 냉혹한 평가를 해야 한다. 일관성 없는 목회를 하는 건 아닌지 점검해야 한다. 한 후배의 불평을 하나님의 음성으로 들었다.

"담임목사님이 세미나에 가시면 불안해요. 다녀오셔서 또 뭘 새롭게 시작하라고 하실지 이젠 짜증이 납니다. 우리 교회는 매일 새벽 기도회, 저녁 기도회가 있고 주일도 온종일 프로그램이 있습니다. 그런데 이번에는 가정 사역을 시작하겠다고 계획을 세우라 하셨어요. 어떻게 해야 할지 모르겠더라고요. 가정 사역 하려면 먼저 매일 밤 모이는 기도회부터 없애야 하는 것 아닌가요?"

그렇다. 가정 사역 하려면 저녁시간에 성도들이 가정에 있어야 한다. 가정 사역 현장은 가정이다. 전형적인 정체성 없는 목회. 리더가 어디를 향해 가는지 모르는데 따르는 자들이 알 리 없다. 리더가 정체성 없고 열정만 앞서면 따르는 자들이 쉬 지친다.

본인의 체질을 파악했다면 벼리는 시간이 필요하다. 여기서 중요한 것을 가장 잘 해 낼 수 있는 능력으로 공동체를 이끌어야 한다. 끊임없는 성장과 성숙을 위해 1만 시간이 필요하다. 즐거워하는 일만 하는 사람은 리더가 아니다. 하나님이 사용하시는 리더는 즐거움보다는 기쁨을 찾고, 기쁨 넘어 의미를 찾는다. 의미의 종착점은 십자가다.

04. 균형 잡기

의인은 종려나무 같이 번성하며 레바논의 백향목 같이 성장하리로다(시 92:12, 개역개정)

성장을 추구한다지만 성공 지향적인 사람을 본다. 인격 좋다고 소문 났지만 능력 부족한 경우도 본다. 영성은 지성, 인격, 능력의 종합체이다. 주님은 능력을 행하셨지만 가난한 자와 약자의 벗이 되셨다. 죄는 미워했지만 죄인에게 관대하셨다. 구약성서를 완벽하게 알고 계셨다. 엄밀하게 말하자면 그분이 성서셨다. 그분의 진리가 아닌 그분이 진리셨다. 새로운 가르침을 주셨다.

영성의 다른 말은 공동체성이다. 모세, 여호수아, 느헤미야, 바울은 과업을 완수한 사람이다. 겸손한 인격은 날이 갈수록 익어 간다. 인격과 과업이 균형을 이룬 사람이었다. 하나님은 그들을 잘 익히셔서 공동체를 위해 희생하는 리더로 부르셨다. 하나님과 친밀감을 유지하는 사람의 공통점은 처음보다 나중이 더 아름답다.

이중표 목사님께서 소천하기 10년 전이었다. 전국 목회자 세미나가 끝나고 텅 빈 수양관에서 목사님을 뵈었다. 금요일 오후 설교준비를 마치고 내려가려 했다. 이중표 목사님은 주일까지 쉬었다 내려가신단다. 담임목사가 주일날 강단을 비워도 된다는 것을 그때 처음 알았다. 간헐적 안식으로 자신을 다듬는 지혜를 배웠다. 목사님은 말씀하셨다.

"40대 초반까지는 실수도 인정되고 기다려 주는 사람이 많으니 큰 일꾼이 되려면 좀 도전적인 사람이 됐으면 좋겠어요."

후배의 한계를 보고 주신 말씀이었다. 권면에 이어 질문을 내셨다.

"전도왕에게 소형 차 한 대 시상하는 것 어떻게 생각해요?"
"그것은 너무 세상적인 마케팅 전략 도입한 것 아닙니까?"

본인께서도 그렇게 하지 못했지만, 만일 그렇게 해서 신자들이 동기

부여가 되어 열심을 낼 수 있다면 한번 생각해 보라고 하셨다. 전도자에게 발이 될 차를 한 대 선물하는 것도 나쁘지 않을 것이라 말씀하셨다. 그분의 질문에 아직 답을 내지 못했다. 누구에게서도 답을 얻기 어려워 새로운 질문을 머금었다.

"그런 당근이 과잉경쟁으로 인한 공동체의 갈등으로 이어진다면 그 책임은 누구에게 있나요?"

"부정적인 동기 지움을 선한 목적으로 포장한다면 괜찮은 것인가요?"

일 중심이 되면 사람을 잃기 쉽다. 관계 중심이면 사명 완수가 어려울 것이라 생각하는 사람도 많다. 관계 중심은 더불어 일한다. 관계 중심은 사람을 주님 대하듯 한다. 명령하지 않아도 알아서 한다. 모세와 여호수아는 가나안 입성 과업을 완수했다. 느헤미야는 예루살렘 성벽 재건을 끝냈다. 바울은 세계복음화 기틀을 다졌다. 그들은 관계 중심이었지만 사명을 완수했다. 사람과 과업이 함께 가는 것이 능력이다.

나는 하나님께서 나에게 주신 은혜를 따라, 지혜로운 건축가와 같이 기초를 놓았습니다. 그런데 다른 사람이 그 위에다가 집을 짓습니다. 그러나 어떻게 집을 지을지 각각 신중히 생각해야 합니다. 아무도 이미 놓은 기초이신 예수 그리스도 밖에 또 다른 기초를 놓을 수 없습니다. 누가 이 기초 위에 금이나 은이나 보석이나 나무나 풀이나 짚으로 집을 지으면, 그에 따라 각 사람의 업적이 드러날 것입니다. 그 날이 그것을 환히 보여 줄 것입니다. 그것은 불에 드러날 것이기 때문입니다. 불이 각 사람의 업적이 어떤 것인가를 검증하여 줄 것입니다 어떤 사람이 만든 작품이 그대로 남으면, 그는 상을 받을 것이요. 어떤 사람의 작품이 타 버리면, 그는 손해를 볼 것입니다. 그러나 그 사람은 구원을 받을 것이지만 불 속을 헤치고 나오듯 할 것입니다.(고전 3:10-15, 새번역)

어느 날 로고스교회 새벽기도회에 다른 교회 장로님이 참석하셨다. 어떻게 오셨냐고 여쭈었더니 교회가 당면한 복잡한 사정을 설명하셨다. 교회 재산이 담임목사 명의로 되어있어서 교회 명의로 바꾸자 했더니 핑계 대시며 거부하신단다.

"그래도 장로님은 교회를 지키셔야 합니다. 장로님이 힘들어도 몇몇 성도가 남아 있지 않습니까? 그들을 봐서라도 자리를 지키셔야 합니다."

돌아가셨지만 섬기던 교회로 돌아가지 않으셨다. 우리교회에서 한참 떨어진 교회로 옮기셨다. 어느 날 식사 한번 사겠다고 오셨다. 식사가 채 끝나기 전에 비수를 꽂았다.

"목사님, 바르게 목회하려 하시는 것 좋습니다. 앞으로는 상처 입고 온 장로에게 그렇게 호되게 하지는 마십시오. 제가 교단 바꿔가며 교회 옮기려 한 것은 그만한 사정이 있어 나름 알아보고 선택한 것입니다. 목사님은 고통당하는 장로 마음 모르십니다. 앞으로 교회 옮겨 오는 분 있으면 침묵으로 받아 주십시오."

유사한 일은 계속되었다. 동네 교회에서 30명이 단체로 옮겨왔다.

'안 된다'고 말하지 못했다. 과제분리 했다. 참새 한 마리도 하나님이 허락하지 않으시면 땅에 떨어지지 않는다. 하나님이 보내주셨다고 믿는다. 우리교회 성도가 가까운 교회로 이동해도 미워할 것 없다. 빼앗겼다고 생각하는 것은 피해의식이다. 창세기의 하나님은 빼앗아서 주신 분이다. 떠날 때 미워하는 것보다 버리거나 다듬어야 할 것을 찾으면 된다. 성도들이 이동하는 것에 일희일비 하지 않는 게 영성이다. 하나님이 주인이시면 어떤 상황에서도 하나님께 항복한다. 나의 과제에만 집중했다. 이동 성도는 시간이 흐르면 정착하는 사람과 떠나는 자로 나뉜다. 다른 교회 성도 욕심내면 하나님이 기뻐하지 않으신다. 목회 본질을 피한 자기 욕심일 뿐이다. 좋은 묵묵히 오늘도 마땅히 할 일을 하면 된다. 목회 윤리에 어긋난 목회를 하면 고통이 필연적으로 따른다. 공동체에 생채기를 내거나 목회자의 마음을 후벼 파기도 한다. 무슨 일이 생길지 어떤 사람이 등록할지 선택할 수 없다. 누구든지 주님의 마음으로 섬기면 된다. 사도 바울은 마지막 날에 불로 태워 평가할 것이라 했다. 목회 동기가 성결하지 않으면 하나님이 태우실 때 남을 게 없다. 만남과 헤어짐을 통해 하나님은 마음의 동기를 살피신다. 교회 부흥보다 말씀 앞에 균형 잡힌 사람으로 서는 게 우선이다.

고린도전서 3장의 가르침은 집의 크기보다는 형성 과정과 구성요소가 중요함을 강조했다. 좋은 재료가 있어도 건축 기술이 부족하면 부실 공사가 된다. 기술은 탁월하나 재료에 문제 있으면 무너질 수 있다. 삶과 사역에 균열이 생기면 어디에 문제가 있는지 분석해야 한다. 자라야할 나무가 크지 않으면 농부는 이유를 생각한다. 대부분은 토양에 있다. 건물을 튼튼하게 짓기 위해 감리사가 있다. 하나님은 교회의 성장을 기뻐하신다. 교회성장이라는 건축물이 완공될 때까지 성령께서 감리하신다. 교회 건강지수는 영적인 리더의 책임이다. 교회 부흥에 있어서 하나님의 역할만을 강조하면 인간의 책임은 간과된다. 인간의 책임만을 강조하면 하나님의 계시와 역사가 닫힌다. 허천회 목사님은 『리더리더(Reader Leader)』에서 하나님과 사람을 동시에 생각해야 한다고 했다. 몸과 사역과 인생을 매일 맹렬히 타는 하나님의 불 속에 던져 봐야 할 일이다.

지금은 한국에서 목회를 하지만 카메룬에서 사역 중일 때 권형준 선교사가 방문했다. 이런저런 대화를 나누다 "일 중심 목사인줄 알았는데 사람 중심의 목사셨군요." 했다. 일 중심이었다. 아픔을 겪고 사람의 중요성을 알았다. 사람과 일을 동시에 생각하는 리더, 두 가지가 균형을 이룬 리더가 돼야 한다.

균형 전에 필요한 것이 하나 있다. 리더는 바른 길이 아니라면 절대 가지 않겠다는 결단이다. 합법성에 의심 가는 일은 하지 않겠다는 자기고백이 선행돼야 한다. 목회 여정 중에 바르지 않은 길을 가다 되돌아 와서 다시 출발해야 하는 혹독한 대가를 치러 봤다. 마음이 많이 상한다. 시간도 허비한다. 보이지 않는 것을 봐야 한다. 패스파인더는 길을 내야 하기에 바르게 가는 것이 중요하다. 조금 더디 가더라도 말이다. 리더는 바르게 잘 가야 한다. 바르지 않으면 공동체를 이끌고 되돌아 와야 한다.

동역자: 함께 할 사람은 있는가?

그들에게 명령하여 이르되 너희는 성읍 뒤로 가서 성읍을 향하여 매복하되 그 성읍에서 너무 멀리 하지 말고 다 스스로 준비하라(수 8:4, 개역개정)

"시험공부 다 했니?"
"네! 다 했어요."

그날 오후 한 과목 20문항 중에 11개를 틀렸다고 속상해 했다.

"시험공부 다 했다더니 어떻게 된 거니?"
"아빠 그게 말이에요. 제가 공부한 게 안 나왔어요."
"그래 그렇구나, 네가 공부한 게 안 나온 거니 안 나올 걸 공부한거니?"

"아이 씨, 내가 공부한 것이 안 나왔다니까?"

둘째 아이 중학교 1학년 첫 시험 때 이야기다. 원하는 결과를 얻지 못했다면 지불해야 할 수고가 남은 것임을 인정하기까지 5년이 더 필요했다. 나름 빠른 편이라 생각한다.

가정, 교회, 사업장에서 중학생 수준에 멈춘 구성원과 함께한다는 것은 끔찍한 일이다. 무엇이 문제인지 알아도 타개한다는 게 쉬운 일은 아닌데 모른다면 대책 없다.

1990년 시골에서 첫 번째 교회 개척은 초보운전이었다. 신학대학만 졸업했지 목회를 몰랐다. 20대 후반에 열정 하나로 덤볐다. 신학대학원 공부까지 병행했다. 나름 최선을 다했는데 양이 꼴을 먹지 않는다고 생각했다.

이랜드 그룹의 박성수 대표는 한 책의 추천사에서 늦지 않은 후회를 했다.

"왜 진작 드러커의 책을 읽지 않았을까? 그랬다면 외환위기의 상황이 오히려 우리에겐 기회였을 텐데…."

자신이 더 준비됐더라면 IMF라는 거대한 파도가 몰려왔을 때 그 파도에 휩쓸리지 않았을 것이라고 했다. 파도를 타고 윈드서핑을 즐기는 리더가 됐을 것이란 겸손한 고백이다. 비전은 있지만 준비되지 않으면 이룰 수 없다.

미국 제16대 대통령 에이브라함 링컨(Abraham Lincoln)은 말했다.

"내가 준비만 된다면 기회는 내게 주어질 것이다."

로마 철학자이자 정치가 루시우스 세네카(Lucius A. Seneca)는 말했다.

"행운은 준비가 기회를 만날 때 온다."

어디에 있느냐 보다 내가 누군지가 더 중요하다. 하나님은 사람을 통해 일하신다. 리더의 수준만큼 함께하는 자들이 따른다. 리더는 구성원 중에 누가 떠나고 누가 남는지 면밀히 살피며 자신을 봐야 한다.
하나님은 준비한 자에게 승리를 허락하신다. 사람의 관점에서 모든 결과물은 하나님의 은혜라고 고백해야 한다. 은혜 받을 만한 때에 준비하고 믿음으로 행하는 자에게 주신다.

패스파인더의 길이 어려운 것은 구성원이 개척에 어울리는 사람만 모여든다는 점이다. 다윗의 아둘람굴이 개척자의 방이다. 상한 자, 빚진 자, 억울한 자, 도움이 필요한 자가 먼저 온다. 섬기고 사랑하면 성숙하고 아름다운 수준의 동역자를 붙이신다. 상위 수준의 사람이 불편하다면 준비가 덜 된 것이다.

01. 팔로워(follower)의 길

여호수아 리더십은 모세에게 가려져 40년 동안 빛을 보지 못했다. 하나님은 모세의 그늘에서 그를 준비시키셨다. 여호수아를 세워 역사를 이끌어야 할 때 모세에게 말씀하셨다.

모세와 함께 했던 여호수아, 오랜 침묵을 깨고 가나안 땅을 밟았다. 리더로 서고 싶어도 세워지지 않는다면 설 수 없다. 세우고 싶어도 준비되지 않았다면 세울 수 없다.

다국적 기업의 한국 진출이 늘었지만 운영을 맡길 만한 인재 찾기는 힘들다고 한다. 능력 있는 인물이 많지 않다는 것이다. 현지 채용이 점점 어렵단다. 5억 달러 규모의 회사를 이끌 리더로 적합한 인물은 우리나라에서 4-5명 정도 된다고 한다. 그들은 벌써 적합한 곳에서 일하고 있다.

사람은 필연적으로 준비된 리더를 찾는다. 자신을 준비시켜 줄 영적인 리더를 따른다. 사람들에게 오라고 하면 오고 가라고 하면 가는 시대가 아니다. 존 맥스웰은 리더십을 한마디로 '영향력'이라 했다. 영적인 리더의 영향력은 오랜 시간의 훈련을 통해 만들어진다. 존 맥스웰은 『오늘을 사는 원칙』에서 다음과 같이 말했다.

"오늘 무엇인가를 얻고 싶다면 그 무엇을 얻기 위해서 애써야 한다.

여러분의 재능은 여러분이 태어나기 전에 하나님이 애써서 부여해 줬기 때문에 존재하는 것이다. 현재 여러분이 갖고 있는 기술은 여러분이 어제 애써서 노력했기 때문에 생긴 것이다. 오늘을 여러분의 걸작으로 만들고 내일을 성공으로 만들기 위해서는 여러분은 오늘 전력을 다해야 한다."

많은 사람들이 현재, 미래, 과거의 선을 긋는다. 과거, 현재, 미래를 동일 선상에서 보고 싶다. 과거 없는 현재 없고 현재 없는 과거 없다. 목회나 개척의 성패는 과거가 자양분이 된다. 현재가 중요하지 않다는 게 아니다. 맡은 일에 충성하지 않는 자는 자기 일이 주어졌을 때 그 일을 잘 할 수 없다. 과거의 하루는 오늘이 된다.

교회는 기업과 다르고 달라야 한다. 교회가 세상보다 못하다는 말을 건강한 자아상을 가진 자로부터 듣는다면 생명력 없는 공동체다. 사람은 영적인 존재(spiritual being)로 사람을 알아본다. 리더의 수준을 간파하는데 많은 시간이 필요치 않다. 하나님이 사람을 붙여 주셔도 못 담아내면 빈 수레가 된다. 하나님도 준비된 목회자에게 사람을 붙이신다.

리더는 훈련된다. 따르는 자의 길을 걷는 동안 배우고 성장한다. 모세는 80년을 궁궐과 광야에서 따르는 자로 훈련받았다. 하나님을 따르는 법을 배운 다음 리더로 세우셨다. 다윗의 광야 여정은 더 충격적이다. 철저히 하나님의 주권을 인정하고 사울 왕을 따랐다. 바울도 광야의 침묵기가 있었다. 침묵기는 과거를 정리하고 주님의 사도로 인정받기 위한 필요충분 시간이었다.

따르는 자로서의 삶을 보면 그 사람의 미래를 예언할 수 있다. 자신의 현재를 의심하고 질문을 내야 한다. 나를 따르는 사람은 있는가? 나를 따를 사람은 있는가? 협력자로 섬기다가 개척을 나갈 때 함께할 사람이 극소수라면 피하는 게 좋다. 개척 멤버를 섬기는 교회에서 모집하고 준비하는 것은 윤리에 어긋난다. 처음에는 도움이 될지 몰라도 욕심 많고 윤리 부재의 리더십 한계는 3년 이내에 드러난다. 공동체에 아픔을 남기고 떠나는 모습을 힘없이 지켜봐야 한다. 교회가 분립 개척을 결정하지 않았다면 홀로 서야 한다. 하나님이 붙여주신 사람인지 아닌지 구별할 영적 통찰력도 필요하다. 사람이 따르는 리더가 되는 것은 자연적인 현상이다. 사람들은 준비된 사람을 따른다. 누군가에게 따를 것을 부탁하지 말고 자신을 준비시키는 일을 우선순위에 두면 좋다.

하나님이 말씀하시는 부흥은 무엇일까? 평생 답을 내는 심경으로 살고 있다. 오늘의 삶에 헌신되지 않는다면 미래를 기대하지 않는 게 좋다. 오늘을 내일에서 보면 이미 과거가 된다. 오늘은 어제 그리던 미래다. 오늘이 잘못되면 미래가 잘못된다. 오늘 바쁘지 않고 오늘 중요한 일을 하고 있다면 이미 중요한 사람이다. 따르는 자로서의 성적을 보여주면 리더로서의 성적을 말해 줄 수 있다.

누가복음 16장에 불의한 청지기의 비유가 나온다. 비유에는 윤리적인 문제가 있다. 주인을 속이는 청지기를 주인이 칭찬한다. 그의 행동이 칭찬 받을 수 있는 일이냐고 묻는다면 답하기 어렵다. 윤리적인 가르침을 주기 위한 비유가 아니다. 윤리를 만드신 주님이 윤리를 무시하고 가르침 주신 것은 그 주제가 그만큼 중요하기 때문이다. 비유를 이해하기 위해 주목해야 할 중요한 구절이 있다.

내가 할 일을 알았도다(눅 16:4a, 개역개정)

청지기는 자신의 잘못이 드러나 쫓겨날 것을 알았다. 하지만 모든 걸 포기하고 쫓겨날 날을 맞이하지 않았다. 청지기로 그가 마지막 순간에 할 수 있는 일을 알았고 그 일을 했다.

8절, '주인이 그가 한 일을 지혜롭다 인정'한다.
10절은 결론이다.
"지극히 작은 일에 충성된 자는 큰일에도 충성된다."
12절을 보자.
"너희가 만일 남의 것에 충성하지 아니하면 누가 너희의 것을 너희에게 주겠느냐?"

불의한 청지기가 주인의 재산에 손상을 입힌 것은 분명하다. 그는 청지기였다. '땅을 파자니 힘이 없고 빌어먹자니 부끄럽다'고 생각한다. 그때까지 자신을 위해 소유한 것이 없었다. 청지기의 기본이다. 비유는 윤리가 아닌 그의 충성에 초점을 맞추었다. '남의 일에 충성하지 않으면 자기의 일을 할 기회도 주어지지 않는다'는 메시지를 함의했다.

따르는 일은 남의 일이 아니다. 담임목사의 일도 아니다. 하나님의 일이다. 동역자도 담임목사도 같은 주인의 일을 한다. 동역자 때는 교회 일을 남의 일처럼 생각하기가 십상이다. 필자는 동역자 사역 동안 매일 아침 출근하면서 외쳤다.

"오늘도 담임목사님께 충성! 하나님 앞에서 성실히!"

교구목사로 첫 출근 날 아버님이 전화를 주셨다.

"내 일처럼 해라. 우리 집 머슴도 내 일처럼 한 사람은 모두가 잘 살고 그렇지 않은 사람은 지금 못 산다."

교구목회 마치고 개척 나가는 날 아버님은 말씀하셨다.

"어른(담임목사)의 은혜를 잊지 말거라. 하나님이 그것을 기뻐하실 것이다. 섭섭한 것은 빨리 잊고 감사한 것은 심비(心碑)에 새겨라."

팔로워의 길을 걷지 않고 좋은 리더가 될 수 있지만 쉬운 일이 아니다. 따르는 자의 고통을 이해 못하면 리더가 돼서 따르는 자의 아픔을 모를 수밖에 없다. 하나님은 어떤 사람도 쓰시기 불편함이 없으시다. 위대하시기 때문이다. 그러나 준비되지 않은 사람은 쓰지 않으셨다. 준비시키셔서 준비된 만큼 쓰셨다.

목회는 비즈니스가 아니다. 지금 당장 열매를 거둘 수 없어도 묵묵히 일해야 한다. 눈앞에 수확이 보이지 않아도 다음 세대를 생각하며 부르심에 변함없이 충성해야 한다. 어느 날 부끄러운 자신을 봤다. 성령님은 '교구목사일 때와 담임목사일 때 나의 부활의 가치가 다르니?' 말을 걸어오셨다. 부목사로 교구목회를 하기 전에 당진에서 개척 목회를 했다. 모범, 의무감, 체면을 주님 향한 사랑으로 포장했다. 제법 큰 금액의 절기헌금을 드렸다. 교구목사 때는 헌금액수가 반으로 줄었다. 전체적인 헌신도가 파트 사역을 할 때 보다 못했다. 회개하고 교정했다.

만리현에서 교육파트로 고등부를 섬길 때였다. 여름방학이 되면 아르바이트를 했다. 모은 돈으로 관심과 사랑이 필요한 몇몇 학생을 데리고 기차 여행을 떠났다. 첫 번째 개척 나갈 때 그 학생의 부모들이 든든한 후원자 그룹이 되었다.

그날 새벽 성령께서 찾아 오실 때가 전환점이 됐다. 교육전도사 시절의 순수함과 열정의 회복을 명하셨다. 개척 교회의 담임목사처럼 부목사 때도 책임감 있게 하나님을 섬기기로 다짐했다. 이후 사역, 헌금, 하나님과 사람에 대한 태도를 점검하며 헌신했다.

'부목을 담임목사처럼'

모 교회 창립예식에 갔다. 개척자의 성장을 지켜보았던 OO교회 목사가 축사했다.

"제가 이 사람은 보장합니다. 그의 성실함을 보장합니다. 밤낮없이 일하였기에 지금의 담임목사님이 분립 개척을 시켜 준 것입니다."

축사가 끝나자 사회자가 단상에 섰다. 사회자는 개척 교회를 세운 어제까지 그의 담임목사였다.

"오늘 이 앞에 선 개척자는 참 좋은 교구목사였습니다. 그러나 그가 밤낮 일하지는 않았습니다. 우리교회에서 단 한 번도 밤 10시까지 일한 적이 없었습니다. 어제는 창립예식 준비가 잘 됐는지 확인하려고 와 봤더니 부부가 밤늦게까지 일하고 있었습니다."

사회자의 유머 섞인 식순 연결고리였지만 묵직한 메시지를 담고 있었다.

따르는 자의 길은 작아 보인다. 작은 일을 작게 생각하는 자는 작은 자다. 작은 일을 크게 생각하는 자가 큰 자다. 하나님이 귀히 쓰는 사람은 파트, 풀타임, 따르는 자, 담임목사를 막론하고 하나님 앞에 선다. 소명은 하나님께 받았다. 하나님께 충성해야 한다. 남의 것에 충성하지 아니하면 자기의 일을 할 기회도 주인은 허락하지 않으신다. 주어져도 무의미하다.

농경법칙은 하나님이 제정하신 우주 경영원칙이다. 심는 대로 거둔다고 하셨다. 우리 교회 청년 중 한 명이 모 제약 회사에 취직 했다. 첫 출근 전날 그에게 말했다.

"회장의 마음으로 일해라. 월급 받는 직원의 마음으로 일한다면 하나님은 너를 축복하지 않으실 것이다."

윌리엄 보에커(William J. H. Boetker)는 사람을 네 부류로 나누었다.

첫째, 자신에게 주어진 일보다 항상 더 적게 일하는 사람
둘째, 자신에게 주어진 일만 하는 사람
셋째, 필요한 일을 스스로 찾아서 하는 사람
넷째, 자신은 물론 다른 사람이 일을 하도록 고무시키는 사람

하나님은 어떤 사람을 쓰실까? 자신에게 주어진 일을 항상 많다고

하며 불평하는 사람일까? 자신에게 주어진 일은 물론 다른 사람을 고무시켜서 이끄는 사람일까? 대답은 분명하다.

로고스교회 개척 때 따르는 자들이 있었다. 도움을 요청한 적은 없었다. 그들이 로고스교회를 선택했다. 대신교회에서 교구목사로 일할 때 만났던 사람이 있다. 고양시로 이사 온 분을 필두로 자원해서 따르기 시작했다. 중등, 고등, 청년부 시절 교회에서 함께했던 청년과 몇몇 장년이 함께했다. 하나님은 심은 것보다 더 큰 것을 주셨다.

따르는 자로서 오늘 무엇을 해야 할지 알고 행하면 다른 사람들에게 더 많은 것을 해줄 수 있고 보다 풍요로운 삶을 누리게 될 것이다.

02. 평신도 동역자와 함께하는 길

모교회(대신교회) 담임목사(박현모 목사)께서는 3년간 생활비를 지원하셨다. 개척 교회를 세울 지역 결정권도 위임하셨다. 약 6개월간 준비할 시간도 허락하셨다. 행신 지역은 일산에서 서울 쪽으로 15분 거리에 있다. 23년 전, 조간신문에 일산과 분당 신도시 계획이 발표되던 날 일산 지역에 굵은 펜으로 원을 그렸다.

"일산을 제게 주십시오."

신학대학생 때였다. 기도했다. 개척을 준비할 때도 그때의 기도를 기억하지 못했다. 하나님은 기억하셨다. 일산 신도시는 아니지만 옆에 있는 행신지구에 마음을 주셨다. 월요일이면 일산지역 개척 교회를 리서

치 했다. 일산은 입주가 끝났고 대형 교회가 다섯 개나 자리 잡고 있었다. 인접한 화정지역 입주도 끝났다. 행신지역은 마지막 입주가 남았다. 상가교회, 지하교회 문을 두드렸다. 개척 선배들과의 만남을 통해 얻은 것이 많았다. 개척 후 출석 100명을 넘긴 교회들의 공통점은 동역자 그룹과 함께했다. 전도의 열정, 좋은 설교가 있었다.

개척 초기 믿지 않는 분을 교회로 인도하기는 어려운 일이다. 복음 전할 사람을 보내주시라 기도했다. 동역자의 첫 번째 그룹은 교육전도사 때 만났던 사람들이다. 아버지가 돌아가셨거나 할머니 밑에서 자란 학생들을 특별한 관심을 가지고 돌봤다. 그들은 따르지 않았지만 섬기는 모습을 지켜봤던 자들이 함께했다. 심는 사람에게서 거둘 수는 없어도 심는 대로 거두게 하신다.

두 번째 그룹은 당진에서 개척했을 때 전도한 사람들이다. 대학생이 되어 서울로 대학을 오거나 직장을 잡은 청년들이 함께했다. 천안에서도 행신동까지 주일을 지키러 왔다.

세 번째 그룹은 모교회인 대신교회를 다니다가 일산 신도시가 들어설 때 이사를 온 사람들이다. 일산에 있는 교회를 다니다가 합류해 준 두 가정, 일산에서 대신교회까지 다니다가 옮겨온 한 가정, 개척을 일생의 사명으로 알아 동참한 가정과 동생네 가정, 처제 가정, 그리고 소개받은 가정, 이렇게 일곱 가정이 개척을 시작했다.

동역자는 확보하는 것이 아니라 하나님이 보내주신다. 주재권을 하나님께 드려야 한다. 동역자 관련 몇 가지 원칙을 세웠다.

첫째, 가족이라 할지라도 와서 도와달라는 말 하지 말자.

둘째, 하나님의 인도하심에만 기대하자.

셋째, 동역자들이 언제 떠나도 실망하지 말자.

넷째, 아는 사람에게 도움을 기대하지 말자.

다섯째, 누가 동역자가 되던지 감사는 하나님께 돌리자.

한 가정에는 이 원칙을 지키지 못했다. 훗날 하나님과 사람 앞에서 대가를 톡톡히 치렀다. 아파도 너무 아팠다.

하나님이 보내주신 동역자가 있어서 개척 초기부터 전도팀 세 개가 움직였다. 동역자는 개척 초기 교회 성장에 큰 도움이 된다. 개척 교회는 여러 면에서 황량 민망하다. 교육, 공간, 문화적인 면, 어느 것 하나 줄 수 없다. 개척 교회 태생적 한계는 몇 사람에게 사역이 집중되어 쉽게 지친다. 동역자가 있으면 이런 어려움을 다소 줄일 수 있다. 동역자는 다른 측면에서도 힘이 됐다. 그들의 따름을 보고 개척 교회 목사의 리더십을 인정하는 사람들이 생겼다. 로고스교회 부흥의 모든 영광 하나님께 돌린다.

다시 개척을 시작한다면 목회 윤리에 어긋나지 않는 선에서 하나님께 조금 더 용감하게 동역자를 구할 것이다. 역시 하나님의 교회를 위한 것이다. 자기 의 때문에 하나님이 허락하신 것도 거절한 어리석음은 오늘도 작은 아쉬움으로 남는다.

03. 동역자와 함께하는 길

왕건과 견훤이 검을 들고 일대일로 싸운다면 견훤이 이길 것이다. 하지만 통일을 이룬 리더십은 왕건이다. 김석우는 『왕건에게 배우는 디지털 리더십』에서 승리 요인을 팔로워에서 찾고 있다. 왕건은 팔공산 전투에서 견훤의 군대에 포위되어 목숨을 잃을 위기에 봉착했다. 충복 신숭겸이 왕건의 갑옷을 입고 그의 백마를 타고 싸움을 대신하여 왕건의 목숨을 건졌다. 견훤에게는 신숭겸과 같은 충복이 없었다.

로고스교회 성도 한 분이 리더십에 의심을 가지고 동역자에게 질문했다.

"담임목사님을 어떻게 생각하세요?"
"제가 로고스교회 와서 성장하는 것이 보이십니까? 그렇다면 그것이 답이 될 것입니다. 저는 목사님을 존경합니다."

그분은 훗날 이렇게 말했다.

"그 질문이 우문이었지만 전도사님의 대답 속에서 목사님을 향한 신뢰를 느꼈습니다. 그렇다면 그간 제가 들었던 목사님에 대한 부정적인 몇 마디는 진실이 아니라고 생각했습니다."

부정적인 말을 듣고 조금 힘들었단다. 리더십이 신뢰를 얻기까지 시간과 비용이 많이 들지만 열매는 하나님의 기쁨이요 교회의 안정적 성장이다. 리더십은 언제든지 공격 받을 수 있다. 동역자의 신뢰를 얻고 있다면 염려 할 것 없다. 유능하면서도 겸손한 동역자를 만나 오늘까지 행복하게 사역한다.

왜 이런 말이 있다. '똑똑한 동역자의 생명은 짧다.' 동의하지 않는다. 리더가 자기보다 뛰어난 동역자를 견제한다면 공동체 미래는 어둡다. 동역자가 똑똑하지 않다면 여러모로 교회에 손실을 줄 뿐이다. 리더는 홀로 일할 수 없으므로 동역자와 친밀한 관계는 무척 중요하다.

동역자와의 관계에서 지켜야 할 원칙을 세웠다.

첫째, 1주일에 1회 이상은 그들의 장점과 충성된 면을 생각하여 칭찬과 격려를 아끼지 않는다.

둘째, 잘못한 것이 있다면 바로 "왜 그랬느냐?" 다그치지 않고 기도 후 말한다. '그들을 사랑해서 하려는 말인가?', '내가 지금 하려고 하는 말이 그들의 성장에 유익한 것인가?', '감정은 섞이지 않았는가?', '그렇다' 는 결론이 나오면 말한다.

셋째, 내가 잘못 판단한 것이 있으면 반드시 사과한다.

넷째, 주일 설교 모니터링을 부탁하고 그들의 피드백을 기쁨으로 받아들인다. 그들의 설교 성장을 위해서도 조언한다.

다섯째, 노동력을 착취당하거나 이용당한다는 생각이 들지 않도록 많은 부분에 신경 쓴다.

여섯째, 때로는 감동을 주는 선배가 된다. 좋은 만남이나 식사, 적절한 선물을 준비한다.

일곱째, 존경받지는 못해도 욕먹지는 않아야 한다.

일곱 가지 원칙을 완벽하게 지키지는 못하지만 완벽하기를 포기하지 않았다.

마태복음 24-25장에 세 가지 비유가 나온다. 공통점은 누군가 '부재중'이다. 첫 번째 비유는 집주인, 두 번째 비유는 신랑, 세 번째 비유는 주인이 부재중이다. 이런 상황에서 자기의 역할을 충실히 감당한 사람과 그렇지 못한 사람에 대한 보상의 차이는 충격적이다. '너무 심한 차이가 나는 것 아닌가' 생각이 들 정도다. 보상 차이가 예상 보다 크다는 것은 중요한 메시지를 담고 있는 게다. 주인이 부재중일 때 성실하지 못한 사람에게 보상은 없고 채찍만 있다. 그 채찍이 너무 가혹하다 생각한다. 아무도 보는 이 없을 때 하나님이 보고 계신다. 주인이 부재중일 때 주인의 존재를 인식하고 삶의 태도를 수정한다면 기회가 주어진다. 그렇지 않으면 기회도 주어지지 않는다. 주인이 부재중이라고 요령피우고 난 후 책임을 주인에게 전가하는 종은 종도 아니다. 결과가 당장 보이지 않는다고 무책임하게 산다면 무덤에 갈 때까지 제대로 한 일이 하나도 없을 것이다.

때로는 리더가 부재중일 때 조력자들이 어떻게 그 역할을 감당하느냐에 따라 공동체의 미래가 결정된다. 안식년을 떠나면서 '동역자와 평신도 지도자가 담임목사 없는 공동체를 잘 이끌어 갈 수 있을까?' 질문했다. 마냥 긍정적인 대답만 기대할 수 없었다. 잘하고 있었지만 부재중일 때 더 잘해 줄 것을 부탁했다. 부재중일 때 사역 태도는 일생을 좌우한다. 가끔 선배의 전화를 받는다.

"그만큼 데리고 있었으면 한 사람은 내놓지 그래!"
"네 알아보겠습니다."

쉽게 보낼 사람이 없다. 찾거나 모집하기 전에 교회 내에서 사역자를 키우고 인도하는 시스템을 갖춰야 한다. 교회 부흥은 담임목사의 역할이 중요하다고 말하지만 동역자도 중요하다.

안식년을 떠나면서 결정해야 할 일 중 하나는 목사관이었다. 살고 있던 목사관을 1년 동안 비워 놓자니 좀 그랬다. 선임목사에게 살게 하자니 돌아와서 들어갈 집 준비할 일이 만만치 않았다. 생각 끝에 선임목사에게 그 집에서 살도록 했다.

안식년 동안 현지에서 차가 필요했던 터라 타고 있던 차를 팔고 토론토로 들어가 중고차 사는 데 보태려했다. 교회가 제공한 차가 아니라 윤리적인 문제는 없었다. 안식년 보낼 최소한의 재정 준비가 된 것도 아니어서 그 차를 두고 가는 일이 쉽지 않았다. 한 사람이 걸렸다. 선임목사에게 넓은 사택을 제공하는데 다음 목사에게 아무것도 없다면 형평성 문제가 생긴다. 불만을 품지도, 표현하지도 않을 만큼 착하고 선한 사람이었지만 균형 잃으면 안 된다. 지난 4년간 신뢰하고 따라 준 것에 대한 고마움을 담아 차를 선물로 주었다. 명의도 바꾸어서 교회를 떠나도 가지고 갈 수 있게 했다. 동역자는 중요하다.

미국의 강철왕 앤드류 카네기(Andrew Carnegie)는 주위에 자기보다 훨씬 탁월한 인재를 많이 두었다. 어떻게 그런 뛰어난 인물들을 옆에 둘 수 있었냐는 질문에 '용서의 마음'이라 답했다. 카네기가 그런 마음을 갖게 된 데는 아주 특별한 사연이 있었다.

20대 초반, 회사 공금을 가방에 넣어서 전달하는 일을 맡았다. 엄청난 거금이 든 가방을 가지고 기차를 탔다. 난간에 앉아 꾸벅꾸벅 졸다

보니 어느새 가방이 없어졌다. 졸다가 열차 밖으로 가방을 떨어뜨린 것이 분명했다. 온몸이 얼어붙는 것 같은 충격으로 사색이 된 채 기관사에게 뛰어갔다. 자초지종을 설명하며 열차를 후진시켜 달라고 부탁했다. 기관사는 기꺼이 열차를 후진시켜 주었다. 뚫어지게 밖을 주시하고 있는데 개울가에 떨어진 낯익은 가방이 보였다. 비명에 가까운 환호성을 지르며 열차에서 뛰어 내렸다. 가방을 열어 보니 현금이 그대로였다. 아찔했던 기억을 새기며 평생 실천에 옮길 중요한 결심을 했다.

"그때부터 나는 젊은 사람이 아주 결정적인 큰 실수를 해도, 그가 사기성을 가지고 일부러 한 일이 아닌 이상 용서하고 품어 주기로 했습니다. 사람이 살다보면, 아무리 성실하게 노력해도 어쩔 수 없는 상황이 생길 수도 있습니다. 그것 때문에 평생의 꿈이 좌절되는 불이익을 주어서는 안 된다는 생각입니다."

관용 없이는 미래가 없다. 카네기의 용서를 따라가려면 한참 멀었다. 주님께 진 사랑의 빚을 갚기 위해 흉내만 내고 있을 뿐이다. 동역자 때문에 힘들어하는 많은 교회를 본다. 담임목사가 아무리 잘해도 안 되는 동역자가 있다. 일의 합이 안 맞으면 좋은 이별을 하는 게 좋다. 좋은 이별은 좋은 만남의 필수 조건이다. 좋지 않은 이별은 평판이 나빠지고 사람들이 함께하기 꺼리는 공동체가 된다. 좋지 않은 동역자가 오면 악순환 고리는 계속되고 공동체는 혼란에 빠지기 일쑤다. 리더의 책임이다.

04. 인맥지도 넓히기

여러분은 서로 남의 짐을 져 주십시오. 그렇게 하면 여러분이 그리스도의 법을 성
취하실 것입니다.(갈 6:2, 새번역)

인맥도 능력이다. 30대까지는 개인의 능력으로 평가 받지만 40대는
네트워크로 평가 한다. 트렌드를 보면 40대까지 갈 것도 없다. 페이스
북이 폭발적인 인기를 끌고 있는 이유도 '관계'를 찾아 주고 자신을 소
개할 수 있기 때문이다. 어떤 공동체보다 네트워크가 중요한 곳이 교회
다. 리더는 말씀이 전하는 '서로'에 대해 정확한 이해가 필요하다.

첫 번째 네트워크는 가족이었다. 동생, 처제, 처남, 조카, 사돈까지
일곱 가정이 함께했다. 처음에는 두 가정이 합류했다. 작은 교회를 섬
긴다는 것은 불편함 그 자체다. 변함없이, 침묵 속에서 지혜롭게 자리
해 주었다. 성도 한 분이 말씀하셨다.

"목사님이 가족 앞에서 용감히 설교하고 그분들이 교회를 떠나지 않
는 것을 보며 목사님을 더욱 신뢰하게 됐습니다."

하나님은 사람을 통해 일하신다. 가족이 힘이 됐다. 외로울 때 위로
가 되고 힘들 때 짐을 나눌 수 있다.

두 번째 네트워크는 교단 목회자 그룹이다. 신평교회 한선호 목사님
은 고양시로 이사 가는 성도를 소개하셨다. 군목이었던 정민조 목사님
은 예편하고 민간 항공사 부기장으로 입사한 분을 소개하셨다. 서울,

대전, 당진, 청주, 부산, 강릉과 제주도에서 이사 온 교우나 결혼하는 자녀들을 소개 받았다. 네트워크를 통해 로고스 가족이 된 성도는 70명이 넘는다.

세 번째 네트워크는 교단을 넘어선 한국교회 목회자다. 교회성장연구소가 주선했던 기도모임에 갔다. 10여 명이 모였다. 만날 때 마다 준비된 분들 앞에서 배운다. 큰 사람은 머리는 차갑고 가슴이 따뜻하다. 누구를 비방하거나 헐뜯는 이야기는 하지 않는다. 격려하고 세워주며 긍정적이다. 서로에게 힘이 되며 도전이 된다. 이동원 목사님, 김명혁 목사님을 만나서 목회를 논할 수 있었다.

더하여 지역사회 목회자 모임이다. 침례, 장로, 순복음, 성결교회 목회자들이 두 달에 한 번씩 모인다. 관계를 우선으로 하지만 대화 속에서 배우고 또 배운다. 같은 지역이라 자칫 경쟁 관계가 될 수 있지만 서로를 격려하고 정보를 함께 나누는 열린 모임이다.

네 번째 네트워크는 사랑하는 친구와 선후배다. 신학교 동기로 마음을 열고 의지하는 친구들과 사랑해 주는 선배님이 많다. 후배도 빼놓을 수 없다. 어려운 일이 있을 때마다 큰 힘이 된다. 지방회 선배 목회자, 동기, 후배, 그분들 이름을 거명하려면 지면이 부족하다.

다섯 번째 네트워크는 취미생활을 통해 만나는 사람이다. 테니스를 좋아해서 아파트 단지 내 코트에서 운동을 했다. 끝나면 맥주 한잔씩 하는 통에 조용히 뒷자리에 앉아있기가 여간 힘든 일이 아니었다. 목사인 걸 알지만 짓궂게 맥주를 권할 때도 있었다. 세상 돌아가는 얘기와 사람 사는 이야기를 나누기도, 때론 개혁교회에 대한 공격도 받았다. 신앙의 기초 질문부터 은근한 질문까지 한다. 1년쯤 되니 친구가 됐다. 교회 행사에 화분도 보내주며 이사 온 크리스천이 테니스코트 신입회원으로 가입하면 로고스교회를 소개한다. 교회 생리를 잘 모르는 분들이라 로고스교회 등록하는 것을 쉽고 당연하게 생각한다. 테니스 동호회 회장의 강력한 추천으로 다른 선택의 여지없이 세 가정이 등록했다. 일명 '테니스 코트 전도'였다.

인맥지도를 그려봤다. 처음에는 폭이 좁았다. 오랜 시간에 걸쳐 점차 넓혀졌지만 버려야 할 만남도 있다. 그럼에도 세상을 이해하고 품는 목회자가 되기 위해 그 폭을 넓혀야 할 때다. 누군가를 세워주기 위해 네트워킹을 만들어야 할 필요성도 느낀다. 내가 아닌 누군가를 세워주고 이끌어 주는 사람으로 남고 싶다.

김덕임 권사

가벼우면서도 편한 티셔츠와 바지, 발 편한 운동화, 낡은 전도 가방, 햇볕에 그을린 까만 얼굴. 전도의 현장에 나갈 때 제 모습입니다. 이런 모습이 초라해 보이지만 이 초라함을 통해서 주님의 도구가 될 수만 있다면 이처럼 기쁘고도 감사한 일이 또 어디 있을까요? 세상이 줄 수 없는 기쁨. 복음을 전하는 자만이 알 수 있는 행복이기에 오직 영혼을 사랑하는 마음과 열정을 가지고 매일 전도 현장에 나갑니다.

매일 전도하지 않으면 안 될 이유가 있습니다. 6년 전 죽음의 문턱에서 살려주신 은혜 때문인데요. 그 당시 택시운전을 했습니다. 2011년 8월 15일 새벽 4시 쯤, 파주 책향기 마을 앞에서 졸음운전으로 중앙분리대를 받아 크게 다쳤습니다. 사고가 얼마나 크게 났는지 의식을 잃었고 몸은 성한 곳이 한 군데도 없었습니다. 서울대병원으로 후송되어 수술을 받았는데 머리를 다쳐 38바늘 꿰매고, 3,4,5번 갈비뼈에 금이 갔습니다. 발목골절, 십이지장 천공부위 봉합수술, T자관 삽입수술, 위공장문합 수술, 담낭 절제, 췌장 조형 수술을 했습니다. 회복과정 중 폐색전증이 발생했으며 실어증까지 걸려 말도 못했습니다. 다치지 않은 곳을 찾기가 더 쉬웠죠. 수술보다 어려운 것은 치료와 회복 과정이었답니다. 더디고 너무 고통스러웠습니다. 온 몸은 칼로 도려내는 듯 아프고 찌르는 가시와 무거운 고통은 이루 말할 수 없었습니다. 얼마나 고통스러웠던지 차라리 죽는 게 낫다는 생각이 들더군요. 하나님께 큰 원망이 생겼어요. 하나님께 항변 가득한 마음으로 간호하던 딸에게 병원 예배당에 데려가 달라고 했습니다. 실어증이 걸려 말을 할 수 없었기에 마음속으로 울부짖으며 하나님께 따져 물었습니다.

"이 양반아 내가 당신한테 뭘 잘못했어? 택시 운전하는 중에도 당신을 위해 매일 철야하고 교회 청소, 차량봉사, 전도하며 이렇게 충성하고 헌신했는데 나를 왜 이 지경으로 만들었어? 차라리 나를 죽이지 살려서 왜 이런 고통을 주는 거야!"

따져 물었습니다. 주님께 저항한다고 야단치지 않으시고 질문으로 말을 걸어오셨습니다.

"전도는 내가 네게 맡겼는데, 네게 맡겨진 영혼 어떻게 했느냐?"

누구 못지않게 열심히 전도했지만 영혼을 사랑하는 마음이 없다는 걸 보게 하셨습니다. 이전까지의 전도는 주님을 위한 것이 아니라 나의 자랑을 위한 헌신이었다는 걸 깨닫게 하셨어요. 회개의 눈물이 쏟아졌죠. 전도해서 등록한 새가족이 한 주만 빠져도, "당신 위해서 교회 나오라고 하는 거지 나 위해서 교회에 나오라고 하는 거냐?"고 핀잔을 주기 일쑤였습니다. 영혼에 대한 배려와 헤아림이 없었던 초라한 모습이 주마등처럼 떠올랐어요. 나름 열심히 전도, 봉사, 헌신한 것 같지만 주님은 마음의 중심을 보셨습니다. 주님께서 다시 말씀하셨죠.

내가 율법으로 말미암아 율법에 대하여 죽었나니 이는 하나님에 대하여 살려 함이라 내가 그리스도와 함께 십자가에 못 박혔나니 그런즉 이제는 내가 사는 것이 아니요 오직 내 안에 그리스도께서 사시는 것이라 이제 내가 육체 가운데 사는 것은 나를 사랑하사 나를 위하여 자기 자신을 버리신 하나님의 아들을 믿는 믿음 안에서 사는 것이라(갈 2:19-20, 개역개정)

말씀을 듣고 죽겠다는 생각이 싹 사라졌습니다. 하나님께 살려달라고 기도했어요. 살고 싶다고, 한 번만 기회를 달라고, 나를 살려달라고 간절하게 애원하며 기도했습니다.

"살려주시면 한 영혼을 위해 내 생명까지도 내어 놓을 마음으로 영혼을 사랑하며 섬기겠습니다. 영혼 구원하는 일에 생명을 드리겠습니다. 나를 치료하시되 다친 곳, 후유증 하나 없이 장애로 남지 않게 깨끗이 치료해 주세요. 사고 나기 전보다 더 건강하게 하시고 전도자로 사용해주세요."

그 날 이후 건강이 빠르게 회복됐어요. 말문도 조금씩 열리고 20일 만에 미음도 먹었죠. 회복이 빨라 급속한 치료가 이루어졌습니다. 3개월 보름 만에 퇴원했는데요. 딸 내외가 섬기던 로고스교회에 등록했습니다. 교회 등록 후 전도자로서의 제2의 인생을 시작했습니다. 다시 얻은 생명은 복음 전하는데 쓰기 시작했습니다. 다친 발목이 회복되지 않았지만 절뚝거리며 전도현장에 나갔습니다. 하루는 발톱이 빠졌습니다. 완전히 회복되지 않은 채 무리를 했던 겁니다. 매일 4킬로미터 이상 걸으며 전도했죠. 보험금으로 받은 돈은 전도하는데 사용하며 살려주심에 감사했습니다. 하나님께 서원했던 것을 갚고자 오직 전도만이 삶의 전부라고 생각하고 정말 열심히 전도했어요.

하지만 새로 등록한 교회에서 시작된 전도자의 길은 결코 쉽지 않았습니다. 지나친 열정으로 공동체 안에서 오해와 편견으로 인한 어려움을 겪었습니다. 지금 보니 나를 다듬기 위한 하나님의 훈련이었음을 인정합니다.

회복되지 않은 몸으로 열심히 했지만 6개월 동안 한 명도 전도하지 못했습니다. 지치고 힘들었지만 그럴수록 간절한 마음으로 금식하며 눈물로 기도했습니다. 이런 저를 불쌍히 보시고 전도의 문을 열어주셨습니다. 지칠 때마다 많은 열매는 아니더라도 성령께서 영혼을 붙여주셨습니다. 한 영혼을 구원하는 것이 얼마나 힘든 일인지 전도자만 경험할 수 있는 주님의 마음입니다. 요즘도 조금 무리하면 탈진합니다. 게다가 입원도 종종 합니다. 하지만 복음을 전하는데 걸림돌이 되지 않습니다. 기회 있을 때, 생명 있을 때, 하나님 앞에서 잔머리 굴리지 않습니다. 한 영혼에게라도 더 복음 전하고자 매일 전도현장에 나갑니다. 남은 인생 오직 옥합을 깨는 막달라 마리아가 되고 싶은 열정을 주님께 바치려 합니다.

전도할 때 몇 가지 원칙을 세워 전도하는데요,

첫째, 하루 한 끼 이상 금식하며 두 시간 이상 기도하기
둘째, 하루에 성경 10장 읽기
셋째, 일 년에 목장 한 개 분립개척하기
넷째, 매일 전도지 300장 이상 꽂기
다섯째, 매일 3시간 이상 노방전도 하기
여섯째, 자비량으로 전도하기

여섯 가지 원칙으로 현재 노방전도와 입주전도를 합니다.

숲속마을 1단지 아파트 전도 할 때였습니다. 각 집마다 전도지를 꽂으며 교패를 확인했습니다. 교패를 확인하는 이유는 전도 가능성이 더 높은 지역을 파악하기 위함인데요. 현관문에 교패가 적게 붙은 아파트 단지에 집중합니다. 아파트 단지에 위치한 정자를 우선순위에 둡니다. 모인 분은 대부분 나이 지긋한 분입니다. 간식과 먹을거리를 계속 제공합니다. 둥글게 앉아 계신 그분들 가운데 자리하고 이야기를 들었습니다. 두세 시간 듣고 그분들의 필요를 채워주기 위해 한 분씩 가정으로 찾아갔죠. 다른 교회를 섬기시는 권사님들께 도움을 청해서 함께 전도하기도 했습니다. 무시당하기가 일쑤였고 지팡이로 맞기도 했죠. 4년을 꾸준히 다닌 결과, 주님께서 열매를 허락하셨습니다. 4년 만에 숲속마을 1단지에 목장 두 개가 세워졌습니다.

한 지역에서 전도가 어느 정도 되면 새로운 아파트 단지로 옮깁니다. 숲속마을 1단지 전도 후 입주전도를 위해 고양버스 터미널 옆 요진 와이시티로 이동했습니다. 입주전도는 전략적이고 체계적으로 준비해야 합니다. 1년 전부터 땅 밟기 기도를 시작합니다. 입주 전에 입주 사업장 사장들에게 간식과 커피와 필요한 것을 사다 주며 먼저 친해집니다. 요구르트 아주머니, 노점상 하시는 분과도 친해지죠. 입주를 시작하면 평일 오전 11시부터 1시, 잠시 쉬었다가 오후 3시부터 또 다시 전도합니다. 지속적으로 하는 게 중요합니다. 주일 오전 9시에는 아파트 단지 입구에 예배시간이 적힌 교회 배너를 세웁니다. 이사 와서 교회를 찾는 분들을 인도합니다. 지속적인 관심으로 입주민들과 관계를 맺습니다.

[사진 1]은 함께 요진 와이시티 입주 전도를 했던 바울 전도팀 로고입니다. [사진 2]는 요진 와이시티 입주 전도용품으로 사용했던 화분입니다. [사진 3]의 선인장은 후원받은 전도용품인데요. 농장주께서 선인장 1,000개를 후원해주셨습니다. [사진 4]는 요진 와이시티 후문 입구 전도하는 장소와 전도용품입니다. [사진 5]는 주일에는 교회를 찾는 분이 볼 수 있도록 교회 배너를 설치합니다. [사진 6]은 요진 와이시티 입주 전도를 통해 등록한 가정들입니다.

주님은 포기하지 않고 꾸준하게 전도현장에 나갈 때 열매를 허락해 주셨습니다. 때로는 믿지 않는 사람을 통해서 전도 대상자를 소개받은 적도 있습니다. 전도현장으로 갈 때 영혼을 붙여주심을 경험합니다. 전도는 제 삶의 이유이고 전부입니다. 오늘도 현장에 나갑니다. 나가면 만나고 안 나가면 못 만납니다.

이렇게 전도하기까지 바울전도팀의 동역이 큰 힘이 되었습니다. 기도, 섬김, 물질과 전도지 준비 등 귀찮은 일도 마다하지 않고 도와주시며 기도해주신 팀장 김현모 권사님을 비롯한 바울전도팀 식구들에게 감사합니다.

부족한 자를 통해 일하시는 하나님께 모든 영광을 올려드립니다.

〰〰〰〰〰〰〰

김덕임 권사는 오늘도 밤 10시면 예배당에서 몸을 불사르는 기도를 한다.
매일 성경을 열장 이상 읽고 하루 10시간 이상 현장에 나가 전도한다.
5년 동안 김덕임 권사와 바울전도팀을 통해 200명 이상이 등록했다.

▼ 사진 1

바울 전도팀

▼ 사진 2

▼ 사진 3

▼ 사진 4

▼ 사진 5

▼ 사진 6

로드맵: 구체적인가?

만리현교회 고등부 때 나는 무례한 학생이었다. 교회의 건강하지 못한 모습을 보고 담임목사님을 찾아갔다. 교회를 모르는 자가 '교회는 이래야 한다.'는 주장을 폈다. 목사님을 만나러 가기 전 '삶의 방향과 목적을 바꿔놓는 결정적인 날'이 될 줄은 몰랐다. 목사님은 경청 후 질문으로 답을 내셨다.

"자네 말이 틀린 게 하나도 없네. 나도 잘 알고 있지만 아는 것과 행하는 것에는 많은 차이가 있지. 이런 문제의식을 가지고 있는 자네가 직접 좋은 교회를 만들어 보면 어떻겠는가?"

고등학생의 도발을 무례하다 하지 않으셨다. 스펀지가 물을 머금듯 모든 질문을 담아 버렸다. 목사님의 인격과 태도에 녹지 않을 사람이 없었다. 비전 제시는 도전적 기질이 강한 고등학생의 영혼을 흔들었다. 1981년 그 날짜를 적어 놓지 않은 게 아쉽다. 지금까지 그분의 질문에 답을 내는 심경으로 살고 있다. 평생 답을 내지 못할 것을 알면서 말이다. 지금까지 36년 이상 '건강한 교회를 세우는 목사가 되기 원합니다.' 계속 기도하고 있다.

패스파인더는 바른 길을 가는 자다. 바르지 않으면 돌아와야 한다. 빨리 가려다 오가지도 못한 채 인생과 사역을 마무리 하는 사람도 있다.

새들백교회 릭 워렌(Richard D. Warren) 목사님은 "어떻게 해야 교회가 성장할까?"는 올바른 질문이 아니라고 했다. "무엇이 우리교회 성장을 막고 있는가?"를 올바른 질문이라 했다. 생명체는 반드시 성장한다. 교회는 조직체가 아닌 유기체요, 생명체이다. 성장 저해 요인을 해결하면 자연스럽게 성장한다는 이론에 동의한다. 지구상에 완전한 교회는 존재할 수 없지만 건강한 교회는 존재할 수 있다.

연말이면 목회를 평가한다.

"담임목사나 교회가 버려야 할 것이 있으면 말해 주십시오."

질문의 범위를 교회와 리더십으로 확대했고 문서화 했다. 교회가 성장병에 빠져 기업도 하지 않는 짓을 할 때가 있다. 연봉제를 도입해 교역자들의 경쟁을 유도하는 교회도 봤다. 동역자를 사역자로 대하는 교회를 찾기가 어렵다는 말은 과장됐겠지만 흘려버릴 말도 아니다. '건강한 교회'에 대한 밑그림을 그리고 개척했다. 건강한 교회는 균형 잡힌 교회다. 예배와 친교, 선교와 교육, 제자훈련과 봉사가 균형을 이뤄야 한다. 수직적이지 않고 수평적인 리더십, 의사 결정이 민주적이지만 성서를 기반으로 하는 교회, 사람이 아닌 하나님의 목적이 이끄는 교회, 예배와 소그룹 두 날개로 사역하는 교회다. 동역자를 부목사라 하지 않고 교구담임으로 존중하며 목회를 가르친다. 교회를 담임할 리더십으로 준비하게 한다.

목회전략컨설팅연구소에서 공부하며 건강한 교회를 향한 꿈을 구체화할 수 있었다. 12가지 건강한 교회의 요건이 균형을 이루는 것이 중요하다는 것을 알게 됐고 로고스교회란 옷을 입혀 10가지로 재해석 했다. 우선하는 것은 목회 리더십이다.

01. 리더십을 갖춘 목회자

잭 웰치(John F. Welch Jr)는 성공적인 기업가로 알려져 있지만 역사는 사람을 키운 리더로 기억할 것이다. 제너럴일렉트릭사(General Electric Co)가 세운 〈인재사관학교〉에서 배출한 인재들이 다국적기업 대표가 되어 세계 경제를 이끌고 있다. 주님의 제자를 세워야 할 교회에 시사해 주는 바 크다. 어느 공동체든지 수장 자리가 비면 탁월한 사람을 찾는다. 구직자는 세상이 나를 몰라준다고 생각하지만 공동체에서는 정작 쓸 만한 인재를 찾기 어렵다. 가끔 쓸 만한 부목사 한 명 소개 해 달라하는데 쓸 만한 사람은 보낼 이유가 없다. 교회가 제자를 양육해야 하지만 목회자를 양육하는 시스템도 갖춰야 한다.

GE의 인재양성 프로그램은 세계 최고의 인재양성 프로그램이다. 한 명의 리더가 나오기까지 6단계의 리더십 수준으로 구분하고 6단계 관문을 통과할 때 최고위 리더십을 부여한다.

램 차란(Ram Charan), 스태픈 드로터(Stephen Drotter), 제임스 노엘(James Noel)은 『GE 인재양성프로그램』에서 다음과 같이 정리 했다.

1단계 : 스스로의 관리에서 타인관리
● 이 단계 리더십의 전환점에서 습득해야 할 업무 능력은 일을 계획, 사람 채용, 업무 위임, 동기부여, 조언, 부하들의 업무 성과를 측정하는 것이다. 초급 관리자는 시간을 적절히 배분해서 활용하는 기술을 배워야 한다. 자기의 책무를 수행할 수 있을 뿐 아니라 부하직원들이 일을 효율적으로 하도록 도울 수 있기 때문이다.

2단계 : 타인 관리에서 초급 관리자
● 업무의 성격이 1단계에 비해 획기적으로 바뀌지 않는다. 기업 경영층의 기초가 되는 단계다. 관리자들은 나중에 회사의 최고 경영층이 될 인재를 찾아내고 계발시키는 중요한 역할을 해야 한다.

3단계 : 초급 관리자의 관리자에서 영역전담 관리자
● 자신이 뜻하는 바가 일선 실무자들에게까지 전달되려면 두 단계의 관리자층을 거쳐야 한다. 때문에 새로운 의사소통 능력을 계발해야 한다. 중요하고 어려운 일은 자신이 겪어보지 않은 기능분야도 함께 관리해야 한다. 전체적인 차원에서 각 부분이 차지하는 의미까지 제대로 파

악해야 한다.

● 4단계 : 영역전담 관리자에서 사업총괄 관리자

리더십은 관리자의 이력 중 가장 도전적인 만큼 보람도 크며 기업의 성패에 직결되는 영향력을 발휘한다. 이들은 모든 영역을 하나로 통합하기 위해 계획과 제안들을 사업영역의 관점, 장기적 관점에서 평가하고 분석해야 한다. 4단계 리더로 성공하기 위해서는 각각의 영역 특성에 예민한 감각을 키워야 한다. 분명하고 효율적으로 의사소통을 해야 한다. 단기적 사고와 장기적 사고 사이에 균형을 유지하며 항상 더 나은 쪽으로 조합이 이루어지게 해야 한다.

● 5단계 : 사업총괄 관리자에서 그룹 관리자

네 가지 중요한 능력이 요구되는데 첫째, 자본 분배와 집행을 전략적으로 수행한다. 둘째, 사업총괄 관리자를 양성해야 한다. 셋째, 제대로 된 포트폴리오를 구성한다. 마지막으로 그룹 관리자는 자신이 관리하는 사업들이 시장에서 살아남기 위해서 필요한 핵심적 요소들을 제대로 갖추고 있는지 냉철하게 분석한다. 5단계 리더십은 보다 총체적인 성격을 띠기 때문에 다양한 잣대를 가지고 의사를 결정해야 한다.

● 6단계 : 그룹관리자에서 기업 관리자

기업 관리자는 장기적인 비전을 갖추어야 함은 물론이고 장기적인 전략이 분기별 활동과 조화를 이룰 수 있는 운용 체계를 확립하고 지휘해야 한다. 외부의 동향을 민감하게 감지하고, 기업 외부의 여러 가지 환경요인을 주도적으로 관리해야 한다.

기업도 이렇게 탁월한 리더를 키우는데 하나님의 교회는…. 교회는 어떤 공동체보다 중요한 공동체다. 교회가 살면 나라가 산다. 목회자가 살면 교회가 산다. 목회자는 왕, 전문인, 예술가, 탁월한 리더에게 하나님의 말씀을 전한다. 세계 복음화를 사명으로 받았다. 영적인 리더의 영향력은 끝이 없다. 그렇다면 더 강력한 리더십 훈련을 받아야 마땅하다.

군대, 기업, 공무원 등 모든 공동체는 내규나 일정한 기준을 갖춘 자에게 멤버십을 허용한다. 예외인 공동체가 교회다. 목사가 교인을 선발할 권한도 없고 선택할 수도 없다. 시험을 치르거나 인성체크를 할수 없다. '수고하고 무거운 짐을 진 자'가 구성원이 될 자격 요건이다. '누구든지 목마르거든 내게로 와서 마시라'고 하셨다.

개척할 때 숨길 수 없는 것이 하나 있다. '누구나 왔으면 좋겠다.'는 마음이다. 워낙 황량하기에 와서 자리만이라도 지켜주면 좋다. 교회는 성장하면서 필수적으로 성장통을 겪는다. 목회자는 관계의 고통 속에서 사람을 알아 간다. 사람을 아는 분별력이 생기지만 이단이 아니면 누구도 거절 할 수 없다. 면접을 통해 교인을 선발할 수도 없다. '누구나' 와서 치료받아야 하기 때문이다. 주님은 "건강한 사람에게는 의사가 필요 없고 병자에게는 필요하다."하셨다. 하나님은 모든 사람을 사랑하신다. 어떤 사람도 변화할 가능성을 열어 놓으셨다. 교회는 지구상에 존재하는 공동체 중에서 가장 다양한 사람들의 집합체다. 어느 공동체에서도 볼 수 없는 신종 바이러스가 공격을 준비하고 있다. 하여, 교회는 지구상에 공존하는 공동체 중 가장 탁월한 리더십이 요구되는 곳이다.

존 맥스웰은 『리더십 101』에서 과정의 법칙을 주창했다. 표지의 법칙이라고도 하는데 어떤 공동체이든지 리더의 역량 이상으로는 성장할 수 없다고 했다. 많은 리더들은 역량을 키워 공동체를 성장시키고 싶어

하지만 한계에 부딪힌다. 공동체의 한계가 아니라 리더의 한계다. 주님이 제자를 훈련하신 것은 한계를 넘는 사역을 목적하셨기 때문이다.

리더가 되기 위해서 걸어가야만 하는 고통의 길이 있다. 한 사람의 리더가 세워지기 위해서는 수많은 성숙과 성장의 단계를 거쳐야 한다. 고통이 기다리고 있음을 알면서도 기꺼이 뛰어드는 사람만이 리더로 세워진다.

교회에서 리더의 역할은 다양하다. 설교, 멘토링, 훈련, 행정, 매니저, 섬김, 인사, 재정 등이다. 감당하려면 지력, 체력, 통찰력, 추진력, 인격, 설득력을 갖춰야 한다. 날마다 리더십이 성장해야 다음 단계로 성장할 수 있다. 지금의 로고스교회가 있는 것은 부족함을 인정하고 성장을 위해 한 걸음씩 나아가고 있기 때문이다. 여전히 미완성이다.

02. 단순하고 역동적인 사역 중심의 구조

교회는 '예배, 양육, 전도, 친교, 봉사'라는 사명을 가지고 태어났다. 건강한 교회를 세우기 위해 사명 선언문을 만들고 사명을 이룰 시스템을 갖춰야 한다. 시스템을 갖출 때 유의할 것은 정체성과 복잡성이다. 목사가 정체성 없는 목회를 하면 초라해진다. 남의 옷을 입으면 열매를 보기 어렵다. 훈련이나 사역 구조가 복잡하면 어디를 향해 가는지 막연하다. 영적인 리더에게 교회가 한 눈에 들어오지 않으면 따르는 사람들은 더 혼란스럽다. 사역 구조가 복잡해지면 역동성도 떨어진다.

교회가 사역중심으로 움직이고 있는지 평가하려면 먼저 전도를 점검해야 한다. 전도는 교회 사역의 핵심이다. 전도 시스템을 갖추어 활발하게 움직이고 있다면 사역 중심 교회로 존재 목적을 잊지 않고 있다는 증거다.

"복음을 전하기 위해 헌신된 자가 몇 명이나 있는가?"
"전도에 대한 예산은 얼마나 편성되어 있는가?"
"전도 동력은 확보하고 있는가?"
"등록인원 중 처음 믿기 시작한 자는 몇 퍼센트인가?"
"전도는 계속되고 있는가?"

전도하지 않는 교회는 교회가 아니다. 성도들이 꾸준히 전도를 할 수 있도록 동기를 부여하고 훈련해야 한다. 교회마다 전도회 혹은 선교회 조직이 있다. 이름은 선교회지만 하는 일은 친목모임이 아닌지 점검해야 한다. 각 전도회나 팀들의 지출을 보면 사역 중심인지 아닌지 쉽게 알 수 있다.

로고스교회 청년교회는 여름 수련회가 없다. 대신 국내외 선교활동을 한다. 주는 자가 되면 받는 것이 크다. 겨울에는 자체 수련회를 가진다. 찬양하고 특별한 분을 모시고 설교 듣는 것도 중요하다. 하지만 먹기만 하면 사해처럼 생명력이 없어진다. 흘려보내야 한다. 섬기지 않고는 주님의 섬김을 배울 수 없다.

교회 내 사역 개발팀을 두고 하나님의 부르심과 성도들의 필요를 고려해서 새로운 팀을 세워 가면 좋다. 사역 팀을 신설할 때 팀별 사명 선언문과 내규를 만드는 것이 우선이다. 교회에서 세우는 팀은 동호회와 달라야 한다. 모든 팀은 반드시 사역과 연결이 돼야 한다. 예를 들면, 소년소녀 가장 사역, 노숙자 섬김, 실버 선교, 고아원 선교, 커피서비스 전도, 왕초보 영어 선교, 인터넷 선교, 문서 선교, 각종 스포츠 선교, 예배, 찬양, 워십, 음악 선교, 국내 선교, 북방 선교 팀이 사역 중심으로 조직될 때 교회는 역동성을 띤다.

로고스교회는 2006년에 팀 사역으로 전환했다. 기존 남녀 전도회 구조로는 교회의 사명을 다 할 수 없다 판단했다. '사역 개발팀'이 가동됐다. 팀 사역을 기획, 조율, 해체 및 재구성해 갔다. 평신도들에게 처음부터 위임했다. 능력 있는 자를 세우고 위임하는 것이 중요하다.

전통적인 교회가 급진적 전환을 꾀하면 저항에 맞닥뜨린다. 체계적인 계획을 세워 점차적으로 개혁하는 게 좋다. 전통적인 교회의 패러다임 전환은 죽기보다 어렵다. 본질에 뿌리를 두고 패러다임을 전환해야 교회의 구조적인 모순에서 헤어 나와 지속적인 변화가 가능하다.

03. 영적인 교제와 열정적인 교회

교회는 하나님, 사람, 거룩함을 향한 열정이 있어야 한다. 영적인 열정이 양적인 성장에만 집중된다면 많은 부작용을 양산한다. 교회 건강 지수는 건강한 리더십에서 발원한다. 건강한 리더에게 사람들은 박수를 보낸다. 리더십이 건강하지 않으면 구성원은 실망한다. 공동체의 열정을 빼앗는 네 가지 요인이 있다. 첫째, 리더의 자기관리 실패로 인한 갈등과 침체이다. 둘째, 사람 중심의 사고가 아닌 일 중심의 사고이다.

셋째, 부정적인 사고와 교제의 미진함이다. 넷째, 리더의 안전제일주의이다. 공동체의 열정은 리더로부터 시작하고 리더로 끝난다. 리더에게서 성령의 불이 떠나면 죽은 공동체가 된다.

영적인 열정은 하나님과의 친밀감에서 시작한다. 하나님과의 관계는 인간과의 관계에 선행한다. 목회자에게 건강한 자아상이 없으면 어둠의 그림자가 교회를 덮는다. 건강하지 못한 리더는 건설적인 제안자를 부담스러워한다. 목회자를 두고 좌우에 친위대와 반대파가 생기면 공동체는 치명상을 입는다. 자녀들의 집중력도 가정의 건강지수와 유의미하다. 영적인 열정도 갈등이 생기면 사그라진다. 주님의 십자가를 말해야 할 성도들이 모일 때마다 사람을 논한다. 옳고 그름을 따진다. 편을 가른다. 리더는 교회의 하나 됨을 허는 여우를 잡아야 한다. 그게 자신이 될 수 있다. 건강한 리더는 갈등을 보는 관점이 다르다. 갈등을 일으키는 사람들을 사랑의 대상으로 본다. 갈등의 여우를 잡는 유일한 병기는 사랑이다. 갈등 여우를 잘못 건드리면 꼬리에 불을 달고 뛰어다니며 교회를 태운다. 영적인 열정은 사랑에서 시작하고 사랑에서 완성된다. 하나님은 사랑이시다.

한국 교회 성령운동이 개인화에서 공동체성으로 확산하지 못했다. 개인의 성령충만은 긍정적인 영향이 크지만 부정적인 영향도 컸다. 개인화와 주관성이 그것이다. 성령운동은 개인 구원과 사회 구원을 하나로 본다. 각자가 선호하는 성령운동이 아닌 성령의 하나 되게 하심을 이루면 열정이 살아난다.

거룩함에 대한 열정은 곧 하나님께 대한 열정이다. 하나님께 대한 열정은 사람에 대한 사랑과 하나다. 하나님의 사람은 맡기신 일에 충성을 다한다. 사명 완수를 위해 날마다 말씀에 의지해 살아간다.

로고스교회는 꽤 차분한 교회였다. 목회전략컨설팅연구소 김성진 소장이 열정이 부족하다는 평가를 했다. 체질 개선을 위해 노력했다. 열정이 피어오르고 있다. 첫 번째, 알파의 성공적인 정착이다. 주말수양회 때 강력한 성령의 임재를 경험한다. 두 번째, 금요 하경회(하나님을 경험하는 기도회)에서 열정적인 찬양과 기도를 한다. 금요 기도회와 수요일 밤 예배를 통합했는데 주 5일 근무제로 바뀌면서 금요 기도회를 부활했다. 로고스교회에 성공적으로 정착되어 가는 '양육시스템'의 토착화 과정을 나누고 싶다.

● 1단계 양육 과정의 알파는 주일반과 주중반으로 진행한다. 알파 수료생 중에 토크를 담당할 강사를 세운다. 배울 때보다 가르칠 때 더 많이 배운다. 강사는 가르치면서 배운다. 강의를 위임했고 기대 이상으로 잘했다. 평신도 리더를 팀장으로 세웠다. 로고스교회 기본 철학은 단순한 양육 시스템, 평신도가 평신도를 가르칠 수 있도록 리더십을 세워가는 것이다. 교회의 비전인 성경을 잘 가르치는 평신도 지도자 300인을 키우겠다는 목표와 무관하지 않다. 토크를 진행하는 평신도 리더는 형식적 비형식적 리더십 훈련을 받은 분이다. 담임목사와 함께 4단계까지 양육 과정을 잘 마친 분이다. 하지만 첫날 강의와 알파의 핵심인 '주말수양회'는 위임하지 않았다.

● 2단계 양육 과정은 릭 워렌의 『목적이 이끄는 삶』을 주교재로 한다. 7주 동안 목회자와 평신도 리더가 강의를 맡는다. 조직 구성과 진행, 조 편성까지 위임했다. 목회자는 평신도 리더를 세우고 '목양의 관점'

에서 조언을 맡는다. 강의보다 책을 읽고 토론하는 시간을 중요하게 여겨 테이블 리더를 세웠다.

모든 양육 시스템은 20분 찬양, 5분 유머, 25분 조별 발표, 35분 강의, 1시간 조별 토론으로 구성한다. 시간 배정은 학기나 기수의 특징에 따라 약간의 조정이 가능하다.

내 용	시간	담 당	특 징
찬양	20분	찬양팀	
유머	5분	담당자	유머 도우미를 세운다.
조별발표	25분	각조담당자	각 조별로 중복되지 않도록 한 명씩 발표한다.
강의	35분	담당자	평신도 지도자의 목회자가 함께 강의한다.
조별토론	60분	각조별로	훈련된 각 조의 리더가 조별 모임을 리드한다.

강의를 평신도가 맡도록 훈련함과 동시에 조별 발표, 유머, 조별 토론 등 대부분의 시간은 평신도 몫이다.

● 3단계는 'XEE 전도폭발훈련'이다. 전도폭발 임상훈련 과정을 그대로 적용했다. 앞선 훈련과정으로 하나님을 깊이 알았다면 이제 세상으로 나아가야 했다. 전도는 앞선 말씀이 온전히 삶에 정착되는 과정이다.

● 4단계 '영적리더 세우기' 과정 역시 강의와 토론으로 이루어진다. 부교재는 존 맥스웰의 『리더십 21가지 법칙』이다. 매주 두 개의 주제를 강의하고 훈련생들은 매시간 한 권의 책을 읽고 독서보고서를 제출한다. 필독서는 다음과 같다. 필독서는 훈련생들의 수준을 고려해 약간 조정을 하기도 한다. 교회 내 외부 강사를 모신다. 주말 수양회에서 '나는 죽고 주로 사는 경험' 유언장 작성, 사명 선언문과 영적 원칙을 세워 삶의 전환점을 찾는다.

4단계 영적 리더세우기 필독서

순	필독서	저 자	출판사
1주	리더십 101	존 맥스웰	시그마프레스
2주	기적의 사명선언문	로리 베스 존스	한언
3주	하프타임	밥 버포드	국제제자훈련원
4주	원칙중심의 리더십	스티븐 코비	김영사
5주	리더십의 그림자	게리 맥킨토시	두란노
6주	바보들은 항상 결심만 한다	팻 맥라건	예문
7주	하나님 나라 가치	대로우 밀러	NCD(엔시디)
8주	아무도 보는 이 없을 때 당신은 누구인가?	빌 하이벨스	IVP
9주	존 맥스웰의 관계의 기술	존 맥스웰	생명의 말씀사
10주	프로페셔널의 조건	피터 드러커	청림출판
11주	헨리 블랙커비의 영적리더십	헨리 블랙커비	두란노
12주	생각의 탄생	로버트 루트번스타인	에코의 서재

04. 목적이 이끄는 예배

하나님이 임재하시는 예배는 역동적이다. 하나님은 질서의 하나님이다. 예배를 잘 준비하면 현장에서 역사하시는 성령을 제한한다는 의견도 있다. 성령께서는 예배 준비할 때도 역사하신다. 순서가 너무 복잡하거나 길면 역동성이 떨어진다.

하루는 중소도시에 가서 설교했다. 설교 후 담임목사님이 마이크를 잡았다. 찬양과 기도를 인도하셨다. 현장 감동에 취해서 뜨겁게 인도하셨다. 세션들은 변하는 코드, 즉흥적인 선곡에 곤혹스러워 하며 그런대로 따라갔다. 예배 후에 매번 그렇게 하냐고 여쭈었다. 당당하게 그렇게 하신단다. 설교 본문과 내용을 파악하여 사전에 선곡해서 찬양팀에 알려주면 더 좋지 않겠냐고 말하지 않았다. 말하면 되돌아올 말은 뻔하다. 성령의 임재와 현장성, 세션들이 훈련되면 어렵지 않다고 했을 것이다. 준비하지 않고 현장에서 역사하는 성령만 찾는 것은 위험하다. 준비는 잘하고 성령님 의지하지 않는 것도 마찬가지다. 준비하면서 성령을 의지하고 현장에서 성령의 역사를 열어 놓아야 한다.

감동적인 설교와 축제의 예배는 성도들의 삶을 변화시킨다. 방문자들이 불편함 없이 예배를 드릴 수 있도록 예배 기획팀, 예배 중보 기도팀, 안내팀, 주차 관리팀의 전방향의 수고와 헌신이 요구된다.

사람에 의한, 사람을 위한 예배가 드려진다는 지적도 겸허히 수용해야 한다. 예배에서 '드림' 보다 '받음' 이 강조된다. 예배는 하나님의 임재를 경험하는 시간이다. 하나님을 경배한다. 사람에게 감동을 주려 해서는 안 된다. 에이든 토저(Aiden W. Tozer) 목사는 예배는 쇼가 아니라고 말했다. 예배자가 운동경기처럼 구경꾼이 돼서도 안 된다. 경배, 찬양, 기도, 시간 마음을 드리고 계시의 말씀을 받는 시간이다. 하나님을 경배하는 인간이 하나님께 드릴 최고의 헌신이다.

하나님께 영광 돌리고 시선을 집중할 때 임재하신다. 날마다 마음의 할례를 받고 회개할 때 받아주신다. 임재를 경험하지 못한 예배는 무의미하다. 하나님께 집중하려면 중심을 하나님께 드리는 게 우선이다. 예배 요소가 형식적으로 잘 갖춰져야 한다. 예배 방해요소를 찾아 제거해야 한다. 큐시트를 작성하고 리허설을 하면 좋다. 준비도 예배다. 목회자의 준비 부족으로 예배자들이 예배에 집중할 수 없다면 하나님께 집중하기 어렵다.

예배자를 구경꾼으로 만들지 않으려면 구경꾼이 아닌 참여가 돼야 한다. 찬양대의 예배 부름에 맞춰 묵상함으로 예배를 시작하지 않는다. 모두 기립해서 함께 입례송 한다. 교회소식 시간에 성도들의 애경사를 과하지 않게 소개하며 축하하고 위로한다. 예배 순서에 작은 변화를 가

겨옴으로 조건반사적인 예배가 되지 않게 한다. 절기는 제정하신 목적을 살려 특별예배로 구성한다. 어린이주일은 온세대예배로 '세대 통합'을 주제로 예배를 기획한다.

예배 본질에 손상가지 않도록 하며 경배 찬양이 뜨거운 예배를 드린다. 안타까운 일이지만 로고스교회는 80퍼센트 성도가 주일만 교회에 온다. 매주일 예배 시간에 파송곡과 결단기도로 마무리한다. 주일에 한 번 교회 오는 성도들이 하나님을 찬양하고 결단할 시간을 확보했다. 개혁 교회는 말씀중심이다. 모든 예배 순서를 앞에 배정하고 설교, 파송곡, 결단 기도와 축도로 마친다. 말씀 듣고 결단하고 뜨거운 가슴으로 그리스도의 용사로 세상에 파송하기 위함이다. 설교 후에 봉헌, 광고를 하면 말씀의 감동이 식는다.

예배에서 끊임없는 논쟁거리가 예배음악이다. 릭 워렌은 음악 장르의 다양함은 잘못된 것이 아니며 중요한 것은 가사에 있다고 했다. 루터나 칼빈 시대의 음악이 우리에게는 클래식하지만 당시에는 현대적인 음악이었다. 어떤 곡은 사탄의 음악이라 평가 했지만 지금은 찬송가에 수록되어 불편하지 않게 부른다. 이미 오래된 느낌을 준다. 젊은이들이 좋아하는 장르를 교회가 수용하는 것은 그들을 수용하는 것이다. 전통을 고수하다 젊은이를 잃는 모순에 빠지지 않아야 한다.

05. 체계적인 양육과 훈련을 통한 평신도 사역자 세우기

한국 교회가 제자훈련을 하면서부터 교회 성장이 둔화됐다고 하는 설교제일주의자도 있다. 제자훈련은 교회 성장을 위해 실행하는 것이 아니다. 제자훈련은 그 자체가 목적이다. 주님이 소수 사역에 집중하셨기에 제자훈련은 중요하다. 교회는 2-3년간의 체계적인 기본 양육체계가 있어야 한다. 물론 2-3년의 기본 훈련 이후에도 지속적인 양육을 해야 한다. 목회자는 리더십을 위임할 수 있는 리더를 양육해야 협력목회가 가능하다. 균형 잡힌 그리스도인을 세우기 위해 교회는 양육과 훈련체계를 세워 나간다. 말씀으로 확고히 서면 삶의 균형을 잡는다. 세상에서 넘어질 수 있지만 곧바로 일어선다. 궁극적으로 승리하는 그리스도인으로 살아간다.

목적에 따라 교인들을 양육해야 한다. 주님도 목적을 가지고 제자들을 양육하셨다. 교회가 필요한 일꾼이 아닌 주님의 제자를 목표한다.

4단계로 구성했다. 앞서 간략하게 소개한 양육시스템은 단계마다 각기 다른 목표가 있다. 1단계는 주님을 영접하고 누구신지, 무슨 일을 하셨는지 알고 경험하게 한다. 2단계는 그리스도 안에서 성장이 목표이다. 3단계는 그리스도를 섬길 수 있는 사역 발견과 훈련된 전도자가 되게 한다. 4단계는 세상에 파송하는 위대한 영적인 리더를 세운다. 4단계 과정을 수료했다고 끝난 것은 아니다. 다음 훈련 때 게스트를 섬긴다. 1단계부터 4단계까지 함께 뛴다. 섬기는 자로 사역할 때 더 큰 성장을 경험한다. 교회 안에는 각기 다른 단계 훈련 받는 그룹이 생겨난다. 다양한 그룹이 존재한다. 예배만 참석하고 사라지는 군중은 전도 대상자로 본다. 성도들과 교제 안에 들어온 회중 그룹, 제자훈련을 받는 헌신된 자가 있다. 세상으로 보내심을 받은 평신도 선교사도 있다.

10퍼센트의 평신도 리더 세우기에 초점을 맞춘다. 1퍼센트의 전문인 사역자를 세운다. 그래야 교회가 건강하다. 훈련된 리더는 전도자,

사역자, 동역자로서의 역할을 감당하게 된다.

[도표1] 로고스교회 필수 제자훈련 과정

　　기본적인 제자훈련만 있으면 성도들의 다양한 배움 욕구를 충족할
수 없고 은사를 개발할 수 없다. 하여, 다양한 코스들을 개발했다. 선택
과정에서 가장 중요하게 여기는 것은 성서학당이다. 성서만이 최고의
교재이기 때문이다.

선택과정	시 간		장 소
목요전도팀	목요일 오후	2:00	비전룸(2층)
Me & Mom School	토요일 오전	10:00	햇님방(1층)
어린이고전독서클럽	토요일 오전	10:00	비전룸(2층)
피플스독서클럽	화요일 오전	6:30	로고스카페
어머니독서클럽	목요일 오전	10:00	비전룸(2층)
청소년리더십스쿨	연 1회		비전룸(2층)
주중성서학당	금요일 오전	10:00	비전룸(2층)
주일성서학당	주 일 오후	2:00	비전룸(2층)

[도표2] 로고스교회 선택 양육 과정

06. 친교와 선교의 균형

'소아(小我, the small self)'와 '대아(大我, the large self)'가 있다. 소아는 자신에게 지나치게 몰두한다. 시간과 돈, 모든 것을 자신에게 집중한다. 게다가 당장 눈앞의 이익을 취한다. 지나치면 소아병적 소유욕이 된다. 병든 개인주의다. 반면 대아는 안쪽에서 바깥쪽으로 뻗어나간다. 타인을 배려하고 공동체에 공헌한다. 멀리 내다보며 개인과 공동체의 균형을 이룬다.

공동체의 건강지수도 마찬가지다. 교회가 친교와 교제에만 열중하고 있다면 병든 교회다. 건강한 교회라면 성도를 돌보는 내부 사역과 선교 지향적인 교회가 돼야 한다. 1980-2000년까지만 해도 건강한 교회는 연간 10퍼센트 정도 성장했다. 2010년도에 접어들면서 갤럽이 내놓은 개혁교회 성장 통계를 비평 없이 받아들이긴 어렵다. 로고스교회가 속한 지방회에 103개 교회가 있다. 매년 개교회 보고서를 보면 103개 교회 중에서 성장하는 교회를 찾기는 쉽지 않다.

대형교회들이 성장병에 빠진 것처럼 비판하는데 비평가의 교만한 자유일 뿐이다. 영혼을 사랑하지 않는 성장제일주의 교회가 성장할 수 있지만 오래 지속되지 못한다. 영혼을 사랑하는 교회에 영혼을 보내신다. 만나 본 대형교회 목회자의 구령열은 추종을 불허했다. 교회는 세대별 전도전략을 세우고 복음 전도 전략팀을 구성한다. 다양한 전도전략을 세운다. 교회가 균형을 이뤘는지는 성도를 돌보고 섬기는 재정과 전도비를 들여다보면 된다. 재물 있는 곳에 마음이 있다. 영혼을 사랑하면 그 일에 재정을 사용한다.

문서, 인터넷 방송, 음악회, 운동회, 바자회, 커피 서비스, 어린이 떡

볶이 전도 등 전도를 위한 아이디어는 관심에서 나온다. 커피 서비스 전도는 매주 세 팀이 움직였는데 지금은 전도 집중 기간 동안 교구별로 팀을 짜서 전도한다. 매주 목장모임을 갖고 전도하는 목장이 늘어난다. 전도는 관심과 집중이다. 관심을 가지면 전도할 곳은 널려 있고 추수할 영혼은 넘쳐난다. 교회 모든 행사는 교회만의 행사가 아니라 전도 기회로 삼는다. '이웃과 함께하는' 이라는 전제가 붙지 않은 행사는 없다.

피터 와그너(C. Peter Wagner) 목사는 "선교하는 교회는 반드시 성장한다."고 했다. 선교하는 교회가 성장할 수밖에 없는 이유는 하나님이 기뻐하시기 때문이다. 선교를 기뻐하는 목회자는 영적인 매력이 있다. 한 때 해외 선교의 바람이 불어 지역사회 선교를 소홀히 했던 것도 사실이다. 교회가 전도에만 집중하고 선교를 소홀히 한다면 건강한 교회라 할 수 없다. 해외 선교에만 치중해 지역사회를 돌보지 못한 교회도 더러 있다. 건축 후 선교에 치중하느라 빚을 갚지 못했다고 말하는 분도 봤다. 건강한 목회자가 건강한 교회를 세운다. 건강 지수는 균형을 보면 알 수 있다. 로고스교회 이야기다. 해외 선교에 많은 재정 지출을 한 반면, 지역사회 선교에 소홀했다. 안식년을 가질 때 균형 잃은 모습이 보였다. 지역사회와 성도를 위해 재정을 사용하기로 했다. 방과 후 스쿨을 열었다. 영어 수학, 각각 유급 교사를 두고 무상으로 방과 후 스쿨을 열었다. 1년에 교사 사례만 약 6천만 원 정도 소요된다. 지역사회 선교와 세계 선교 균형을 맞춘 것이다.

07. 열린 교회 공간

많은 비용을 들여 건축한 예배당을 일주일에 한 번 사용하면 여러모로 아깝다. 예배당을 신축한다면 설계 단계에서 예배만을 위한 공간이 아니라 지역사회가 사랑하고 찾을 수 있는 공간으로 설계하면 좋다. 예식장, 체육관, 문화 공간, 도서관, 카페, 대안학교를 세운 교회는 지역의 사랑을 받았다. '무엇을 하느냐'도 중요하지만 '어떻게 하는지'는 더 중요하다. 교회는 수익사업과 거리를 두는 게 좋다. 합법성에 의심이 가거나 촌스러우면 시작하지 않는 것이 좋다.

로고스교회는 지역민의 사랑을 받는 조이스쿨(방과 후 학교)과 카페가 있다. 조이스쿨을 시작한지는 10년이 넘었다. 영어 한 과목만 지도했을 때 수강생 100명, 대기자가 100명이었다. 일산으로 교회 이전 후 수학을 추가했고 차별화 수업을 위해 과목당 교사를 두 명씩, 네 명을 세웠다. 50여명 정도 공부하고 있다. 방과 후 학교에서 중요한 것은 역시 사람이다. 좋은 선생님을 모시는 것이다. 토요일은 어린이고전독서 클럽으로 미래세대 인재를 키운다.

카페도 가격, 맛, 실내 인테리어 등에서 지속적인 투자를 해야 한다. 카페도 중요한 것이 사람이다. 주인 의식 가진 실력 있는 바리스타를 세우고 당당하게 '로고스카페'로 이름 했다.

사람이 내 말을 듣고 지키지 아니할지라도 내가 그를 심판하지 아니하노라 내가 온 것은 세상을 심판하려 함이 아니요 세상을 구원하려 함이로라(요 12:47, 개역개정)

잃어버린 영혼이 찾을 수 있는 따뜻함과 배려가 공간에도 열려 있어야 한다.

08. 감동 있는 설교

부모가 자식을 자랑하기 쉽지 않다. 살아 있는 사람을 자랑하기도 마찬가지다. 다음날 무슨 일이 벌어질지 알 수 없다. 목사도 설교를 자랑할 수 없다. 설교를 잘한다는 평가는 주관적이기에 그렇다. 설교의 목적은 하나님의 말씀을 전하고 듣는 자로 하여금 변화와 성장을 가져오게 하는 것이다. 본인이 말하고 싶은 내용이 아닌 성서가 말씀하시는 것을 전해야 한다. 설교자가 의도를 가지면 본문을 보는 관점이 흔들린다. 그 말씀을 기록하신 하나님의 목적, 이 시대에 주시는 메시지를 담아내야 한다.

성서가 성서를 해석해야 한다. 설교문을 작성하기 전에 본문 비평, 역사적 비평, 구조적 비평, 문학적 비평을 통해 본문의 뜻을 바르게 이해해야 한다. 구조를 세우고 설교문을 작성한다. 초고는 걸레다. 겸허하게 인정하고 교정 위원을 두고 점검을 받으면 좋다. 설교에 대해서는 다음 장에서 구체적으로 나눌 것이다.

09. 가정 사역

로고스교회 청소년교회 수련회를 자원하여 설교한다. 세대 차이로 유머 코드나 소통에는 문제가 있을 수 있다는 것 안다. 담백하게 말씀만 전하는 무식한 방법을 선호한다. 학생들이 은혜 받는다. 영적인 체험도 한다. 하지만 그들은 수련회장에서 살 수 없다. 집으로 돌아가지만 환경은 달라진 게 없다. 부모는 그대로다. 은혜의 눈으로 부모를 보고 싶지만 쉬운 게 아니다. 다투기 일쑤다. 하여, 부모의 성장과 영적인 성숙도 함께 가야 한다. 흙이 썩었는데 나뭇잎에 농약을 친다고 될 일이 아니다. 열매가 결실하지 못하면 토양과 뿌리를 봐야 한다. 새롭게 무엇인가를 시도하기 전에 기본으로 돌아가야 한다. 가정 사역은 선택이 아닌 필수다.

유태인은 한국인만큼 많은 사교육비를 쓰지 않는다. 그럼에도 경제, 문화, 산업, 서비스, 정치 분야에서 세계를 움직인다. 비결은 가정교육이다. 가정교육에서 최고 환경은 부모다. 교회는 전략적으로 가정을 세워야 한다. 로고스교회는 두란노 아버지 학교를 연 1회 유치한다. 어머니 독서 클럽을 통해 어머니의 성장을 돕는다. 어머니 학교는 연 2학기로 진행한다.

청소년교회 사역을 하던 전도사 시절, 교회 중직 자녀들이 방황하는 것을 봤다. 하나같이 부모의 이중성에 대한 반항이었다. 부모의 이중성이 커 보이는 자녀일수록 심하게 흔들렸다. 게다가 엿새 동안 바쁜 아버지는 주일 교회에서도 바빴다. 대화부재, 소통 부족, 함께 할 시간 결핍은 다른 사랑을 찾게 했다. 청소년기 다른 사랑은 건강하지 않는 만남이기 쉽다. 교회 중직이 수요일 밤 예배, 금요 심야기도회, 목요일 밤 소그룹, 주일 밤 교회에 모인다면 자녀들과 소통 부재를 겪는다. 로고스교회는 주일 종일 교회에서 보내지 않도록 한다. 주일 밤 예배를 없앤 것이 아니라 예배 장소를 가정으로 옮겼다. 주보에 매주 가정예배 양식과 필요한 자료를 소개하고 가정예배 보고서를 받는다. 가정예배의 중요성이 강조로 끝나지 않고 실천 할 수 있도록 시스템을 만들었다. 교회 주보 8면 중 2면을 가정예배에 할애 했다. 교회가 가정 사역을 핵심 사역에 두고 있다는 반증이다. 남자와 여자로 구별된 목장 보다는 부부 목장을 권한다. 부모 교육 프로그램도 지속적으로 실시한다.

10. 인재를 양성하는 교회

그대는 이것을 명령하고 가르치시오. 그대가 젊다는 이유로 아무도 그대를 업신여기지 못하게 하고 말과 행동과 사랑과 믿음과 순결로 믿는 사람들에게 모범을 보이시오. 내가 갈 때까지 열심히 성경을 읽고 권면하며 가르치기 바랍니다. 그대가 간직한 은혜의 선물을 소홀히 여겨서는 안 됩니다. 그것은 장로들의 모임에서 안수 받을 때 예언의 말씀을 통해 그대에게 주어진 것입니다. 그대는 이 일을 깊이 생각하고 실천하여 그대가 발전하는 모습을 모든 사람이 보게 하시오. 그대는 그대의 삶과 가르치는 일을 잘 살펴 꾸준히 그 일을 계속하시오. 그러면 그대 자신과 그대의 말을 듣는 사람들을 다 구원하게 될 것입니다(딤전 4:11-16, 현대인의 성경)

안식년 중 토론토에 있는 한인교회에서 설교했다. 예배당은 캐나다 소속 교단 가입 조건으로 무상 제공받았다. 캐나다 사람들이 교회를 떠나자 비워 놓긴 그렇고 다른 용도로 임대하기도 쉽지 않았던 게다. 40년 전만 해도 1300명의 어린이들이 모였단다. 그 어린이들은 지금 어디에서 무엇을 하고 있을까? 또 다른 교회는 노인만 몇 명 남아 교회를 지키고 있었다. 몇몇 부흥하고 있는 교회를 빼고는 캐나다에서 흔히 볼 수 있는 현상이다. 이것이 한국 교회의 미래가 되지 않기를 기도한다.

1300명의 어린이들이 잘 자랐다면 지금은 50대가 되어 견실하게 교회를 지키고 있었을 것이다. 미래세대 신앙 교육의 중요성을 깊게 생각하는 계기였다.

로고스교회가 개척 1년 만에 지하 예배당에서 탈출했다. 상가 162평을 임대했다. 주일 오전 11시 어린이와 어른 예배 시간이 같았다. 예배당은 벽 하나를 사이에 두었다. 어린이의 맑은 찬양소리가 장년 참회의 기도 시간과 일치한다. 꽤 열심히 교회를 섬기는 한 분이 부탁 아닌 강요를 하셨다.

"목사님! 어른 예배 설교가 시작되면 어린이들이 찬양을 못하게 해 주세요. 은혜 받는데 지장이 있습니다. 대예배가 방해를 받습니다."

"집사님, 먼저 어른 예배가 아이들에게 지장을 주어서 미안하다고 사과하시면 좋겠네요. 대예배라니요. 그럼 아이들 예배는 소예배인가요. 오히려 깨끗하고 순수한 아이들이 드리는 예배가 대예배가 아닐까요. 대예배는 없습니다. 모든 예배는 똑같은 예배입니다. 양보하거나 피해야 한다면 응당 어른이 먼저죠."

미래세대를 생각하는 의식혁명이 필요하다. 예배당 건축한다며 교육비를 줄인다면 건물이 이끄는 교회다. 인건비 아까워 미래세대 사역자를 줄인다면 안타까운 일이다. 모든 면에서 교회를 세우신 하나님의 목적을 생각해야 한다. 교육에 대대적인 투자 없이 20년 후 예배당에서 어린이를 찾기 어려워 질 수 있다. 어린이, 청소년, 청년을 살려야 한다. 미래세대를 준비하는 교육 철학과 관심, 투자와 배려가 필요하다.

교육 전문가가 필요하다. 2004년은 1997년 IMF 때보다 한국 경제가 더 어려웠다고들 한다. 2005년 교회 예산 세울 때 목회자 사례를 비롯해 대부분 동결했다. 교육비만은 증액했다. 양질의 목회자를 찾는다. 토요 휴교제를 토요 교회학교 교육 기회로 읽었다. 리더(Reader)가 리더(Leader) 된다는 말에 격하게 동의한다. 토요일 '어린이고전독서클럽'을 만들었다. 미래세대 리더를 키우고 있다. 제자훈련, 역사 현장 테마여행, 해외 선교여행을 기획하고 있다.

교육기관에 대한 평가는 중요하다. 평가는 현실을 냉혹하게 직시하고 더 나은 미래 대안을 찾기 위함이다. 다음은 2004년 유년부 전도사가 작성한 평가서다.

2004년 유년부 평가서

항목	12월	1월	2월	3월	4월	5월	6월	7월	8월	9월	10월	11월	총계
03년 신입	1	1	2	8	9	10	4	7	3	4	6	1	56
04년 신입		2	3	5	13	3	12	3		4	5	12	62
증감													
부서전도		1	2	5	13	3	9			4	5	10	52
자진출석		1	1				3	3					8
총계	1	3	5	13	22	13	16	10	3	8	11	13	
03년 출석	43/60	48/63	59/40	50/63	47/64	57/68	63/74	62/77	45/76	56/75	58/75	53/76	52/69
04년 출석	53/76	50/80	49/77	59/76	60/80	58/80	61/84	63/86	45/89	50/87	54/82	61/80	55/81
증감	10	2	10	9	13	1	-2	1	0	-6	-4	8	

1. 출석률에 대한 평가:

1) 재적 대비 출석률: 67%. 재적 대비 출석률이 감소한 이유는 크게 두 가지로 들 수 있습니다. 첫 번째는 타지방으로의 이사 혹은 이민으로 감소한 인원이 총 16명이었는데 이 16명이 출석률이 좋은 어린이들이었습니다. 6개월 연속 결석 시 제적 처리한다는 원칙에 의하여 이 16명의 인원이 제적에 포함됐습니다. 두 번째 이유는 예배 시간대가 9시로 빨라짐으로 인하여 어린이들의 늦잠이 잦아졌습니다. 늦잠을 잔 어린이들은 3부 예배와 4부 예배 그리고 초등부 예배를 드리는 경우가 있으나 이 인원을 유년부 예배 출석 인원으로는 포함하지 않았습니다. 그외에도 가람초등학교에서 토요일 휴교, 학교장령 휴교, 주일날 일일 학교 캠프 등의 행사를 통한 감소가 있었습니다. 견학 다녀온 것을 부모님의 확인을 받아오도록 하는 방법으로 견학을 장려함으로 가람초교 휴교와 행사가 주일에 출석률 감소를 가져왔습니다. 그리고 교회를 출석하지 않는 맞벌이 부모님인 경우 어린이들에게 주일날 집을 보게 하거나 동생을 돌보게 하는 일들로 인하여 교회에 나오지 못하는 경우도 있었습니다.

2) 등록대비 출석률: 40%. 올해의 등록 대비 출석률이 낮은 이유는 첫 번째 올해 전도왕인 김OO, 김OO 어린이의 이민을 들 수 있습니다. 그 어린이들이 전도한 아이들이 전도자의 부재로 인하여 교회 출석을 기피하고 있습니다. 차량 운행이 필요한 지역에서 전도된 어린이의 경우(샘터마을, 18단지) 부모님들이 교회에 출석하지 않는 관계로 출석률이 저조합니다. 그 결과 교회 등록은 이루어지나 주일 성수가 이루어지

지 못하고 있습니다.

3) 기타: 유년부 어린이들의 경우 3학년이 최고 학년임에도 불구하고 집에서는 어린아이로 취급받는 경우가 많아서 교회를 가는 것, 차를 타고 다니는 것에 대한 제약이 있는 편입니다. 가장 늦게 차량운행을 해서 가장 먼저 집에 돌아오게 해 달라는 부모님들의 바람을 모두 충족시킬 수는 없는 것이 현실입니다. 이러한 경우 사정을 이야기해도 아이가 어리다는 이유로 잘 이해되지 못하고 있는 형편입니다.

2. 새가족 등록에 대한 자체 평가:

유년부 자체에서 규칙적인 전도활동을 실행하는 것은 아니지만, 절기 프로그램을 활용한 5주 전도 행사가 효과적으로 적용되고 있습니다. 4월 부활절 친구 초청 잔치(다섯째 주), 6월 성령강림주일 달란트잔치(넷째 주), 7월 성경학교(다섯째 주), 11월 추수감사절 달란트 잔치(넷째 주)로 절기행사를 통한 전도 행사가 이루어지고 있습니다. 특히 이런 행사들을 통해 전도 되어지는 경우 다음 주에 새로 오지 못해도 3개월 이내에 교회에 흥미를 느끼고 찾아옵니다.

2004년 새가족 가운데 많은 수의 어린이가 샘터 마을과 18단지에 치중되어 차를 못타는 경우 교회에 오기 힘든 단점이 있습니다. 그리고 전도자와의 관계가 단절될 경우 새가족 어린이가 교회에 나오지 않는 단점이 있습니다. 교회 근거리 어린이들 전도에 더 관심을 기울여야 할 것 같습니다.

3. 교사 수급에 대한 자체 평가:

교사 수급은 원활하게 이루어지고 있습니다. 특별히 청년 교사와 장년 교사의 숫자가 각각 절반을 이루고 있어서 어느 한 쪽으로 치우치지 않고 공과 진행, 어린이 관리와 행사 진행이 원활하게 이루어지고 있습니다.

현재 2005년에 새로 교사로 헌신한 사람은 남OO선생님 한 명이지만, 2004년 9월-10월 사이 구OO, 주OO 두 명의 교사를 수급 받았기에 2005년 늘어나는 정교사의 숫자는 3명입니다. 1월에 아무런 연계 없이 교사 활동을 시작하는 것보다 후반기부터 적절하게 함께 적응시간을 갖는 것이 더 효과적이었습니다.

청년 교사가 더 늘어야 한다는 소수의 의견도 있었지만, 그럼에도 불구하고 고3 수험생들의 진로 결정에 따라 늘어나는 청년 교사의 수급 상태를 생각할 때, 오히려 2006년에는 장년 교사의 숫자가 더 늘어나야 할 전망입니다.

4. 예배 분위기와 학생들의 신앙 성장에 대한 자체 평가:

2004년 유년부 예배 분위기와 신앙성장은 상당히 많이 향상됐습니다. 2003년과 비교해 볼 때, 예배 분위기도 많이 좋아져서 예배시간에 집중력이 높아졌습니다. 신앙 성장을 개별적으로 각각 체크할 수는 없지만, 예배 분위기와 공과 태도, 성경 읽는 상황 등을 2003년과 비교할 때 매우 향상됐습니다. 조용하고 집중하며, 공과 예습을 해오는 어린이도 있을 정도입니다. 이렇게 예배 분위기 향상에 긍정적인 영향을 미친 이유를 세 가지로 들 수 있습니다. 첫 번째는 동계 수련회입니다. 동계 수련회를 다녀온 결과 처음 올라온 1학년과 3학년들이 예배 분위기가 형성되어 예배 시간에 조용히 예배드리는 훈련이 되어졌습니다. 그 결과 2005년에는 동계 수련회가 계획되어 있지 않았음에도 불구하고 동계 수련회를 해야 한다고 이야기되고 있습니다. 두 번째는 늘어난 교사 숫자입니다. 2003년에 비교해 볼 때 월등히 늘어난 교사들이 예배 분위기를 망가뜨리는 아이들과 함께 예배를 드리기 때문에 돌아다니거나 떠드는 숫자가 줄고 오히려 예배를 조용히 드리게 됐습니다. 세 번째는 성가대 선생님이 있고 반주자가 있기 때문에 성가대 관리가 이루어지고 있다는 점입니다. 2003년에는 성가대 선생님이 반주를 겸한데다가 교사가 없었던 시간이 세 달 이상이었기에 성가대 관리가 이루어지지 않아서 오히려 예배 분위기가 좋지 않았습니다. 지금은 성가대 선생님과 반주자가 따로 있기에 예배 시간에 성가대 교사와 어린이가 함께 예배를 드리고 교사가 성가대를 관리할 수 있어 예배 분위기를 향상시켰습니다.

5. 예산 사용에 대한 자체 평가:

유년부 예산 사용은 동계 수련회가 예산을 크게 차지했습니다. 외부로 나가서 행사를 진행하였기에 행사비가 많이 들었습니다. 그러나 유년부는 다른 외부행사가 전혀 없다는 점에서 외부 행사를 늘려야 한다는 의견과 예산이 너무 많이 든다는 두 가지 의견이 나왔습니다. 하계 수련회를 외부에서 진행하는 다른 부서와는 달리 유년부는 하계 수련회가 전도 목표로 교회에서 진행되기에 외부에서 진행한 동계 수련회가 어린이들에게 더 강하게 영향을 미친 것이라는 평가도 있습니다. 그 결과 2005년에는 동계 수련회를 내부에서 진행해보고 2006년 동계 수련회의 가능성 여부와 외부와 내부중 어느 쪽에서 진행할지의 여부를 결정해야 할 것 같습니다.

그리고 무엇보다 예산이 과하게 사용된 이유는 동계 수련회를 외부에서 진행함으로써 필요한 대형 차량을 렌트한 것입니다. 어린이들의 숫자를 고려할 때 앞으로는 대형 차량 렌트는 필수적임에도 불구하고 차량 섭외에 큰 비용을 들일 수 없다는 의견이 강합니다. 그렇게 되면 앞으로 유년부 외부 행사는 힘들어질 것 같습니다.

모든 교육기관이 이렇게 매년 평가서를 제출한다. 이 평가서에 의해 신년 계획을 세워 실행함으로써 교육기관의 성장을 도모하고 있다. 어린이가 찾아오지 않는다고 고민하는 것이 아니라 오도록 하여 재미있게 성경을 배울 수 있도록 하는 것은 교회의 사명이다. 이렇게 하기 위해 교회학교를 하나의 교회로 독립하고 특단의 대책을 수립하지 않는다면 급격한 교회의 노령화는 암울한 민족의 미래가 될 것이다.

이동원 집사

청년시절 부모님 신앙에 영향을 받아 그리스도인이 되었습니다. 결혼 후 교회를 찾다 로고스교회를 만났습니다. 첫 예배부터 목사님의 설교, 찬양, 예배 분위기가 아내와 제 마음을 사로잡았습니다. 이곳이다! 로고스와 인연을 맺게 됐죠. 교회는 등록에 대한 부담을 주지 않아 좋았습니다. 구속받지 않는다는 느낌이었거든요. 그렇게 등록도 하지 않은 채 교회를 다녔죠. 처음 가졌던 뜨거움도 점점 식어 한 번씩 예배를 빠지는 날도 있었습니다. 그러던 중 박인숙 권사님을 알게 됐고 권사님의 끊임없는 사랑과 섬김으로 등록했습니다.

게으름과 교만으로 봉사와 헌신은 물론 교회의 그 어떤 프로그램도, 성도간의 교제와도 거리가 멀었습니다. 교회가 마두동으로 이전하면서 좋은 구실을 얻은 듯 아무렇지 않게 예배에 빠지는 날이 더 많아졌습니다. 그때 혼자서는 감당하기 힘든 일이 시작됐습니다. 직장 그만두고 동업으로 사업을 시작했는데요. 믿었던 사람에 의해 큰 손해를 입고 접어야했습니다. 과정에서 금전적 문제는 해결했는데 상실감과 사람에 대한 배신감이 너무 커 치밀어 오르는 화를 참을 수 없었습니다. 폭음과 이십 년 가까이 끊었던 담배를 다시 피웠습니다. 그 해 늦가을 배가 터질 듯이 아팠습니다. 대수롭지 않게 여겨 그냥 소화제를 먹으며 지냈죠.

시간이 흐른 뒤 미뤄뒀던 건강검진을 받고 높은 간 수치와 담낭염이 의심된다는 진단을 받았습니다. 무시하고 분노를 담은 채 채무자를 찾아다녔습니다. 마음이 더 악해져가던 2014년 3월입니다. 2주 이상 기침이 지속됐습니다. 누워서 발을 뻗지 못할 정도의 심한 복부통증으로 바뀌었죠. 그제야 병원을 찾았습니다. 복부 CT를 찍은 후 의사는 아내를 따로 불렀는데요. 한참 후에 나온 아내 눈은 붉게 충혈 돼 있었습니다.

큰일이 생긴 게 분명했습니다. 결과를 묻자 아내는 좀 더 정밀한 검사를 위해 병원을 결정해야 한다고만 했습니다. 이미 90퍼센트 담낭암이라는 결과가 나왔답니다. 병원 선택을 놓고 고민하던 중 하나님의 인도하심으로 교회와 가까운 병원을 선택했습니다. 거기서 알게 된 한 권사님의 도움으로 장시간 기다려야하는 초진 접수, 진료, 입원절차, 그리고 모든 검사가 일사천리로 이뤄졌습니다. 입원 당일 병원 7층 휴게실에서 밖을 쳐다보는데 로고스교회 십자가가 눈에 들어왔습니다. 가슴이 울컥하며 하염없이 눈물이 흘렀습니다. 하나님을 멀리하며 살아왔던 제 삶을 후회했습니다. 하나님을 간절히 찾았을 때 '담대하라'는 말씀이 마음속으로 들어왔습니다.

나흘간 모든 검사가 끝났는데요. 암세포가 간까지 전이된 담낭암 4기에 대동맥 림프절까지 전이 됐습니다. 수술이 불가능하다는 진단이었습니다. 믿기 어려운 현실에 하늘이 무너지는 것 같았죠. 그때 나이 마흔 아홉. 찬송을 부르며 흐르는 눈물을 주체할 수 없었습니다.

"왜 이런 시련을 주십니까?"
"하나님께 제가 뭘 그렇게 잘못했습니까?"

원망 섞인 기도가 나왔습니다. 안성우 목사님께서 집에 방문하셨는데요. 목사님께서는 마가복음 16장 17-18절 '믿는 자들에게는 이런 표적이 따르리니 곧 그들이 내 이름으로 귀신을 쫓아내며 새 방언을 말하며 뱀을 집어 올리며 무슨 독을 마실지라도 해를 받지 아니하며 병든 사람에게 손을 얹은즉 나으리라 하시더라' 는 말씀을 전해주셨습니다. 이 말씀을 매일 암송하고 예수님을 경험해야 죽음도 두려워하지 않게 된다 하셨죠. 엄청난 사랑에 빠졌을 때, 큰 감동 받을 때, 진리를 깨달 았을 때 엔돌핀보다 더 강력한 다이돌핀이 생성되므로 이왕 사랑에 빠질 거면 예수님과 엄청난 사랑에 빠지라고 조언하셨습니다. 억지로라도 웃고 정상인처럼 생활할 것을 말씀해 주셨습니다.

목사님의 말씀을 충실히 따랐습니다. 매주 금요일 항암 후 몸이 힘들지만 교회로 가서 금요하경회에 참석했습니다. 첫 6주간의 항암 후 7.5센티미터였던 종양이 5센티미터대로 줄었고 또 다시 6주간의 항암이 끝난 후 3센티미터대로 줄었습니다. 희망이 보였습니다. 그러나 계속되는 항암으로 지쳐갔는데요. 때로는 백혈구 수치가 떨어져 항암을 하지 못하고 돌아오기도 했습니다. 몸도 힘들고 마음도 지쳤죠. 무엇보다 헌신적으로 저를 보살펴주던 아내와 수험생이던 고3, 중3 두 아이들에게 미안했습니다. 한창 신경 써줘야 할 두 아이에게 아무런 도움이 되지 못하고 아내에게는 짐이 되고 있다는 자괴감이 저를 더 힘들게 했습니다.

힘들고 지쳐갔지만 이상하게도 금요하경회만은 무엇에 이끌리듯 참석했습니다. 아마도 예수님이 제 발걸음을 금요하경회로 인도하신 것 같습니다. 목사님께서 제 머리에 손을 얹고 기도해주실 때면 무언가 뜨거운 기운을 느꼈습니다. 하나님을 경험하기 시작한 겁니다. 13차 항암을 마쳤을 때인데요. 종양이 더 이상 줄지 않는 수술 적기가 됐다고 주치의 선생님이 말씀하셨습니다. 살아계신 하나님 감사합니다. 수술을 할 수 있다는 것만으로도 감사했습니다.

항암치료 6개월 동안 기적의 하나님을 경험했습니다. 경제적으로 힘들었던 시기입니다. 사용하던 항암제가 비보험 항암제로 바뀌면 그 비용을 감당할 수 없었을 텐데 다행히 첫 항암제가 잘 들어 바꾸지 않았습니다. 큰 부작용 없이 놀라운 결과를 얻었습니다. 입에도 안 댔던 청국장을 비롯한 항암식품과 아내가 차려주는 저염식 항암밥상을 매끼니 남김없이 싹싹 비웠습니다.

아내와 같이 무언가 먹고 싶다고 얘기하면 말하지 않았는데 누군가를 통해 그 음식들이 채워졌습니다. "누가 우리 집을 도청하나?" 말하기도 했답니다. 매번 하나님이 보내 주셨다는 생각이 들 정도로 채우셨죠. 아내는 항암으로 면역력이 떨어진 저를 위해 바깥 음식을 배제하고 모든 음식을 집에서 만들었습니다. 아내의 체력이 그다지 좋지 않는데요. 집안일과 두 아이 뒷바라지에 손가락 끝이 다 갈라졌습니다. 그 더운 여름 삶고 끓이고 데치며 모든 것을 해냈습니다. 감사하게도 그때 하나님께서 아내에게 엄청난 체력을 주셨나 봅니다.

항암 기간 동안 교구목사님과 교구장님들이 매주 오셔서 예배드리며 기도해 주셨습니다. 교회 중보기도팀이 열정적으로 기도해 주셨습니다. 목사님의 안수기도를 통한 뜨거운 체험을 했습니다. 가족들의 기도와 지인 분들의 도움은 에너지가 됐습니다. 반드시 하나님께서 회복시켜 주시리라는 믿음으로 기적처럼 수술 날짜가 잡혔습니다. 입원하고 수술 전날 관장까지 끝냈는데 주치의는 수술을 한 달쯤 미뤄야겠다고 했습니다. 수술 후 회복 하려면 간 절제 후 남은 간이 최소 30퍼센트는 돼야 하는데 저는 30퍼센트가 되지 않는 상황이었죠. 회복의 어려움이 있어 간을 5퍼센트 정도 키운 후에 수술하자 했습니다. 실망했지만 다행이라 생각했습니다. 수술을 못하는 것이 아니었으니까요. 수술 대신 간문맥 차단 시술을 받고 전보다 더 열심히 기도하며 하나님께 순종하기로 결심했습니다. 한 달 후 간의 크기는 놀랍게도 5퍼센트가 아닌 10퍼센트 가까이 커졌습니다.

그토록 간절히 기다리던 수술을 하게 됐습니다. 복강경을 통한 원거리 전이 여부 확인 후 개복하고 림프절을 절제하여 악성여부 확인 결과에 따라 최종 수술한다는 설명을 들었는데요. 걱정이 됐지만 모든 걸 하나님께 맡기고 수술대에 올랐습니다. 7시간에 걸친 수술을 무사히 마치고 또 한 번 놀라운 하나님의 역사하심을 경험했습니다. 담낭암에서 간암으로 진단명이 바뀐 거죠. 통계적으로 간암은 담낭암보다 수술 후 예후와 5년 생존율이 더 좋거든요.

하나님께 감사했습니다. 하지만 퇴원을 위한 회복은 더뎠습니다. 같은 시기에 수술한 다른 사람들, 저보다 더 늦게 수술한 사람들도 퇴원을 하는데 한 달이 다 되도록 퇴원을 못하고 있었으니까요. 여기까지 하나님이 인도하셨으니 회복이 더딘 것도 온전히 회복시키기 위한 하나님의 계획이라 믿었습니다. 힘들 때 하나님을 의지하지 않고 제 뜻대로 행한 교만함과 주님의 말씀과 인도하심을 알지 못한 어리석음을 회개했습니다.

시간은 흘러 올해 10월이면 수술한지 3년이 됩니다. 그동안 건강은 많이 좋아졌는데요. 지금까지 저와 저희 가정을 위해 기도해 주고 계신 모든 분께 감사합니다. 저 대신 가장이 되어준 아내, 그리고 중요한 시기에 남들처럼 제대로 뒷받침도 못 해줬지만 몸도 마음도 건강하게 성장하는 두 아이들에게 고마움을 전합니다. 오직 주님만 바라보게 되니 그 동안 저를 힘들게 했던 분노, 용서할 수 없었던 마음이 사라지고 마음의 안정을 되찾았습니다.

완치까지 2년, 당연히 완치되리라 믿기에 더 열심히 기도합니다.

"주님 제게 어떤 어려움이 닥쳐오더라도 주님이 함께하심으로 두렵지 않으며 넘어지지 않겠습니다. 헤쳐 나갈 수 있는 지혜와 용기, 담대함을 주시리라 믿습니다. 제가 받은 사랑을 다른 누군가에게 전할 수 있는 사람이 되겠습니다."

인간이기에 때때로 주님의 은혜를 망각할까 두렵습니다. 교만과 자기 의가 주님의 영광을 가리지 않기를 기도합니다. 주님만을 사모하는 삶이 되길 기도합니다.

교회 양육 프로그램을 통한 성도님들과의 교제로 힘을 얻고 있는데요. 지쳐 포기하고 싶을 때 믿음의 사람들이 손 잡아주며 일으켜 세워주심을 또 경험합니다. 모든 영광 주님께 올려 드립니다.

이동원 집사는 건강을 회복하고
하나님의 자녀로 신실한 삶을 살고 있다.

Pathfinder
Leadership

PART 2

건강한 교회를 세우는
목회 리더십

원하는 결과를 얻지 못했다면 지불해야 할 희생이 남은 것이다.
땀, 눈물, 피를 상처가 아닌 져야 할 십자가로 해석하면
위대한 리더가 된다.

5장

고독: 땀, 눈물, 피

너는 어서 속히 내게로 오라 데마는 이 세상을 사랑하여 나를 버리고 데살로니가로 갔고 그레스게는 갈라디아로, 디도는 달마디아로 갔고, 누가만 나와 함께 있느니라 네가 올 때에 마가를 데리고 오라 그가 나의 일에 유익하니라(딤후 4:9-11, 개역개정)

01. 고독의 아리랑

패스파인더는 초기 처절한 고독 앞에 선다. 시간이 지나면 혹독한 고통과 싸운다. 첫째, 빈 공간이 주는 고독이다. 둘째, 가장으로서 생계를 염려하는 아내의 눈물과 자녀를 보는 고통이다.

1990년 당진에서의 첫 개척 당시 예배당도 없었다. 시골집 한 채.

그리 넓지 않은 대청마루에 책 몇 권 내려놓고 홀로 첫 예배를 드렸다. 설명 할 수 없는 눈물이 났다. 결혼 전이라 가족도 없었다. 자기 설움이었다. 몇 주 후, 홀로 예배드리는 일은 없었다. 초등학생 셋을 전도했다. 일제강점기부터 쓰다 땔감으로 버려진 작디작은 나무 의자 몇 개 주워 대청마루에 올렸다.

개척과 함께 신학대학원 2차 학기가 시작됐다. 화요일 새벽기도 인도하고 학교까지 올라간다. 수요일 밤 예배 인도하러 내려가야 하는데 오후 첫 수업이 전공과목이라 뺄 수 없었다. 교수님께 양해 구하고 수업 중간쯤 나와 영등포역으로 간다. 햄버거 하나 사서 장항선을 탄다. 신례원역에 도착해서 합덕 가는 버스를 타고 신리 입구에 내린다. 합덕읍에 내려서 연결 편을 타고 교회에 들어가면 예배 시간을 맞출 수 없었다. 하루 세 편, 비포장도로를 달리는 버스를 구경하는 것도 쉬운 일이 아니었다. 약 4킬로미터를 걸었다. 택시비는 만원 정도였는데 돈도 없고 그럴 마음의 여유도 없었다. 몇 개월 후 만리현교회 조병하 장로님이 방문하셔서 기막힌 사연을 보시고 중고 승용차를 기증해 주셨다.

서야중·고등학교 앞에 내려서 교회까지 뛰다시피 해야 수요예배 시간을 맞출 수 있었다. 도착하면 발이 퉁퉁 붓고 얼굴은 달아오른다. 장기 금식과 기흉 수술을 하고 몇 개월 지나지 않던 터라 체력은 바닥이었다. 쌀을 씻어 전기밥솥에 넣고 취사를 눌러야 예배 끝나고 밥을 먹을 수 있다. 하루는 발바닥이 유난히 후끈거렸다. 찬물 담은 세숫대야에 발 담그고 쭈그려 앉아 쌀을 씻었다. 젖은 발로 후다닥 뛰어 들어가 밥을 지으려는데 급정거가 되지 않아 넘어졌다. 물 머금은 발이 비닐 장판을 만나자 빙판보다 미끄러웠다. 꽈당! 양손에는 쌀 담은 밥솥이 들려 있어 손 쓸 수도 없었다. 방바닥에는 물 머금은 쌀이 널브러졌다. 쓰러졌는데 일어날 수 없었다. 누워서 울었다. 몸이 젖어 오는데 일어설 수 없었다. 젖은 몸으로 천장 보고 엉엉 울었다. 서러워서 울었다. 몇 초가 흘렀는지 모르겠다. 주섬주섬 일어나서 눈물 한 줌 닦고 걸레로 바닥을 훔치는데 통곡이 터진다. 왜 그리도 처량했던지, 울려고 여기 온 게 아닌데…. 순교의 자리도 아닌, 자기 설움으로 눈물 멈추지 못한 자신이 목회자란 사실이 더 부끄러웠다. 감정도 통제하지 못한 자괴감이 짓누른다. 씻지도 못하고 옷만 갈아입고 수요일 밤 예배를 인도하는데 한 사람도 없다. 아무도 오지 않은 홀로 드린 예배였다. 외롭고 배고픈 일은 그 후로도 계속 됐다.

로고스교회는 두 번째 개척이라 좀 대범해졌다 생각했는데 착각이었다. 다음 글은 로고스교회 설립 후 그리 오래지 않아 주보 1면에 실었던 글을 다듬었다. 주보 1면은 목회 단상을 실었는데 진솔한 삶의 이야기가 사람들에게 감동을 주었단다. 고독한 길을 가는 영적인 리더에게 글은 치유의 방이었다. 주보를 전도지로 활용했다. 1면 글을 읽고 교회를 찾아와 등록한 분도 계셨다.

그대 가슴에

당진에서 신앙생활을 하던 가정이 가양동으로 이사 오셨다.
신평교회 한선호 목사님 소개로 주일 예배 참석하고 가셨다.
소개까지 받고 오셨기에 등록할 것으로 알고 방문하려 전화했다.

"어머님이 서울에 있는 모 교회의 권사님이십니다."
"주일만이라도 찾아뵙겠습니다."

매 주일 시어머니를 만나러 가겠다는 며느리가 몇이나 될까?
개척 교회 피하려는 핑계 같았지만 좋게 생각하기로 했다.

"그렇게 하십시오. 효도는 미룰 수 없는 일입니다."

또 한 가정이 소개로 방문하셨다. 그분도 예배를 드리고 나더니 좀 더 큰 교회에서 배우고 싶다고 하신다. 어느 때보다도 한 사람이 절실했기에 하나님이 보내 주신 분들이라고 잠시나마 기뻐했던 자신이 부끄러워진다.

가뜩이나 초라한 개척 교회 목사인데
얼마나 급했으면 결정도 안 한 분을
하나님이 보내주신 것으로 이해하고 좋아했을까?
하나님이 종을 한심하게 생각하지 않으시고
긍휼히 여기시겠지만 그리 유쾌한 경험은 아니다.

'아는 분 소개로 와도 등록 안하는데 자진해서 오는 사람은 없겠구나' 절망이 엄습한다.

다녀가신 분께
"오셔서 도와주십시오. 건강한 교회 함께 세워 봅시다."

말씀드리고 싶지만 그럴 용기도 없다.
이렇게 도망치듯 돌아간 분을 다시 보내 주시라고
기도할 믿음과 배짱도 없는 목사는
밤이 깊어도 잠이 오질 않는다.

다음날.
눈 뜨는 것이 두렵다.
여전히 새벽 예배당은 텅 비었다.
아내는 어린 두 아이를 키우느라 지쳐 아주 곤하게 자고 있다.
아내가 새벽기도 내려오면 울며 엄마 찾는 아이들 때문에….
오늘도 새벽에 여전히 혼자다.

빈 의자를 향해 설교해 보지만 부질없는 짓 같아 그만 두었다.
　설교하지 않고 텅 빈 예배당 지키는 것이 꺼림칙해 설교하면 더 처
량하다. 설교를 쉬었다, 했다 하며 홀로 기도하는데 딴 생각만 든다.
　'사역이라는 차에 키 한 번도 꽂아보지 못하고….'
　'시동 한 번도 걸어보지 못하고 하차해야 하나 보다.'

선배들이 개척 교회 간판 내릴 때 마음이 어땠을까?
생각이 채 정리되지 않았다.
분노에 오기 섞인 기도가 나온다.

　"하나님, 이 새벽에 한 사람이라도 보내주지 않으시면 여기서 죽겠
습니다."

"제가 전도를 안했습니까?"

"설교 준비를 안 합니까?"

"5년 전 시골 폐가에서 개척하고 모든 걸 다 드렸는데 이게 뭡니까?"

"제가 주님의 교회를 두 곳이나 개척했습니다."

"주님, 이 새벽에 한 사람이라도 보내주지 않으시면 여기서 죽겠습니다."

한참 기도하고 돌아보니 여전히 한 사람도 없다.

다시 기도하고 돌아보면 또 혼자다.

남편이 늦으면 아내라도 내려와야 하는 건데

그래야 한 사람이라도 온 것이 되니까

접고 집에 올라가 아침 먹을 수 있는데….

아내까지 미워진다.

"누가 미인은 잠꾸러기라 했던가?"

초봄 지하 예배당은 꼭 내 마음 같다.

스산한 한기가 몸속으로 스며든다.

몇 시간 지났을까?

배도 고프고 지쳐 잠들었다.

비몽사몽 간

성령님이 임하셨나? 갑자기 노래가 나온다.

"주님 가슴에 얼굴을 묻고 오늘은 울고 싶어라."

"세월에 강 넘어 우리 사랑은 눈물처럼 젖어 드는데"

"얼마큼 나 더 살아야 주님을 만날 수 있나"
"한마디 말이 모자라서 다가설 수 없는 주님아!"
"주님 앞에만 서면 나는 왜 작아지는지"
"주님 등 뒤에 서면 내 눈은 젖어 드는데"

찬양을 하는데 이상했다.
복음성가에도 찬송가에도 없는 곡이다.
김수희의 '애모'였다.

며칠 전,
개척자의 길을 가는 친구가 찾아왔다.
노래방에 간 게 화근이었다.
그 절체절명의 순간에
그것도 예배당에서
새벽기도 시간에
유행가가 나오다니….

이젠 자조석인 한탄이 온몸을 휘감는다.

"주님, 전 아직 멀었나 봅니다."
"이 상황에서 찬송 아닌 유행가가 나오니 말입니다."
"별난 놈 다 보셨죠!"
"혹시 목사로 세우신 것 후회하십니까?"
"후회하셔도 어쩔 수 없습니다."

"전 갈 곳도, 할 일도 없습니다."

"내일 새벽이면 또 텅 빈 예배당에 홀로 있겠죠."

"오늘은 혹시 방문자가 있으려나? 기다리는 마음으로 새벽기도 인도하겠지만 역시 혼자겠죠?"

"그래도 여기서 멈추지 않겠습니다."

"하나님의 능력을 공급받겠습니다."

"교회가 부흥되지 않아도 이 생명 바쳐 주님을 사랑합니다."

"개척자의 초기 외로움과 싸우겠습니다."

"언젠가 다시 어떤 실망이 찾아와도 절망하지 않고 믿음의 눈으로 당신의 가슴에 얼굴을 묻겠습니다."

친구가 노래방 가자고 한 이유는 분명했다. 개척해서 3년 만에 50명 모였는데 거의 다 나갔단다. 목회를 접을 생각 중에 찾아온 게다. 그가 부른 처절한 노래는 지금도 생생하다. 주님 가슴에 얼굴을 묻겠다던 그는 몇 년 후 교회를 폐쇄하고 이민 가서 다른 일을 하고 있다.

개척자는 외로움과 싸울 준비가 돼야 한다. 외로움을 고독으로 소화해서 하나님 앞에 홀로 서며 산다. 감정은 영성과 연결돼 있다. 고독할 때 말씀묵상, 기도, 좋은 친구들이 있어서 이겨냈다.

성령님은 그날 새벽 회개를 요구하셨다. 복음 전도자의 길이 아닌 교회 성장에만 관심을 기울인 것을 꾸짖으셨다.

02. 고통의 아리랑

로고스교회 개척 2년 6개월 만에 예배당 건축을 했다. 316평 대지를 구입하고 340평 건물을 세우기로 했다. 설계하고 견적 받고 최저가를 써낸 업체로 결정했다. '싼 게 비지떡'이라 했는데 말이 틀리지 않았다. 시공사는 마무리 공정에서 손을 뗐다. 공사를 진행하면 할수록 손해가 발생한다고 했다. 자기들이 제시한 견적이 잘못 됐단다. 추가비용을 요구했다. 잘 아는 목사님께 소개 받은 업체였지만 소용없었다. 계약서를 쓰기 전에는 건축주가 '갑'이지만 쓰고 계약금이 넘어가면 '을'이 된다. 우리교회 건축위원회를 설득했다. 그 회사가 요구한 추가 금액을 지불했다. 시공자는 돈만 받고 돌아오지 않았다. 부도 위기에 몰린 회사가 폭탄돌리기를 했던 게다. 그 회사는 부도가 났다. 마무리 공정 10퍼센트 정도 남긴 채 손을 든 걸 고마워해야 했다. 완공을 위해 약 한 달간 직접 마무리 공사를 했다. 수련공을 부르고 타일과 시멘트를 사서 교회 승합차에 실었다. 공사를 지휘했다. 타일공이 놀고 있어 한마디 건넸더니 시멘트가 부족하다고 했다. 달려가서 사오면 타일이 부족하다고 한다. 한 번에 말해주지 않았다. 마음속에서 추한 말이 솟구쳤다. 그들이 보기에 난 쉬운 상대였다. 초보 건축주는 다루기 쉬운 먹잇감이다. 공사 진행에 도움을 줄 성도도 없는 게 개척 교회 현실이다. 설상가상 공정에 참여한 업체들이 시공사에게 공사비를 받지 못했다며 교회를 옥죄었다. 교회는 계약서대로 공사비를 지출했지만 그분들은 공사비를 받지 못했다. 교회 마당에 불을 피우고 협박, 위협, 시위가 끊이지 않았다. 벽체, 창호 업체는 해체해 간단다. 공정보다 공사비를 좀 남겨 놓은 터라 여력이 있었다. 참여 업체의 남은 잔금 주장을 철저히 검증했다. 진정성 있게 그분들을 설득했다. 교회와 참여 업체들이 한 발씩 양보하고 일괄 타결을 했다.

새벽기도 나갈 때 거울에 비친 얼굴은 내가 아니었다. 까맣고 까칠하고 피곤이 짓누르는 일용직 노동자였다. 말씀묵상과 기도로 이겨냈다. 그게 시작이었다. 다음 시험이 기다리고 있었다. 건물이 완공 되고 나니 사람이 싫어졌다. 사람 만나는 것이 두려웠다. 건축에 동의하는 것이 어떤 의미인지 모르는 분들이 원망스러웠다. 단지 동의만 해주었다. 시공사, 무관심한 성도들이 원망스러웠다. 교회 건축이 건물 건축이 아닌 사람 건축이요, 목사 건축임을 잠시 잊었다. 목사가 예배당을 지을 때 하나님은 목사를 지으셨다. 그런 분들을 불편해 하지 않는 게 영성임을 잊었다. 그럼에도 불구하고 그분들을 사랑하는 시험을 이겨내야 한다는 것을 깨닫는데 많은 시간이 필요했다.

몇 년 앞서 개척한 친구가 한 명 더 있다. 개척한 지 1년 만에 30명이 모였는데 그 후 1년 만에 25명이 떠났다. 몇 명 안 되는 찬양대 연습 시간에 지휘자가 한마디 했단다.

"알토 파트 한 번 더 갑시다. 조금 틀렸습니다."

가끔 사람들에게 상처를 준 일명 교회 문제아였다. 악보를 집어 던지며 교회를 떠나면서 남긴 한 마디.

"내가 틀릴 때만 꼭 ○랄이○…."

교회를 떠나는 분은 나름 정당한 이유가 있다. 잡아도 잡을 수 없고 잡을 권한도 없는 공동체가 교회다. 더 좋은 교회를 찾겠다는데 덜 좋은 교회 목사는 어떤 말로도 설득이 불가능하다.

의정부에 있는 친구가 개척 초기에 겪은 일이다. 한 성도 부모님이 입원했다. 매일 1시간 30분 소요되는 병원을 찾아가 기도해 달라고 했다. 그것도 보름 이상이었다. 친구는 받은 시간표대로 움직였다. 기쁨으로.

그 성도가 식당개업을 했다. 예배가 끝나고 식사를 기다리는데 1시간이 지나도 밥이 나오지 않았다. 그분은 개업 예배 후 이런 저런 인사 받느라 바빴다. 다른 축하객들 접대하고 맨 나중에 개척 교회 목사에게 밥상을 내왔단다. 친구는 어머니까지 모시고 갔는데 기다리는 동안 울화가 치밀어 몇 번이고 일어서려다가 참았단다.

개척자들은 '개척 교회 목사'를 줄인 말로 '개목사'라고 한단다. 말없이 보름 정도 그분 어머니 병원에 찾아가 기도하며 위로해 주었다. 식당 개업예배 끝나고 뒤쳐진 자리에서 한 시간 넘게 기다려 말없이 식사하고 일어섰다. 그 후 그분은 더 큰 교회에 등록했다.

"왜 그 교회 등록을 했느냐?"
"나와의 약속은 어떻게 된 것이냐?"

물을 수 없는 것이 개척자다. 몇 주가 지났다. 예배 후 운전사가 되어서 몇 안 되는 성도를 집에 내려주고 돌아오는 길이었다. 그 식당을 지나쳤다. 순간 "갈매기 저 XX끼." 거친 욕이 불쑥 튀어나왔단다. 동기 중에서도 성자라 부르는 친구다. 아내 마음은 시커멓게 타들어 갔다.

거칠어진 남편 마음 공감하기에 어떤 조언도 못했단다. 다음날 새벽 남편을 위해 기도하는 눈물만 나더란다.

친구의 이야기지만 격하게 공감한다. 패스파인더의 길이다. 무시당한 감정과 싸운다. 그들이 나를 무시한 게 아니라 자신을 무시한 것이란 사실을 알기까지는 시간이 필요했다. 불쌍히 여기는 마음이 생기기까지 시간이 좀 더 필요했다. 편하게 받아들이고 존중하기까지 아직 시간이 더 필요하다. 패스파인더에게는 자기만의 고통의 노래가 있다. 눈물의 아리랑이 있다.

맨 처음 성도가 교회를 떠난다고 했을 때 잠을 이룰 수 없었다. 첫 경험이 있기까지 착각 속에 살았다. '이만큼 헌신한 목사 싫어한다면 바보겠지.', '나 같은 목사 때문에 시험들 사람은 있어도 교회를 떠날 사람은 없을 거야!' 생각하며 살아왔다. 얼마나 무식하고 교만했던지 생각조차 부끄럽다. 헤어짐의 고통이 있을 때마다 아리랑을 불렀다.

"나를 버리고 가시는 님은 십리도 못가서 발병난다."

너는 어서 속히 내게로 오라 데마는 이 세상을 사랑하여 나를 버리고 데살로니가로 갔고 그레스게는 갈라디아로, 디도는 달마디아로 갔고, 누가만 나와 함께 있느니라 네가 올 때에 마가를 데리고 오라 그가 나의 일에 유익하니라 두기고는 에베소로 보내었노라 네가 올 때에 내가 드로아 가보의 집에 둔 겉옷을 가지고 오고 또 책은 특별히 가죽 종이에 쓴 것을 가져오라 구리 세공업자 알렉산더가 내게 해를 많이 입혔으매 주께서 그 행한 대로 그에게 갚으시리니 너도 그를 주의하라 그가 우리 말을 심히 대적 하였느니라 내가 처음 변명할 때에 나와 함께 한 자가 하나도 없고 다 나를 버렸으나 그들에게 허물을 돌리지 않기를 원하노라 주께서 내 곁에 서서 나에게 힘을 주심은 나로 말미암아 선포된 말씀이 온전히 전파되어 모든 이방인이 듣게 하려 하심이니 내가 사자의 입에서 건짐을 받았느니라 주께서 나를 모든 악한 일에서 건져 내시고 또 그의 천국에 들어가도록 구원하시리니 그에게 영광이 세세무궁토록 있을 지어다 아멘(딤후 4:9-18, 개역개정)

신실하게 양육했지만 결국은 세상이 좋아 떠난 데마,

동역이 힘들어 떠난 마가,

하나님이 갚으시기를 바랄 만큼 바울을 괴롭힌 알렉산더,

그가 사도로서 첫 길을 갈 때 그를 따랐으나 시간이 지나 그를 버렸던 많은 사람들.

바울 같은 위대한 사도에게도 이런 아픔이 있었다. 바울이 위로가 됐다. 말씀이 나를 살렸다. 내가 겪는 아픔은 바울 앞에 견줄 수 없다는 것을 알지만 아픈 건 아픈 것이다.

아리랑은 사랑하는 사람을 보내기 싫지만 잡을 힘없는 약자의 마지막 사랑고백이다. 독자 중에 교회를 떠날 때 "십리도 못가서 발병난다." "교회 옮겨 잘 된 사람 못 봤다."는 말을 들었다면 저주로 생각하지 않으면 좋겠다. 힘없는 목사의 마지막 사랑고백으로 해석하면 몸에 이롭다.

지금은 아리랑의 주인공을 축복한다. 내 그릇이 작아 담지 못했음을 안다. 하나님은 그분들을 통해 나를 다듬으셨다. 하나님께서 설익은 목

사 보수 공사하실 때 그분들의 통행이 불편했을 것이다. 주님이 재림하실 때까지 샌드위치 광고판 두르고 다녀야 한다.

"나는 공사 중입니다."
"공사 중 당신의 통행에 불편을 끼쳐드려 대단히 죄송합니다."

군산 앞바다에 있는 한 섬에서 집회를 했다. 자립하는 견실한 교회였다. 강사 숙소는 목사관 한쪽 방이었다. 천장은 쥐들의 경기장이었다. 그놈들은 지치지도 않나보다. 달리기 시합을 밤새 계속했다. 쥐는 화장실이 따로 없나보다. 천장에 지도를 그렸다. 샤워실은 얇은 벽돌로 방에서 연결되었다. 동네 아저씨 몇이 자원 봉사로 만들었단다. 방음, 방풍 고려하지 않았다. 벽돌이 알몸을 들러내고 샤워장을 지킨다. 그해 겨울 그 섬은 추웠다. 첫날 샤워하고 나니 다음날 샤워 할 시간에 몸이 추위를 기억했다.

담임목사에게 목사관을 지어야 하지 않겠냐고 물었다. 필요는 알지만 나름 고민이 있었다. 그 교회를 떠날 생각이었다. 자기가 거기서 할 일을 다 했다고 생각했고 그래 보였다. 어려운 교회에 부임해서 목회를 참 잘했고 시간도 제법 흘렀다. 아끼는 후배였기에 권면했다.

"목사관 짓는 일, 꼭 해야 하고 누군가 해야 한다면 내가 하는 게 좋습니다. 내가 살 집이 아니지만 교회와 후임자를 위해 기쁨으로 헌신한다면 하나님은 그 헌신을 기뻐하실 것입니다."

집회가 끝나자 후배는 강사 사례비를 주었다. 그 교회의 목사관 짓는

'마중물'이 되길 소원하며 헌금했다.

집에 돌아왔다. 이틀이 지난 후 아내에게 자초지종을 말했다. 그 큰 눈에서 그동안 참았던 눈물 뚝뚝 떨어뜨리며 말한다.

"신원이 유치원비가 3개월이나 밀렸어요."
"차라리 목사 말고 신부님이 되지 그랬어요."

비수가 되어 가슴을 찌른다. 두 번 개척한 남편 수발에 지쳤나 보다. 이어지는 한 마디는 더 아팠다.

"당신은 하나님께 칭찬받을 일 하고 왔는데 격려해 주진 않고 바가지를 긁는 나를 하나님은 얼마나 속물이라고 생각하시겠어요."

교회가 먼저였다. 개척자의 길에서 가족의 희생은 필수지만 꼭 그렇게 안 해도 되는 일도 그렇게 한 미련함도 컸다.

1990년 시골 교회 개척보다 도시에서 로고스교회 개척은 더 힘들었다. 개척 1년 만에 교회 이전, 이전 1년 6개월 만에 교회 건축. 부부 싸움은 이때 가장 잦았다. 아내는 과묵한 편이다. 말을 꺼내면 최후통첩이다. 아내의 눈물은 계속됐다. 지칠 대로 지친 아내가 평생 지울 수 없는 한 마디를 던졌다.

"처자식 피 빨아 먹고 목회하지 그래요."
아내가 가계부를 넘겨주었다. 지금은 떨림 없이 아픔을 기록하지만 그땐 정말 심각했다. 인생 최강 적을 만난 날이다. 개척자의 길을 가는 목회자나 자영업자들이 공감하는 이야기일 게다. 주님의 십자가 복음 전하는 사명 위해 생애를 드렸지만 생활고와의 전쟁이 먼저였다.

우리가 가는 길, 그 길이 아무리 험하고 멀다 해도 선배님보단 덜할 게다. 저녁밥을 지을 쌀이 떨어진 선배 이야기다. 목사관 굴뚝에서 연기 피어오르지 않으면 성도들이 염려할까봐 빈 솥에 불을 뗐단다. 불 떼고 저녁밥 주지 않는 아버지에게 예민한 사춘기 아들이 집중 포격을 했다.

"아빠는 이중인격자야! 빈 솥에 불은 왜 떼는 건가요. 그럼 뭐 하나 님이 알아주나요. 땔감 아깝지 않으세요. 뭐 하러 목회는 해가지고….”

그 몇 마디가 아픈 게 아니란다. 그 아이 건강이 좀 부실하단다. 아플 때마다 그 말이 생각나 미안하고 괴롭다고 하셨다. 자기가 경험한 고통은 타인의 것과 비교할 수 없다지만 선배의 고통은 고통을 이길 자양분이 된다.

03. 창조를 위한 에너지

리더십은 공격 받기 십상이다. 주님도 바리새인들로부터 공격 받았다. 고독이나 고통의 아리랑을 부활의 노래로 해석하는 것이 신앙이다. 정서적인 상처, 고통, 가난과 무시당함 이겨 내지 못하면 비상하지 못한 채 생을 마감할 수 있다.

C.S 루이스(C. S. Lewis)는 '고통은 하나님의 확성기'라 했다. 죄인을 향한 회개를 촉구하는 소리, 어리석은 자를 깨우치는 음성이다. 고통은 정결함과 간절함으로 인도한다. 차동엽 신부는 『잊혀진 질문』에서 고통에는 세 가지 기능이 있다고 했다. 첫째, 보호 기능이다. 고통은 사람을 위험이나 파괴로부터 지켜준다. 고통이 없다면 겨울에 동사하는 사람이 속출할 것이며, 불장난을 하다가 손을 태워버리는 일들이 수없이 일어날 것이라고 했다. 둘째, 단련 기능이다. 박지성 선수의 옹이 발바닥, 발레리나 강수진의 붕대발가락은 고통이 가져다 준 영광의 상징이다. 연습의 고통을 거부했다면 오늘날 그들을 기억하는 사람은 없을 것이다. 셋째, 정신적 성장 계기가 된다. 인류 문명의 발전은 한마디로 고난 극복의 역사다.

고통을 이겨내려 노력하는 사이 새로운 창조의 강력한 엔진이 움직이고 있다. 위대한 리더는 예상되는 고통의 내용과 때를 예상한다. 방어와 공격을 통한 승리를 염두에 두고 다음 사항들을 지켜낸다.

첫째, 공격 받을 만한 법적인 오류를 범하지 않는다. 오류가 없어도 공격받는데 법적인 오류를 범한다면 피할 길이 없다. 둘째, 교회 재산의 사유화를 허락하지 않고 인사에 정확한 원칙을 세운다. 원칙이 있어도 해석은 주관적인데 없다면 사람을 세우는 일로 후폭풍을 이겨낼 재간이 없다. 셋째, 위기를 리더 개인이 대처하지 않고 리더그룹이 공동으로 대처한다. 넷째, 멘토 그룹이 있다. 위기를 극복한 선배 조언을 받으면 도움이 된다. 시행착오도 피할 수 있다. 다섯째, 상황에 따른 대처 능력을 키우기 위해 리더십 훈련을 받는다. 위기가 없는 공동체는 없다. 위기를 기회로 바꾸는 것은 리더의 역량이다. 여섯째, 건강과 정서를 관리한다. 정서 관리에 실패하면 작은 문제를 키운다. 건강관리에 실패하면 집중력과 열정이 떨어진다. 리더의 열정 쇠퇴는 공동체 침체로 이어진다. 일곱째, 긴장을 늦추지 않는다. 예상하지 못한 공격은 충격이 크지만 예상하면 해결할 길이 보인다. 누군가의 공격을 없앨 수 없어도 피해를 줄일 수는 있다. 보이는 것이 전부는 아니다. 빙산의 일각을 빙산의 전부로 보는 어리석음에서 벗어나야 한다.

당진에서 개척할 때였다. 하루는 알고 지내던 분으로부터 전화가 왔다. 대학원 수업 올라오는 길에 쌀 한 가마니 사오라 했다. 쌀값 절약하려는 심사였던 게다. 쌀가마니 싣고 올라가는 고속도로에서 펑크가 났다. 타이어가 갈기갈기 찢어졌으니 대형 사고를 피한 것이 기적이었다. 갓길에 세우고 보조타이어로 갈아 끼웠다. 어렵게 쌀 배달을 마쳤는데 "수고했다." 한마디가 전부였다. 쌀값 외에는 아무것도 주지 않았다. 그렇다고 "뭐 없냐?" 물어볼 수도 없었다. 씁쓸한 마음으로 내려왔다. 주차 위반 딱지가 붙어 있었다. 쌀가마니가 무거워서 건물 가까이에 차를 세운 게 잘못이었다. 며칠 후 자초지종을 전했지만 주차위반 범칙금은 대납하겠다는 말을 기대했던 내가 바보였다. 그분은 가족 중에서도 제일 잘 사는 분이었다.

개척 교회 목사, 쌀 배달부, 고속도로에서 차량 펑크, 주차위반 범칙금보다 작은 수고비를 기대했던 속마음이 더 비참했다. 그 후 쌀 배달하는 일은 없었다. 배달을 또 요구했을 때 고상한 핑계를 대며 거절했다. 목회 초년생의 부끄러운 자화상만 그림자로 남았다. 지금 생각해보니 그것은 누님의 매정함이 아니라 하나님의 단절이었다. 사람 의지하지 않는 법을 배웠다. 하나님만 바란다는 것의 의미를 설명하기 쉽지 않지만 이해했다. 그 누님이 지금은 지속적인 도움과 든든한 응원군이 됐다. 더 어려울 때 안 도와주고 지금은 도와 달란 말 안 해도 도와주는 것은 시험이요 은혜다.

하나님이 사람을 훈련하실 때 기대하는 모든 것으로부터 단절을 선언하신다. 기대할만한 사람으로부터 떠날 것을 요구하신다. 고독 속에서, 고통 속에서 하나님의 목적과 주님의 십자가를 경험할 수 있기 때문이다. 고독과 고통은 하나님의 섭리를 알 수 있는 최적의 기회다.

아브라함이 본토 친척 아비 집을 떠났다. 야곱도 아버지 집을 떠났고 요셉도 아버지의 집을 떠났다. 하나님과 사람 앞에 쓰임받기까지 고독과 싸우며 고통 속에서 지낸 날을 묵상해보라. 익숙한 것과의 결별은 하나님께 집중하는 훈련이다.

고통이 찾아올 때 유의해야 한다. 첫째, 완강한 마음으로 고통에 저항하는 것이다. 둘째, 다 잘 될 것이라고 막연한 믿음으로 그 원인과 하나님의 음성을 들으려 하지 않는 것이다. 셋째, 죄 때문이라고 자신을 자책하는 것이다. 회개는 필요하지만 자기 학대나 연민은 사탄의 노리갯감이 된다. 넷째, 하나님이 나를 버리셨다고 체념하는 것이다.

리더는 어떤 산을 만나든지 불편해 하지 않고 넘을 능력이 필요하다. 리더가 만나는 고통의 산은 창조를 위한 에너지를 제공 받을 기회다. 하나님은 고통 속에서 자신이 쓸 사람을 훈련하셨다. 성장과 성숙을 위한 고통이기에 피하지 않고 수용할 수 있는 용기가 필요하다. 하나님만

의지하고 승리하는 법을 배운다.

송용희 집사

로고스교회 출석한 지 5년 정도 된 송용희 집사입니다. 신앙생활을 시작한 것은 12살, 초등학교 5학년 때였습니다. 하나님을 믿으러 갔다기보다 노트와 연필, 과자를 준다고 해서 갔던 것 같아요. 그렇게 시작된 하나님과의 만남이 50년이 넘었습니다. 로고스교회에 오기 전까지의 신앙생활은 자만과 오만, 강한 자아의식, 성경도 불신했습니다. 비판받는 목회자가 있으면 항변했습니다. 신앙인답지 않은 신앙생활을 했습니다.

어느 날 아내가 지인 소개로 로고스교회를 방문했습니다. 아들과 같이 다녀와서 목사님의 설교에 감동을 많이 받았다고 그래요. 그래서 나도 한번 가보자고 왔던 것이 벌써 5년째입니다. 5년이란 시간 속에 신앙은 엄격하고 따뜻하면서도 큰 변화가 생겼습니다. 믿음과 순종이라는 단어가 가슴을 짓누르기 시작했습니다. 과거의 저항과 불신을 점점 내려놓았습니다. 1년 52주, 주일을 꼭 지키자는 결단을 했습니다. 해외 출장을 가지 않는 한 주일을 지켰습니다. 목사님 설교를 듣고 기도하면 마음이 편해집니다. 세상으로부터 불편했던 일들이 교회에서 설교 듣고 기도하면 눈 녹듯이 녹습니다. 설교가 믿어지기 시작했습니다. 그렇다고 5년 전부터 바로 그렇게 된 것은 아니었죠. 점진적으로 내려놓기 시작했습니다. 강한 자의식이나 오만을 서서히 내려놨습니다. 그렇게 마음이 편할 수가 없었어요.

저는 언론사업과 남태평양 피지에서 발전 사업을 하고 있습니다. 언론 사업은 28년 된 에너지 경제신문을 운영합니다. 로고스교회 오면서 사업하는 방식도 점진적으로 바뀌었습니다. 전에는 돈과 명예, 성공, 경쟁사회에서 강한 승부근성으로 사업을 했습니다. 지금은 마음이 편하다 보니까 나를 내려놓고 직원들 말을 경청하기 시작했습니다. 25년 동안 주간지로 발행하던 에너지 경제신문은 3년 전 일간신문으로 전환했습니다. 조직이 엄청나게 커졌어요. 투자도 상상할 수 없을 만큼 많이 했습니다. 1년 간은 너무 어려웠습니다. 예전 같으면 조급한 마음에 성질도 많이 냈을 겁니다. 갈등으로 혼란스러울 수도 있었을 텐데 로고스교회를 다니면서 온유하고 여유로워졌습니다. '하나님께 기도하면 분명히 들어 주실 것이다' 이런 믿음이 생겼습니다. 때문에 1년 동안 엄청난 충격이 왔음에도 불구하고 견뎌냈습니다. 2대 사장을 채용할 때 처음으로 이력서를 들고 안성우 목사님께 찾아 갔습니다.

"목사님! 제가 이렇습니다. 사업을 한 지 26년 동안 이력서 들고 누구를 찾아가 본 적이 없습니다. 그런데 이렇게 뵈러 왔습니다."

두 분 중에서 한 분은 서울대를 나온 아주 스펙 좋은 분이었습니다. 다른 분은 지방대학을 나왔습니다. 스펙 좋은 분을 마음에 두고 있었으나 목사님께서 다른 분을 추천하셨어요. 목사님의 말씀에 순종했습니다. 결정을 하고 돌아올 때 제 느낌은 이랬어요. '이미 하나님으로부터 벗어날 수 없는 은혜를 받고 있구나.' 2년이 지났습니다. 생각보다 빨리 회사가 정상화 되고 반석 위에 올라섰습니다. 하나님의 도우심이 아니면 불가능한 일이 현실로 다가왔습니다. 믿음과 순종이 얼마나 소중한지를 느꼈습니다.

5년 전 남태평양의 피지에서 국가 기관 산업인 발전 사업을 할 수 있는 기회가 왔습니다. 엔지니어도 아니고 발전 사업은 잘 몰라요. 사업 파트너를 찾던 중 감리교회 장로님 한 분을 만났습니다. 그분과 함께 기도하고 시작하기로 결정했습니다. 1년 반 동안 타당성 조사를 마쳤습니다. 3년 동안 공사하고 작년 7월에 발전소를 준공했습니다. 지금은 생산한 전기를 피지 국가, 피지 국민에게 공급합니다. 이 모든 일들이 과거의 돈과 명예, 성공과 경쟁의식 그런 스타일로 사업 했다면 아마 어디선가 문제가 생겼을 겁니다. 순탄하게 이루어지는 것은 전적으로 하나님의 은혜입니다. 로고스교회에 와서 믿음, 순종, 감사, 은혜라는 네 단어가 저를 감싸주기 시작했습니다. 그래서 자신을 매일 같이 내려놓습니다. 이뿐만이 아닙니다. 어느 날 우리 정부에서 연락이 왔어요.

"주한 피지 영사를 하겠습니까?"

이유를 물었더니 피지로부터 연락이 왔답니다. 주한 피지 명예 영사에 송용희라는 사람을 임명코자 한국정부의 공인을 요청해왔답니다. 하나님이 준비해 주신 자리라고 생각하고 흔쾌히 받았습니다. 주한 피지 명예 영사직도 겸직하고 있습니다. 많이 저항하고, 그렇게 많이 비판했는데 어느 순간 주님 품에 이렇게 묶어 두시니 너무 행복합니다.

작년 3월 2부 예배를 드리고 서울 시내에서 점심 약속이 있어 나갔다가 대형사고를 냈습니다. 주말에는 운전 기사분이 계시지 않았던 터라 그랬나봅니다. 수리비가 4,800만 원 나왔습니다. 그런데 주사 한 번 맞지 않을 만큼 무사했습니다. 경찰청 자동차 조사 전문위원께서 자기가 수많은 조사를 해 봤지만 이렇게 큰 사고에 아무 일도 없었다는 것은 믿기지 않는다고 했습니다. "하늘이 도왔구먼." 이렇게 얘기를 하셨습니다. 그분이 하나님을 믿는지 묻지 않았지만 마음속으로 '하나님 정말 감사합니다.' 고백했습니다.

더 큰 하나님의 은혜는 아들의 결혼입니다. 목회자의 딸을 며느리로 허락하셨어요. 하나님을 믿지 않은 며느리였다면 일상에서 "감사합니다."라고 했을 겁니다. 그런데 저희 며느리는 "감사합니다. 기도하겠습니다."라고 말합니다. 저는 "기도하겠습니다."란 말을 들을 때마다 희열을 느껴요. 그렇게 행복할 수가 없어요. 이것이 하나님께서 주신 은혜라고 생각합니다.

지금도 내려놓는 연습을 합니다. 순종하려고 노력합니다. 유소년, 청소년기에는 좋은 친구를 만나고 좋은 스승을 만나면 그 인생관이 바뀌는 게 분명합니다. 그렇게 많은 세월 신앙의 방황, 못된 신앙생활을 했는데 신앙의 불을 강하게 붙여주신 안성우 목사님께 감사합니다. 다 같은 교회를 다니지만 어떤 목사님을 만나느냐에 따라서 신앙의 높낮이와 신앙의 깊이가 달라진다고 생각합니다. 제 나이가 예순여섯 살입니다. 12살에 교회를 가서 54년을 다녔는데도 방황을 했지만 지금은 매우 행복합니다. 작년 2월, 등록한지 4년 만에 목장 모임에 참석하라고 하셨습니다. 통천목장에 편입됐습니다. 목자이신 최종원 장로님께서 신앙의 말벗이 되어 주셨습니다. 지면을 빌어 감사를 드립니다. 모든 영광 하나님께 올려 드립니다.

송용희집사는 에너지경제신문사와 주)짐코를 경영한다.
주한 피지 영사로도 활동하며 로고스교회를 충성되게 섬기고 있다.

6장

태도: 말, 행동, 마음을 하나 되게

서로 사랑하기를 계속 하십시오. 나그네를 대접하기를 소홀히 하지 마십시오. 어떤 이들은 나그네를 대접하다가, 자기들도 모르는 사이에 천사들을 대접하였습니다.(히 13:1-2, 새번역)

1930년대 초 하버드대학의 엘튼 메이요(Elton Mayo) 교수와 그 제자들은 호손에 있는 웨스톤 전기 공장 실험 결과를 발표했다. 조직의 생산성에 영향을 끼치는 가장 중요한 요소는 작업 현장에서 발전되는 관계라고 했다. 상호관계가 깨지면 갈등 구조 속에서 에너지를 낭비하고 생산성은 떨어진다.

리더십 트레이너인 데니스 웨이틀리(Denis Waitley)는 『승자의 우위』에서 "승자의 우위는 선천적인 재능이나 높은 IQ 등에 있는 게 아니다. 승자의 우위는 원래부터 있던 자질이 아닌 태도에 있다. 태도는 성공의 기준이다. 그러나 수백만 달러를 준다고 해도 태도를 살 수는 없다. 태도는 파는 게 아니다."라고 이야기했다.

구름 한 점 없는 오후 두 시, 사막의 그늘진 곳. 막대기 몇 개에 널브러진 양가죽 주섬주섬 올려놓고 간신히 그늘 자락 만들어 누웠다. 아침부터 부지런히 일해온 터라 한숨 자야 하루를 버틸 수 있다. 눈꺼풀이 무거워 막 감기는데 누가 지나간다. 알 게 뭐야. 그에게 물 한 잔 이라도 권해야 한다는 걸 알지만 의무사항도 아니다. 지나가는 나그네일 뿐.

당신에게 나그네는 누구인가? 낯선 사람은 누구인가? 사역 현장에서 상식이 통하지 않는 사람을 만난다면 어떤 태도를 취할 것인가? 불편한 사람, 몰지각한 사람은 누구인가? 어떻게 대하고 있나? 이기적인 한 사람이 공동체성을 훼손한다면 어떻게 할 것인가? 당신을 싫어하고 가끔 익명의 메일로 부족한 점을 지적한다면 그 사람도 사랑할 수 있겠는가?

나그네를 하나님 대하듯 하는 것이 영성이다.

01. 언어와 태도

전광의 『백악관을 기도실로 만든 대통령 링컨』에서 감동 받은 대목이다.

링컨 대통령에 당선되고 처음으로 상원 의원들 앞에서 취임연설을 할 때였다. 연설을 시작하려 하자 거만하게 보이는 한 의원이 일어나 말했다.

"당신이 대통령이 되다니 정말 놀랍습니다. 그러나 당신의 아버지가 구두 수선공이었다는 사실은 잊지 마시기 바랍니다. 가끔 당신의 아버지가 우리 집에 신발을 만들기 위해 찾아왔고, 내가 지금 신고 있는 이 구두도 당신 아버지가 만든 것입니다. 지금까지 그런 형편없는 신분으로 대통령에 당선된 사람은 아마 미국 역사에 없을 것입니다."

여기저기서 키득거리며 링컨을 비웃는 웃음소리가 들렸다. 링컨은 눈을 감고 무엇인가 생각하는 듯 아무 말이 없었다. 잠시 의사당은 무거운 침묵이 흘렀다. 링컨의 눈가에는 눈물이 가득 고였다.

"고맙습니다. 의원님, 한동안 잊고 지냈던 아버지의 얼굴을 떠올리게 해주시니 감사합니다. 제 아버지는 완벽한 솜씨를 가지신 구두 수선공이셨습니다. 저는 아버지의 솜씨를 따라잡으려고 노력했지만 아버지의 실력을 능가할 수 없었습니다. 이 자리에 계신 분들 중에 제 아버지가 만드신 구두를 신고 있는 분들이 계실 겁니다. 그럴 리는 없겠지만 만약 신발에 문제가 생기면 언제든지 제게 말씀해 주십시오. 아버지 옆에서 곁눈질로 배운 솜씨로 손봐 드리겠습니다. 물론 큰 기대는 하지 마십시오. 왜냐면 제 솜씨는 아버지 솜씨에 비교조차 할 수 없기 때문입니다. 아버지는 '구두 예술가'이셨거든요. 나는 자랑스러운 아버지의 아들이고, 지금도 아버지를 존경합니다."

부끄러운 눈물이 아니었다. 모멸감에 흘리는 눈물도 아니었다. 모습은 당당했고 조금도 위축되지 않았다. 구두 수선공의 아들임을 자랑스럽게 생각했다. 장인정신으로 살아간 아버지를 그리워하는 존경의 눈물이었다.

언어를 보면 그 사람이 누군지 알 수 있다. 공격자와 비아냥거리는 사람을 대하는 리더의 태도를 보면 공동체의 미래를 예언할 수 있다. 알 수 없는 게 사람 마음이라지만 언어를 보면 알 수 있다. 급할 때, 분노, 위기, 모멸 당할 때 쓰는 언어를 보면 그가 누군지 알 수 있다.

시골에서 서울로 아들을 전학 보낸 부모님은 내게 많은 기대를 하셨다. 목회자의 길을 간다고 말씀드렸을 때 반대가 무척 심했다. 10년을 반대하시더니 포기하셨다. 어머니는 그때야 태몽을 말씀하셨다.

어머니는 수많은 군중이 몰려 있는 곳에 입장권을 가지고 들어가셨다. 용이 그려진 입장권을 가진 분은 앞으로 나오라는 방송이 있었다. 어머니 한 분이었다. 사람들이 어머니께 큰 박수를 보냈다. 용띠에 태어난 아들에게 거는 기대는 그래서 컸단다. 다음 꿈은 더 생생하셨다.

구름 같은 군중이 몰려있는 야외에서 가운을 입고 연설을 하고 있었다. 어머니는 가운을 입고 있는 꿈을 받고 태어난 아들이라 판사라고 생각하셨다. 공부하는 걸 보니 판사가 될 가능성도 있어 보였다. 그래서 육 남매 중에 한 아들만 중학교 때 서울로 전학 보내셨다.

어머니는 아들에게 기대했던 판사의 꿈을 접으시고 그제야 숨겨놓은 태몽을 꺼내셨다. 아쉬움을 뒤로 하시고 "사람의 법보다는 하나님의 법이 더 크지."라고 말씀하셨다. 어머니는 영적으로 맑으셔서 예지몽 꾸는 일이 가끔 있었다. 어머니의 꿈이 현실이 되는 것을 적어도 세 번 이상 보았다.

목회를 하다 보면 사람으로부터 혹독한 훈련을 받는다. 정체성이 흔들릴 때가 있다. 부르심 받은 말씀을 묵상한다. 들려주신 태몽을 생각한다. 태어나기 전부터 목사로 계획된 사람임을 믿는다. 어머니의 말은 목회자의 일생에 사명감 넘치는 태도를 가질 수 있도록 큰 도움이 됐다.

한 번은 사명 찾기 위한 워크숍을 했다. 자신에게 익숙한 단어를 고르는 시간이 있었다. 선택한 단어는 도움, 구제, 사랑이었다. '왜 이런 단어들에 익숙한 것일까?' 생각했다. 이름의 의미가 생각났다. '성우(城佑)' '도움 성'이다. 많은 사람을 도와주는 성(城)이다. 사람들이 '성우'라 불러 줄 때 '도움 성'으로 들었다. 듣다 보니 핵심가치가 됐나보다.

아내도 시골에서 태어나 서울로 올라온 유학파다. 아내는 공부도 제법 잘했다. 장인은 딸을 귀하게 키우려고 공부에 전념하도록 배려해 주셨다. 시골서 귀하게 키워 서울로 유학까지 보낸 딸이 전도사에게 시집가겠다 하니 수용하기 어려우셨다. 교회 다닌 친구에게 받은 상처가 커서 교회라면 넌더리가 났는데 딸이 결혼하고 싶어 하는 사람이 목회자라니 죽고 싶으셨단다.

오랜 반대에도 우리 두 사람이 계속 만나고 있음을 눈치 챈 장모님은 답답한 마음에 속초의 유명한 점쟁이를 찾아가셨다. 점쟁이는 "결혼을 반대해도 소용이 없습니다. 큰 도를 닦고 있는 사람인데 괜찮을 것입니다."라고 말했단다.

결혼은 그렇게 극적으로 성사됐다. 점쟁이도 알아주는 목사가 됐다. 신앙 없는 장모님이 점 봤던 것을 나중에야 알았지만 점쟁이의 말은 장모님께 힘이 됐던 게다.

에모토 마사루(Masaru Emoto)는 『물은 답을 알고 있다』에서 언어의 중요성을 연구 결과로 증명한다. 물에게 "사랑합니다. 감사합니다. 행복합니다."하면 파동이 전달되어 물의 입자가 아름다워진다. 미워하고 불평하는 말을 하면 어두운 색으로 바뀐다. 물도 언어의 지배를 받는데 사람이 받는 영향은 생각 이상일 게다. 언어가 그 사람이며, 언어는 그 사람의 미래를 예측할 수 있게 한다.

97년 당진에서 교회를 개척할 때 언어는 회색빛이었다. 로고스교회의 개척 때는 파란색이었다. 지금은 흰색으로 바뀌었다. 부정적인 말을 하는 사람 옆에 있으면 불편하다. 행동은 언어의 지배를 받는다. 영어한 문장을 자연스럽게 말하려면 천 번을 반복해야 한다. 만 번을 반복하면 언어는 그 사람이 된다. 아침에 거울을 보며 고백한다.

"난 위대한 사람이다. 위대하신 하나님이 나를 만드셨다. 오늘도 위대한 일을 한다."

침대에 누워 잠을 청하기 전에 아이들에게 묻는다.

"너희들은 누구니?"
"위대한 사람이요."
"누가 너희를 위대한 사람이라고 했니?"
"하나님이요."
범고래 쇼를 볼 때 마다 감탄한다. 어떻게 저 고래를 훈련시켰을까? 켄 블랜차드(Ken H. Blanchard)는 『칭찬은 고래도 춤추게 한다』에서 비밀을 말하고 있다. '고래반응(Whale Done Response)' 이란 범고래

훈련 방법이다. 첫째, 범고래가 쇼를 훌륭하게 해냈을 때 즉각적으로 칭찬한다. 둘째, 실수했을 때 관심을 다른 방향으로 유도한다. 셋째, 중간중간 계속 격려한다.

2004년 안식년을 떠나기 전, 비전팀의 동의를 얻어 로고스교회 미래 비전을 발표했다. 다음날 비전팀원 중 한 사람이 찾아왔다. 안식년을 잘 다녀오라는 인사와 함께 남편으로부터 교회 비전을 들었는데 가슴이 뜨거워진다고 했다. 교회 비전에 물질적인 헌신으로 동참을 준비할 테니 안식년을 잘 다녀오란다. 비전은 소망이다. 비전은 가슴 뛰게 한다. 비전은 삶을 이끈다. 사람의 뇌가 언어의 지배를 받는다는 과학적 증명이 사실을 뒷받침한다.

02. 생각과 태도

존 밀러(John G. Miller)는 『바보들은 항상 남의 탓만 한다』에서 주디를 소개한다. 주디는 건축자재 백화점 '홈 디포우' 점원으로 출근한 지 며칠 되지 않아 난관에 봉착한다. 백화점에 이른 시간 찾아온 손님이 2달러 89센트 물건을 구입하며 100달러 지폐를 내놓았다. 거슬러 줄 잔돈이 없었다. 위층 사무실로 가서 지폐를 잔돈으로 교환해 와야 한다. 계산대 앞에 제법 많은 사람이 줄 서서 기다리고 있었다. 그는 자기 주머니에서 2달러 89센트를 꺼내 금전등록기에 넣고 "손님은 이미 값을 지불하셨습니다." 밝은 미소로 인사 했다. 며칠 후 중년 신사와 그 청년이 홈 디포우를 찾아왔다. 청년은 주디를 보며 말한다.

"당신이 대신 값을 지불할 때 나의 마음을 사 가버렸소."

청년은 영국 유수의 건축회사 사장의 아들이었다. 함께 온 사람은 그의 아버지였다. 주디는 직원이었지만 리더의 심장으로 일했다.

이스라엘 공동체는 광야 40년 생활에서 버려야 할 것이 있었다. 노예근성이다. 노예근성은 불평불만이 앞서고 감사가 없다. 노예는 책임감 없이 기계적으로 일만 하면 된다. 피곤하고 불만이 쌓이면 독주를 마시며 친구들과 주인 욕하며 푼다. 피해 의식이 쌓여서 노예근성이 된다.

교육전도사로 섬겼던 만리현교회는 오후 예배가 있었다. 오후 5시쯤이면 사역이 끝나 수 년 동안 고아원 봉사활동을 갔다. 가끔 고아원 원장님의 부탁은 선을 넘었다. 무례한 요구를 부드럽게 거절하는 법을 몰랐던 때라 때론 학업에 지장을 받으며 섬기곤 했다. 매년 사회복지재단 연합운동회가 있었다. 참가해 보면 우리 아이들이 가장 초라해보였다. 영락교회에서 운영하는 고아원의 아이들은 달랐다. 백방으로 뛰어 다음 해에 유명 브랜드 운동화를 기증받았다. 운동회 당일 아이들에게 신겼다. 기뻐했던 것도 며칠, 아이들은 그 신발을 지켜내지 못했다. 학교에 가서 친구들의 꼬임에 빠져 교환에 응했단다. 팔아치우고 맨발로 돌아온 녀석들도 있었다. 처음에는 불같이 화냈지만 야단친다고 될 일이 아니었다. 값을 지불하지 않고 얻었기에 가치를 몰랐다. 그들에게 노동의 가치와 의미를 설명하기가 쉽지 않았다. 많은 것을 무상으로 제공 받아 살았다. 다행인 것은 그 중 몇 명은 가치와 고마움을 알고 힘들어 할 때 위로해 주었다. 부모처럼 책임과 의무를 가르치기는 역부족이었다.

생각은 무엇의 지배를 받는가? 보는 것, 듣는 것, 그리고 과거의 경험이다. 환경의 지배를 받는다. 자녀 교육을 위한 최고의 환경은 부모란다. 상처 없는 사람은 없다. 상처가 치유되지 않으면 '과거의 아픔'에 자신을 가두기 일쑤다. 이스라엘의 광야 40년의 역사는 '하나님의 구속 – 불평과 우상숭배 – 심판 – 회개 – 하나님의 구속' 사이클이 반복된다. 하나님의 생각까지 접근하지는 못해도 리더의 생각, 모세의 입장을 조금이라도 생각할 수 있었다면 40년이 20년으로 줄었을 것이다. 400여년 종살이 환경과 근성을 씻어내고 가나안에 들어갈 때까지는 40년이 필요했다. 다른 사람이어야 했다.

한 수도원에 수도하는 사람이 줄어가자 원장은 랍비를 찾아가서 원인을 물어보았다. 랍비는 처방전은 주지 않고 이상한 말을 남겼다.

"당신의 수도원에 주님이 계십니다. 그 사람을 찾아보세요."

원장은 '누가 주님일까?' 생각하니 한 사람도 허투루 대할 수 없었다. 수도원에 들어온 사람은 사랑을 먹고 변화됐다. 양성훈련 받겠다는 사람으로 가득 찼다.

로고스교회 개척 1년 만에 지하 예배당에서 탈출했다. 상가로 이전할 때 실내 인테리어 공사 현장에 매일 붙어 있었다. 설계도가 나왔고 책임 맡아 일 할 사람이 있어도 궁금했다. 위임하지 못했다. 몸살이 났는데 12월 추위에 그대로 노출됐다. 근육통을 동반한 몸살로 병원에 입원했다. 그렇게 아픈 경험은 다시 하고 싶지 않을 만큼 힘들었다. 긴급한 일만 하다 중요한 일을 할 수 없도록 몸이 멈췄다. 생각이 짧았던 것이다. 긴급하지 않고 중요한 일을 놓쳤다. 퇴원해 누워있는데 아내는 끔찍한 생각을 했나 보다. 두려움이 쌓였던지 철없는 애들 앞에서 생각 없이 말한다.

"애들아, 우리 아빠 없으면 어떻게 되지?"

빨리 수습해야 했다. 유머와 섭섭함 머금은 목소리로 외쳤다.

"어떻게 되긴 뭐가 어떻게 돼! 개털이지!"

막내가 뛰어 오며 좋아한다. 아빠가 게토레이 사 준 댔다고 손을 잡아끈다. 슈퍼마켓 가잔다. 생각대로 듣고 행동한다.

원숭이가 개울에서 물고기를 잡아 나무 위에 올려놓는다. 뭐하는 거냐고 물었더니 물고기가 물속에 너무 오래 헤엄치고 다녀 죽을 것 같아 숨 쉬라고 꺼내주는 거라고 했다. 원숭이 생각 오류다.

주님의 제자들 중 가룟 유다는 열심당원으로 이스라엘의 정치적 독립을 원했다. 주님을 따를 때도 자신의 생각을 접지 않았다. 주님은 그에게 여러 번 회개 기회를 주셨다. 기회를 잡지 않았다. 생각을 바꾸기는 죽기보다 어렵다.

찰스 디킨스(Charles J. H. Dickens)의 작품 『두 도시의 이야기』가 있다. 영국 죄수가 프랑스의 감옥에서 오랫동안 복역한다. 좁고 어두운 감방에서 사는 것이 습관이 됐다. 복역이 끝나고 영국에 돌아와 자신의 넓은 집에서 살게 된다. 넓은 집은 평안을 주지 못했다. 거실에 벽돌을 쌓아 어둡고 좁은 감방을 만들고 이전처럼 그 속에서 산다. 자신의 과거를 떨쳐 버리지 못했다. 과거 자신의 삶과 생활 속에 현재 자신을 가두었다.

개척 시작할 때 모교회(대신교회) 권사님들이 말씀하셨다. "안 목사님은 개척에 성공할 거예요." 개척은 예상했던 것 보다 훨씬 더 어려웠다. '이러다 마는가 보다.'는 생각이 들 때면 기도하기 전에 생각을 바꾸었다. '지금도 많은 분이 기도하고 계신다.', '로고스교회는 대신교회가 개척을 준비하면 5년간 헌금을 모아서 세운 교회다.' 생각하고 기도할 때마다 힘이 났다.

빅터 프랭클(Viktor E. Frankl)의 의미요법은 '정신 의지적 반항'의 중요성을 역설한다. 나치가 자신을 가두고 짐승 취급 했지만 그들에게 어떻게 반응하는 것은 그의 자유였다. 나치가 몸을 가두었지만 그의 영혼을 가둘 순 없었다.

그러므로 여러분은 어떻게 처신해야 할지 깊이 생각해서 미련한 자처럼 살지 말고 지혜롭게 사십시오.(엡 5:15, 공동번역)
사람이 마음으로 자기의 길을 계획할지라도 그의 걸음을 인도하시는 이는 여호와시니라(잠 16:9, 개역개정)

성경은 우리의 생각을 인도한다. '긍정의 사고'로 인도하는 것은 기본이다. 기본을 넘어 하나님의 뜻, 지혜, 계획, 마음으로 인도한다. 지혜로운 삶은 하나님께 대한 마음에서 시작한다. 창조자의 섭리의 지혜, 오늘도 구원을 베푸시는 하나님의 역사를 생각하는 것이 리더의 길이다.

'생각'을 생각할 때 바른 결정이 나온다. 폭넓은 사고를 해야 멀리 볼 수 있다. 관점을 바꾸면 못 보던 것이 보인다. 먹기 위해 하늘을 나는 갈매기 아닌 날기 위해 먹는 갈매기가 되기 위해 생각해야 할 것이 많다. 하나님을 바라보며 그분을 닮아가려 선택하고 살 때 삶의 올바른 태도가 하나님 나라를 보장한다. 하나님 나라는 그에게 이미 와 있다.

라반에게 20년 이상 불공정한 대우를 받아도 하나님을 생각하며 올바른 태도를 유지할 때 하나님은 야곱을 쓰셨다. 형들에게 팔려 이집트에 내려가고 감옥에 들어가도 하나님의 준비하심으로 이해하고 형들을 미워하지 않는 요셉이 하나님이 쓰시는 리더가 되었다. 목숨을 내걸고 사울을 위해 싸워서 이겼는데 자신을 제거하려는 그를 끝까지 해하지 않았던 다윗을 하나님이 쓰셨다.

03. 태도와 삶

아브라함은 날이 뜨거울 때 장막 문에 앉아 있었다. 맞은편에 사람 셋이 서 있었다. 달려가 영접하며 몸을 땅에 굽혔다. 물을 조금 가져와 그들의 발을 씻겼다. 마음을 상쾌하게 한 후에 가시게 했다. 급히 장막으로 가서 사라에게 말했다.

"속히 고운 가루 세 스아를 가져다가 반죽하여 떡을 만들라."

사라가 반죽하는 동안 가축떼 있는 곳으로 달려갔다. 망설임 없이 기름지고 좋은 송아지를 잡아 요리했다. 엉긴 젖과 우유와 하인이 요리한 송아지와 아내가 만든 떡으로 접대했다. 마음이 상쾌해진 천사들은 아브라함에게 아들이 있을 것을 예언하고 떠났다. 천사들의 마음 담긴 축복은 보너스였다.

여호와께서 이르시되 내가 하려는 것을 아브라함에게 숨기겠느냐 아브라함은 강대한 나라가 되고 천하 만민은 그로 말미암아 복을 받게 될 것이 아니냐 내가 그로 그 자식과 권속에게 명하여 여호와의 도를 지켜 의와 공도를 행하게 하려고 그를 택하였나니 이는 나 여호와가 아브라함에게 대하여 말한 일을 이루려 함이니라(창 18:17-19, 개역개정)

모세는 하나님의 친구였다.

사람이 자기의 친구와 이야기함 같이 여호와께서는 모세와 대면하여 말씀하시며 모세는 진으로 돌아오나 눈의 아들 젊은 수종자 여호수아는 회막을 떠나지 아니하니라(출 33:11, 개역개정)

하나님이 모세와 대면하셨다는 것도 부러운데 그 친구와 이야기함과 같았다. 친밀함의 깊이를 말한다.

감사로 제사를 드리는 자가 나를 영화롭게 하나니 그의 행위를 옳게 하는 자에게

내가 하나님의 구원을 보이리라(시 50:23, 개역개정)

하나님은 어떤 상황 속에서도 감사를 드리는 자를 기뻐하신다. 제물 드리는 제사가 아닌 감사드리는 제사를 말한다. 행위를 옳게 하는 자에게 구원을 보이신다. 하나님께 감사하고 하나님의 일을 올바르게 행하는 자가 하나님의 친구다.

대신교회 부목사로 사역은 쉽지 않았다. 시골 교회 개척해서 혼자 목회하던 자유를 몸이 기억했다. 부임한지 다섯 달이 지나자 죽을 것 같았다. 하루 여섯 가정 의무 심방과 행정 업무로 몸은 지칠 대로 지쳤다. 감기를 달고 살았다. 저고리 안주머니에는 종합감기약이 상시 있었다. 담임목사님을 존경하기도 쉽지 않았다. 멘토 목사님을 찾아갔다.

"사역지를 옮겨서 사역을 해보고 싶습니다."
"그것은 너의 한계일 뿐 담임목사님의 한계가 아니란다."
"담임목사님 앞에서 바른 태도를 갖지 않는다면 하나님은 너를 귀하게 쓰실 이유가 없다."
"너보다 훨씬 큰 분이시기에 하나님이 그분을 그 자리에 세우신 거란다. 그분을 잘 섬기지 못하는 것은 너의 교만이야. 담임목사님과 관계를 위해 기도해라. 그분 앞에서 올바른 태도로 올바른 행동을 할 때 하나님이 선한 길로 인도하신다."
멘토를 뵙고 난 후 1년은 기도했나 보다. 부목사 경험은 한 교회에서만 하기로 결단했다. 아브라함의 태도와 섬김의 크기를 배우기로 했다. 모든 사람을 천사로 보기까지 그 후로도 많은 시간이 필요했지만 그날 멘토가 주신 말씀을 마음에 담았다. 하나님은 기도에 응답하셨다. 시간이 지날수록 담임목사님이 좋아지고 존경하게 됐다. 그분이 얼마나 큰 분인지 내가 얼마나 초라하고 한심한 존재인지 알게 됐다.

당진에서 개척했을 때 자전거가 이동 수단이었다. 이동 중에 동네 분들을 만나면 멈추고 내려서 인사했다. 위암으로 수술 불가 판정을 받고 교회 등록하신 분이 있었다. 임종을 지켰는데 마지막 남기신 말씀이 아직도 쟁쟁하다.

"전도사님, 바쁜 길 가시다가도 자전거에서 꼭 내려 저같이 부족한 사람에게 인사해 주셔서 너무 감사합니다."

작은 태도가 동네 분들에게 좋은 인상을 주었다. 복음을 전하는데 도움이 됐다. 전도자에게 말씀의 능력 못지않게 작은 행동의 가치를 배웠다. 올바른 태도에 올바른 마음이 없는 것은 위선이다. 올바른 마음이 올바른 행동으로 옮겨져야 하나님이 기뻐하신다. 마음 없는 존경과 신뢰는 기만이다.

바른 생각과 태도로 부목사의 길을 걷지 않았다면 하나님은 오늘을 허락하지 않으셨을 것이다. 언어, 생각, 행동이 일치되는 삶을 살아내야 한다. 숱한 갈등 속에서 이것을 일치시키는 능력이 영성의 깊이다. 생각을 행동으로 옮기기 위해서는 의지적 결단에 이어 자기 결박이 필요하다. 성령의 도우심을 구해야 한다. 사람이 마음으로 계획해도 걸음을 인도하시는 분은 하나님이다.

이타카(Ithaca) 왕이었던 오디세우스(Odysseus)는 철옹성 트로이를 점령한다. '트로이의 목마'가 전략의 꽃이었다. 전쟁에서 이겼지만 고향으로 돌아가는 길은 쉬운 길이 아니었다. 이탈리아 시칠리아 섬 근처를 지나갈 때 요정 '세이렌'을 주의해야 했다. 세이렌은 사람의 얼굴과 새의 몸을 가진 바다 요정이다. 시칠리아 섬 근처의 작은 섬에 살며, 아름다운 소리로 뱃사람들을 매혹시켰다. 노랫소리에 홀린 뱃사람들이 넋을 잃으면 배를 난파시키고 뱃사람의 시체를 먹었다고 전해진다. 그 섬 근처를 지날 때 밀랍으로 선원들의 귀를 막으라고 마녀 키르케는 오디세우스에게 조언했다. 호기심이 강한 오디세우스는 선원들에게는 밀랍으로 귀를 막게 했지만 자신의 귀는 막지 않았다. 대신 몸을 돛대에 꽁꽁 묶었다. 완전히 지나갈 때까지 자기가 발악해도 그 줄을 풀지 말라고 명령했다. 하여, 일행은 무사히 그 섬을 통과했다. 고향으로 돌아갈 수 있었다. 트로이 전쟁 10년보다 더 어려운 시험과 유혹의 바다 위에서의 10년 방황을 이겨냈다.

유혹 없는 삶은 없다. 유혹을 대하는 올바른 태도는 자신은 넘어지지 않을 것이라고 과신하지 않는 것이다. 유혹을 두려워하는 것도 바람직하지 않다. 삶의 여정을 마치고 본향에 돌아가기는 쉬운 일이 아니다. 유혹의 바다는 더 깊어지고 있다. 파도는 점점 거세진다. 방심하지 말고 깨어 기도해야 한다. 결단을 행동으로 옮기기 위해서는 자기 결박이 필요하다. 유혹의 바다를 건넌 자에게 리더십이 부여 된다.

태도가 삶이 되기까지 버려야 할 것을 먼저 찾아야 한다. 하나님이 아브라함에게 주신 첫 번째 명령어는 '떠나라'였다. 주께서 제자들에게 주신 첫 번째 명령어는 '버리라'였다. 4,000년 전에도, 2,000년 전에도 주신 명령은 같다. '버림'이다. 잘못된 습관, 세속적 가치관, 고정

관념, 희생 없이 구하는 영광을 버려야 한다. 큰 고통의 날이 이르기 전에, 큰 아픔과 상실을 겪기 전에 날마다 태도를 점검해야 한다. 말씀의 거울 앞에 서야 한다. 영적인 통찰력으로 자신이 부족함과 악함과 메여 있음을 봐야 한다. 보고 깨닫고 결단하면 산다. 사람들이 따른다. 의지적 결단과 성령의 도우심울 구할 때 리더가 된다.

7장

모범: 말이 아닌 행동으로

01. 상처가 준 사명

이스라엘 군대는 소규모지만 세계적인 군사력을 확보했다. 정보력, 신무기 등 유형의 자산만으로 전투력을 평가한다면 오산이다. 무형의 전력도 계산에 넣어야 한다. 그것은 리더십이다. 지휘관은 '돌격 앞으로' 명령이 아닌 '나를 따르라'고 한다. 작은 차이 같지만 유형의 전력을 이길 수 있는 비장의 전력이다.

약자가 강자를 이긴 사례를 역사에서 찾기 어렵지 않다. 정치학자 이반 아레귄 도프트(Ivan Arregun Toft)는 매우 작은 나라가 매우 큰 나라와 전쟁했을 때 얼마나 이겼는지 알아보았는데 28.5퍼센트의 승률이었다. 약소국이 비전통적 또는 게릴라 전술을 사용했을 때 승률은 63.6퍼센트까지 급등했다. 요인은 리더십이다. 강대국이 원하는 방식이 아닌 자기만의 물맷돌을 들고 골리앗 앞에선 다윗이 있었다. 결국, 또, 사람이고 리더십이다. 리더가 모범이 되지 않는다면 공동체의 생산성은 현격히 떨어진다.

교회 개척에서 전도는 리더가 보여줘야 할 중요한 모범이다. 로고스 교회 개척 초기 주 4일씩 하루에 6시간 이상 전도했다. 전도는 5년 이상 계속했다.

내가 하늘에서 내려온 것은 내 뜻을 행하려 함이 아니요 나를 보내신 이의 뜻을 행하려 함이니라 나를 보내신 이의 뜻은 내게 주신 자 중에 내가 하나도 잃어버리지 아니하고 마지막 날에 다시 살리는 이것이니라(요 6:38-39, 개역개정)

1985년 군에 입대했다. 병과는 보병 군종이었다. 민간인들도 군인 교회에 출석했다. 중학교 3학년 친구 셋이, '고계영'을 전도했다. 출석한 지 한 달 후 그는 예배에 불참했다. 전도한 친구들과 관계의 갈등이 생겼단다. 산적한 군종 업무로 무척 바빴다. 계영이를 찾아가 위로하고 권면해야 했는데 미루다 시간을 놓쳤다. 그해 여름은 유난히 강수량이 많았고 폭우가 잦았다. 부대에서 아침식사 하고 교회로 가는 길이 그리 멀지 않지만 속옷까지 젖었다. 우의도 소용없었다. 교회 곳곳을 둘러봤다. 비설거지 하고 커피 한 잔 마시는데 전화벨이 울린다. 든든한 동역자 미숙이었다. 미숙이는 고등학생으로 군 교회를 출석하며 아이들 큰언니 역할을 했다. 울고 있었다. 떨리는 목소리였다.

"전도사님, 계영이가…." 쉽게 말을 이어가지 못했다.
"무슨 일이야, 빨리 말해봐."

미숙이를 재촉하고 있었지만 불안감은 이미 온몸을 휘감았다. 계영이에게 안 좋은 일이 생긴 게 분명했다.

"전도사님, 계영이가 어젯밤 세상을 떠났어요. 산사태로."

계영이는 그날 밤 꽃다운 나이를 펴지도 못하고 언니와 함께 세상과 이별했다. 장례식을 마친 후, 미숙이가 물었다.

"전도사님, 계영이 천국 갔겠죠?"
"하나님은 심판 보다는 구원의 의지가 강하셔서 구원하시기를 기뻐하신다. 하지만 구원의 확신이 있었는지 확인하지는 못했다."
"계영이 천국 못 갔으면 어떻게 해요. 불쌍해서!"
"미안하다. 복음 전하지 않은 것, 잘 돌보지 못한 것은 내 책임이다."

목회자로 사명 감당하다 보면 "미안합니다." 사과해야 할 일이 생길 수 있지만 이런 어처구니없는 일이 아니길 빈다. 그날 밤 산사태를 피할 순 없어도 그 영혼에게 복음 전하지 않은 일은 피할 수 있었다. '청년의 가슴을 잃지 않은 전도자'로 기억되길 소망하는 것도 상처가 사명이 됐기 때문이다. 20년 넘게 죄책감과 싸워야 했다.

영화 〈타이타닉〉의 마지막 장면을 잊을 수 없다. 주인공 '잭'은 사랑하는 여인을 살리기 위해 부유물에 '로즈'를 올려준다. 부유물이 작아 두 사람이 함께 할 공간은 없었다. 잭은 차가운 바다에서 온기를 잃으며 서서히 죽어갔다. 널브러진 시신 사이를 조그마한 구조선이 도착해 생존자를 찾는다. 호루라기를 불며 어디 살아있는 사람 없냐고 소리친다.

"너무 늦었어!"

한탄하는 구조원의 일성이 아물어가는 상처를 후벼 팠다. 계영이를
잃은 아픔과 상처가 오롯이 되살아난다. 영화가 끝났지만 쉽게 일어서
지 못했다.

"지금, 누군가를 구원하기 위해 최선을 다하고 있는가?"
"주님께서 맡기신 어린양을 위해 무엇을 희생하고 있는가?"
"그들을 정말 사랑하고 있는가?"
"돌보고 섬겨야 할 책임을 다하고 있는가?"
"한 명도 놓치지 않을 집중력은 유지하고 있는가?"
"나중으로 미루고 있는 것은 없는가?"

영화 〈쉰들러 리스트〉를 보면서도 울었다. 쉰들러는 독일인이었다.
아우슈비츠 수용소에서 죽어가는 유태인을 살리기 위해 리스트를 만들
었다. 수용소 소장을 매수해 값을 지불하고 포로를 구했다. 조건은 없
었다. 사람이 마땅히 해야 할 일이었다. 영화의 마지막 장면에서 쉰들
러 눈에 눈물이 가득했다. "내가 이 반지만 팔았어도, 타는 차만 팔았어
도 몇 명은 더 살릴 수 있었는데…."

쉰들러의 희생으로 살아난 사람이 그는 할 일을 다 했다고 위로 했지
만 눈물을 막을 수는 없었다.

서울신학대학교 기독교교육과를 지원했다. 입학 때 받은 사명은 말

씀을 잘 가르치는 목회자가 되는 것이었다. 계영이 사건은 신학대학 2학년 마치고 군에 갔을 때였다. 상처가 사명이 됐다. 전도자의 야성을 가지게 된 계기가 됐다. 군 복무 마치고 복학했다. 전도폭발 임상훈련과 지도자 훈련을 마쳤다. 미친 듯이 전도했다. 1990년 신학대학원에 입학했다. 1차 여름방학 때였다. 당진군 합덕읍 대전리, 시골 마을에 사업가 한 분이 집 한 채 사놓으시며 개척자를 찾는다는 소식을 들었다. 몇 명의 목회자가 그 곳을 둘러보고는 개척자로 나서지 않았단다. 허름한 집 한 채 외에 아무것도 준비된 게 없었다. 계영이에게 복음을 전한지 못한 빚을 갚아야 했다. 환경, 조건 가릴 처지가 아니었다. 출신 교회인 만리현교회에서 고등부 전도사로 사역하고 있었다. 몇몇 분이 말렸다. 담임목사님은 목회 여정에 징검다리 하나 놔 봐주겠다고 떠나지 말고 있으라 하셨다.

"교회, 함께 할 사람도 없는 것이 개척이다. 신대원 마치면 내가 자리하나 봐 줄 터이니 가지마라."

"교회가 꼭 세워져야 할 곳입니다. 이런 곳을 버리고 도시에서 목회하려 한다면 하나님이 제게 실망하실 겁니다."

"고생을 왜 사서하려 하나 이 사람아!"

"목사님 설교 시간에 젊어 고생은 사서라도 하라 하셨잖아요. 말씀에 순종하는 겁니다."

계영이에게 진 빚을 조금이라도 갚고 싶었다. 개척 후 지역 아이들 전도에 집중한 것도 그 때문이었다.

"마음은 있었으나 몸이 안 따라 준다."

"하려고 했으나 시간이 부족했다."

"미처 생각하지 못했던 일이었다."

너무 늦었다고 말하고 싶지 않다. 그 후로부터 전도 리스트를 가지고 있다. 전도 리스트가 주는 유익이 크다. 목표가 구체적이다. 볼 때마다 거룩한 부담이 생긴다. 매월 리스트를 정리할 때 성령의 인도를 받을 수 있다. 전도 가능성이 조정된다. 예상치 못한 이름이 상위에 올라온다. 그분에게 복음을 전하면 열매를 거둘 때가 많았다. 성령의 인도하심에 순종하는 전도의 맛을 알면 전도가 재미있어진다. 가능성이 높은 분에게 선택과 집중을 한다. 사람의 마음을 아는 통찰력과 타이밍을 아는 지혜는 경험을 통해서 깊어진다.

전도폭발 임상 훈련과 또 다른 전도 훈련도 받았다. 전도 현장에서 깨달았다. 전도자는 학습이 아닌 경험으로 만들어진다. 교구목사로 사역할 때도 전도 담당이었다. 개척하기 전까지 만 9년 동안 쉬지 않고 주 1회 이상 전도했다. 전도의 일만 시간을 채우고 개척산, 에베레스트를 올랐다. 전도가 어렵다지만 습관이 되면 어렵지 않다. 경험 속에서 사람을 아는 눈이 생겼다. 30분 정도 함께 하면 마음을 열고 아픔을 열어 보인다. 접촉점을 찾을 수 있다. 전도는 강요가 아닌 소통이다. 일방적인 선포도 중요하지만 공감은 더 중요하다. 함께 전도 현장에 나간 사람들이 신바람 났다.

"우리 목사님 만나면 어떤 사람도 복음으로 녹아 난다."

그들의 평가는 섣부른 결론이다. 실패한 적도 많았지만 그렇게 보인 것은 이유가 있다. 전도 했지만 영접하지 않은 자는 교회에서 볼 수 없다. 그리스도를 영접한 자만 예배당에서 볼 수 있기 때문에 '완전 성공'이라 한다. 전도의 실패는 보이지 않고 열매만이 보인다.

화요일부터 금요일까지 전도만 했다. 개척교회 특권이다. 심방할 가정이 없다. 상담요청도 없다. 오롯이 전도만 할 수 있다. 주 4일 전도가 쉬운 일이 아니었다. 약 10년간 전도로 무장 된 줄 알았는데 부끄러움, 박해, 핍박을 이겨야 했다. 때론 핍박으로 인한 두려움이 엄습한다. 아파트 전도를 위해 벨을 누르고 그 집에서 사람이 나오지 않길 기대할 때도 많았다. 그래도 멈출 수 없었다. 교회 존재 이유, 교회 설립 이유가 전도다. 개척 6년간은 총력전도 기간이었다.

그렇게 몸부림 쳐도 계영이를 잃은 아픔은 치유되지 않았다. 한의사 한 분은 말했다.

"명의 뒤에는 중병이나 불치병으로 생명을 잃은 가족이 숨어 있습니다."

서울신학대학교 전도학 교수였던 홍성철 박사께 하나님이 맡겨주신 영혼을 잘 돌보지 못해 잃은 아픔을 말씀드렸다.

"위대한 전도자에게 영혼 상실로 인한 고통의 스토리가 있습니다. 그 아픔과 고통을 통해 하나님은 전도자를 만들어 가십니다."

위로와 함께 사명을 깨닫게 하셨다. 위대한 전도자가 될 가능성을 봤다. 교회를 세우는 개척자는 먼저 전도자여야 한다. 사업을 시작하려면 사장은 영업 달인이어야 한다. 전도는 영혼구원을 위한 일생의 과제다. 함께하는 자들은 리더가 강에 발을 디딜 때 위험을 감수하고 따른다. 리더는 말하는 자가 아니라 모범을 보이는 자다. 구성원은 말하는 대로 살지 않고 보여주는 대로 산다. 전도에 헌신하지 않는 리더의 헌신 강요는 의미 없는 소리일 뿐이다.

02. 헌신의 모범

미 육군의 노먼 슈워츠코프(Norman Shwartzkopf)장군은 걸프전에서 '사막의 폭풍 작전'으로 명성을 날렸다. 대령 시절 제6보병 사단 제1대대 지휘관으로 베트남에 파견됐다. 여섯 부대 중 최악으로 알려진 부대를 완전히 바꾸어 놓았고 바탕 반도에 재배치됐다. 바탕 반도는 30년간 전쟁이 치러진 곳으로 발 닿는 모든 곳이 지뢰투성이일 정도로 위험했다.

1970년 5월 28일 한 병사가 작전 중 지뢰에 부상을 당했다. 슈워츠코프가 자신의 전용 헬기로 부상당한 병사를 후송하는 동안 또 다른 병사가 지뢰를 밟았다. 발에 심한 부상을 입고 고통스런 신음과 함께 나뒹굴었다. 그곳은 지뢰밭 한가운데였다. 슈워츠코프는 그 병사가 뒹굴다가 다른 지뢰를 건드리지만 않는다면 살 수 있을 것이라 생각했다. 소대장은 두려움에 떨고 있었다. 순간 병사에게 다가가 움직이지 못하게 했다. 자서전 『It Doesn't Take a Hero』에서 당시 상황을 이렇게 적었다.

"나는 지뢰밭을 통과하기 시작했다. 미심쩍은 둔덕이나 가닥이 있지 않은 땅을 찬찬히 살펴보며 한 번에 한 걸음씩 천천히 발을 뗐다. 무릎이 심하게 떨려서 두 손으로 다리를 붙잡고 안정시켜야만 걸음을 뗄 수 있었다. 그 병사에 가까이 가기까지 천년은 걸린 것 같다."

108킬로그램 거구 슈워츠코프는 지뢰밭을 무사히 통과했다. 그 병사의 잃어버린 발목을 구하진 못해도 생명은 건질 수 있었다. 그날 밤 병사 세 사람이 슈워츠코프에게 찾아와서 말했다.

"대령님 저희는 대령님께서 그 친구를 위해 하신 일을 보았습니다. 우리는 결코 이 일을 잊지 않을 것입니다. 대대에 있는 모든 병사에게 대령님이 하신 일을 알릴 것입니다."

걸프전의 영웅은 하루아침에 만들어지지 않았다. 자신의 생명을 던지는 헌신이 있었기에 오늘은 그를 영웅으로 기억한다.

1990년 상개중앙교회를 개척할 때 일이다. 설립자인 중앙성결교회 김옥성 장로님이 1,200만원에 시골 집 한 채를 구입하고 개척자를 찾았다. 결심하고 이사를 했다. 몇 개월 후 그 집을 팔았다. 동네 빈 창고를 사서 개축 공사를 하려면 많은 돈이 필요했다. 후원 받기 위해 중앙교회 고 이만신 목사님을 찾아갔다. 교회 근황을 보고하며 건축비 후원을 요청했다. 목사님은 질문으로 답하셨다.

"개척 할 시골집을 사 주었는데 또 내놓으라고 하는군. 그런 자네는 무엇을 드릴 수 있는가?"

거목과의 만남은 어린 나이에 이루어졌다. 오답을 냈다.

"최선을 다하겠습니다. 건축비 후원 어려우시면 월 10만원씩 약속하신 선교비를 일시불로 주십시오."
"생활은 어떻게 하려고 하나?"
"굶어 죽기야 하겠습니까?"

돌아와서 모든 소유를 먼저 하나님께 드렸다. 만리현교회 사임할 때 받은 전별금과 성도들의 후원금이 적은 액수가 아니었다. 시골 계신 어머님께 200만원을 차용했다. 1년 만 쓰고 돌려 드린다고 했다. 1년은 참 빨리도 지나갔다. 빌려간 돈 갚으라 하실 때 드린 말씀은 지금 생각해도 어록에 남길 만하다.

"갚아 드리고 싶으나 어머님도 하나님께 복 받으셔야죠."
"알았다 헌금한 걸로 치자."

몇 주 후 중앙교회는 매월 10만원씩 보내주던 선교비 1년 치를 일시불로 입금해 주었다. 그 때 그것을 감사하지 못한 것을 회개했다. 기대가 컸기에 거절당했다는 생각이 들었다. 내 입장에서는 한 가지 부탁이지만 중앙교회에서 보면 백에 하나인 일이란 것을 알기까지는 상당한 시간이 필요했다. 도움 받는 교회에서 선교하는 교회로 자리하면서 때늦은 회개를 했다.

나중에 안 것이지만 이만신 목사님은 교단에서 가장 영향력 있는 교회를 세우셨다. 교회 건축과 성장의 결정적인 순간마다 먼저 헌신의 모범을 보이셨다. 그분은 알고 계셨다. 안 될 사람은 도와줘도 안 되고 될 사람은 도와주지 않아도 된다는 것을. 어떤 공동체든지 리더의 헌신과 희생 없이 세워지지 않는다는 것을 아셨기에 그 질문을 내신 것이다.

아버님은 목회자의 길로 들어선 나에게 평범한 가르침이지만 평생을 머금고 갈 말씀을 주셨다.

"소에게 물을 먹이려면 목동의 발을 먼저 적셔야 한다."

물안개 짙게 깔린 어느 날 밤 얍복 강변에 야곱은 홀로 섰다. 너무나도 사랑하는 아내와 자식, 재산 전부를 강 건너편으로 보내고 혼자 남았다. 20년간 칼을 갈고 있었던 친형 에서가 400명의 장정을 끌고 와서 죽이려 했기 때문이다. 형 입에서 나오는 분노의 맹렬함을 아는 터라 잠도 이루지 못했다. 그 와중에도 덜 아까운 것 순으로 줄 세웠다. 약 20년간 삼촌 집에서 깨지고 부서졌어도 별반 달라진 게 없어 보인다. 자신을 지키기 위해 자신을 제외한 모든 것을 희생할 파렴치한이다.

그날 밤 하나님의 천사와 씨름 끝에 야곱이 승리했다. 하나님은 야곱에게 승리를 대여하셨다. 야곱은 승리의 순간 하나님을 만난다. 야곱이 하나님과 하나 되면 야곱의 승리는 하나님의 것이다. 승리와 함께 그의 삶의 자리가 달라졌다. 엉덩이뼈가 탈골되는 고통을 겪고 난 야곱에게 하나님은 질문을 내신다.

"너의 이름이 무엇이냐?"

이름을 몰라서 물으신 게 아니다. 선악과를 따 먹은 아담에게 "네가 어디 있느냐?" 물으신 것과 궤를 같이한다. 아담에게 물으신 것은 삶의 자리였고 야곱에게 물으신 것은 정체성(identity)이었다. '야곱'이란 이름은 '빼앗은 자'란 의미를 담고 있다. 20년 전에 형의 것을 빼앗았고 그날도 자신의 목숨을 유지하기 위해 가족의 생명을 빼앗으려 했다. 씨름 후에 새로운 이름을 얻었다. 삶의 자리가 달라졌다. 가족을 앞세웠던 치사함의 대명사 야곱이 모든 것을 뒤로 하고 자신이 앞선다. 이것이 헌신이다.

개척자는 전도에 이어 물질 헌신이 필요하다. 전부를 드려야 한다. 교회에 올인 하는 것은 하나님께 올인 하는 것이다. 당진에서 개척하고 1년 후 아내와 결혼했다. 아내의 지참금과 퇴직금까지 드렸다. 평생 목회할 곳이 아님을 알았지만 떠나기 몇 개월 전 시골 교회 미래를 위해 교회 옆 대지를 구입했다. 그때도 앞장서서 헌금하고 나머지를 성도들께 부탁했다.

로고스교회를 개척할 때 부모님께 물려받은 전 재산을 드렸다. 이전할 때 두 아이들 돌 반지 팔아 사 두었던 삼성전자 주식을 드렸다. 안식년 다녀와서는 3년 치 사례비를 '비전헌금'으로 드렸다. 비전헌금은 교회 미래 비전을 위해 오늘 헌신한다는 의미로 신설한 헌금이다. 결혼 후 약 20년간 마이너스 통장과 친했다. 그동안 아내의 카드 돌려막기 실력은 〈세상에 이런 일이〉에 소개될 만하다.

우리가 드린 모든 것은 우리의 것을 드린 게 아니라 하나님의 것이다. 전부를 드려도 본전이다. 주님의 십자가 피를 본 성도들은 목사의 눈물에 감동할 리 없다. 순교의 피는 못 드려도 희생의 눈물은 드리고 싶었다. 내게 의미 있는 게 하나님께 의미 있으란 법 없다. 내게 의미 없는 게 하나님께 의미 있을 리 만무하다. 먼저 내게 의미 있는 것으로 드려야 한다.

03. 인격의 모범

앤드류 로버츠(Andrew Roberts)는 『CEO 히틀러와 처칠, 리더십의 비밀』에서 세기의 라이벌이라 불릴 만한 아돌프 히틀러와 윈스턴 처칠의 리더십을 다각도로 비교 분석했다. 저자는 리더십의 유형을 '권위적인 히틀러식 리더십'과 '영감을 주는 처칠식 리더십'으로 나누었다. 히틀러를 만난 사람들은 히틀러가 무엇이든 성취할 수 있다는 믿음을 가졌다고 한다. 처칠을 만난 사람들은 스스로 무엇이든 성취할 수 있다는 확신을 갖게 됐다고 한다. 저자는 성공적 리더십의 핵심 구성요소로 '인격'을 꼽았다. 리더가 평생을 갈고 닦아야할 것이 바로 '인격'이다. 인격이야말로 능력, 전문성, 지위, 학벌 같은 것으로 얻을 수 없는 진정한 리더십이다.

개척자의 길을 걷는 동안 가정에 위기가 찾아왔다. 구성원 중 한 명이 큰 수술을 받았다. 소문난 병원 두 곳을 예약했다. 두 곳까지 갈 필요가 없었다. 처음 만난 의사가 인격과 실력 좋기로 소문난 분이었다. 진료를 받고 나니 믿음이 갔다. 환자와 환자 가족을 대하는 따뜻한 한 마디가 그렇게 고마울 수 없었다. 첫 번째 만남, 짧은 시간 그분이 누군지 어떤 길을 걸어온 분인지 느낌이 왔다. 가족에게 안정감과 신뢰를 주었다. 수술 받을 당사자가 그분을 선택했다. 신뢰감은 실력과 인격에서 나온다. 전문가는 많지만 인격을 갖춘 리더는 많지 않다.

환자가 의사를 선택하는 시대가 됐듯이 성도도 교회를 선택한다. 권장할 일은 아니지만 피할 수 없다. 하나님께서 창조하신 선택의지를 받은 사람들의 선택을 존중해야 한다. 잘 성장하던 교회 공동체가 흔들리는 대부분의 이유는 리더의 인격 때문이다. 구성원들은 리더의 이중성에 상처 받는다. 주님께는 서푼어치 권위도 없었다. 나귀를 타셨고 제자들의 발을 씻기셨다. 탈권위 시대에 섬김 리더십 본체이신 주님만이 롤모델이다. 리더의 인격은 리더가 다듬어야 할 평생 과제다. 인격은 모든 것이다. 성공 여부를 떠나 사람이라면 가장 중요하게 여겨야 할 게 인격이다.

새뮤얼 스마일즈(Samuel Smiles)는 『인격론』에서 "모든 인간은 훌륭한 인격의 소유를 인생의 최고 목표로 삼을 의무가 있다. 적절한 방법으로 그런 인격을 키우고자 노력하다 보면 그에 필요한 동기가 생기고, 인격이 고양됨에 따라 인성에 대한 개념도 확고해지면서 동기도 활력을 띠게 된다."고 했다. 인격의 구성요소는 용기, 자제, 의무와 진실함, 성격, 태도라고 했다. 일, 경험을 통한 수양, 책과의 사귐, 교우관계와 본보기 그리고 결혼 생활을 통해 인격이 성장한다고 했다.

인격을 수양함에 있어서 일은 최고의 스승 역할을 맡게 되는데 사람들은 일에서 복종심, 자제력, 주의력, 적응력, 인내심을 키우고 단련한다. 특히 교회는 비영리 단체로 영리단체에서 받는 훈련보다 더 효과적인 인격 훈련을 받는다. 개척자는 모든 것을 경험한다. 맨 땅에서 시작한다. 모든 사람을 섬기는 자리에 선다. 개척자라고 해서 인격이 좋을 것이라 기대할 수는 없다. 개척 중에 만나는 수많은 고통과 장애물을 이겨내야 한다. 날마다 십자가 앞에 서서 말씀을 붙들고 주님을 바라보지 않고는 설 수 없다. 사람들은 천재에게 감탄하지만 따르지는 않는다. 인격자를 찾는다.

"인격은 세상에서 가장 중요한 동력 가운데 하나다. 세상을 움직이는 것은 인격이다."

교육 전도사 1년 차 때 스승께 질문했다.

"학생들을 데리고 수련회 가는데 준비해야 할 것이 무엇입니까?"
"잠을 많이 자!"
"잠이라니요?"
"전도사가 피곤하면 예민해지고, 예민해지면 아이들 작은 실수도 용납하지 못하고 화를 낸다. 그렇게 하면 수련회 망칠 게야."

가르침은 큰 울림이 되었다. 영력, 지력, 체력 중에 제일은 영력이지만 영력은 체력의 토양 위에 뿌리 내린다. 마음을 단련해서 인격자가 돼야 하지만 몸을 단련하는 것도 인격의 중요한 요소다. 몸과 혼과 영은 연결돼 있기 때문이다.

'영성'의 다른 말은 무엇일까? '성령 충만'의 다른 말은 무엇일까? 어떤 단어로도 대체하기가 어렵다. 영성이나 성령 충만은 처음부터 인간의 언어로 설명 불가능하다. 2D 상영관에서 4D 영화를 보는 것과 같다. 영성과 성령 충만함에 가장 근접한 단어는 '인격'이다. 성령은 말씀의 영이고 인격이시다. 속사람의 강건함을 바울은 말한다. 성령의 열매는 인격의 열매다. 사람들이 성령의 능력에 관심이 많다. 먼저는 성령의 능력이 임하는데 인격과 열매가 없다면 불행한 결말을 맞는다. 성령의 사람이 되면 능력은 그분의 영역이다.

목회 여정을 보면 많은 사람이 로고스교회를 떠났다. 그분들 중에는 내가 성장통을 앓을 때 고통을 이겨내지 못하고 떠난 분들이 많다. 늦었지만 지금이라도 그분들께 미안한 마음을 전한다.

"미완성 목사라 힘들게 해드렸습니다. 정말 죄송합니다. 저는 지금도 공사 중입니다. 공사 중 당신들의 신앙생활에 불편을 끼쳐 드려 대단히 죄송합니다."

안식년에 나의 어리석음과 인격의 한계가 때론 그분들의 자유까지도 제한했음을 알았다. 떠난다고 할 때 그분들을 위한답시고 붙들었지만 보내는 아픔이 싫어서였다. 참새 한 마리도 하나님이 허락하지 않으시면 땅에 떨어지지 않는다. 하나님 앞에서 해석해야 했는데 그리하지 못했다. 내가 교회를 떠나니 비로소 보였다. 인격자는 타인의 선택을 존중한다. 그가 나를 버릴지라도 기꺼이 수용한다. 그의 자유를 존중한다.

탁월한 인격자가 되는 몇 가지 길이 있다.

첫째, 일이다. 일을 통해 모난 부분이 다듬어진다. 이상이 깨진다. 성공이 어렵다는 것을 알고 겸손해진다.
둘째, 고수와의 만남이다. 롤모델을 정해 그분과 정기적인 만남을 가지면 좋다. 사람의 인격은 사람과의 관계를 통해서 훈련받기 때문이다. 고수의 품격에 자신도 모르게 젖어 든다.

셋째, 정서 순화를 위한 운동과 취미 활동이다. 사람들의 눈치 때문에 하나님이 주신 행복과 취미 활동을 포기하는 것은 어리석은 것이다. 리더가 행복해지는 취미활동을 함으로 잃는 사람보다 하지 않음으로 잃는 사람이 많을 것이다. 평판 무서워 행복함을 유보하면 의존반응형 리더가 된다. 물론 성도들의 정서도 충분히 고려해야 한다.

넷째, 성공이 아닌 성장에 관심을 둔다. 성공지향적이면 기회주의자가 되기 십상이다. 성장지향적이면 과정을 중요시하는 인격의 기본을 갖춘다.

다섯째, 성령의 열매를 구한다. 사랑, 희락, 화평, 인내, 자비, 양선, 충성, 온유, 절제를 묵상하며 기도한다.

여섯째, 절제다. 거친 말, 더러운 언어는 모양이라도 버려야 한다. 먹는 것, 노는 것, 게을러지는 것을 절제해야 한다. 절제 없는 인격은 브레이크 고장 난 덤프트럭처럼 위험하다. 관계의 갈등이 생기면 동굴로 숨고 싶은 것으로부터 절제해야 한다. 숨는 것도 유혹이다. 공동체와 일상에서 숨고 싶은 유혹을 절제하는 것은 일생의 과제다.

일곱째, 모든 것을 다 열어 놓고 함께 나눌 수 있는 친구가 있어야 한다. 친구는 정서 순화와 위로의 보물이다.

여덟째, 홀로 하나님 앞에 서는 고독한 시간을 가질 수 있어야 한다. 정기적으로 금식과 기도가 필요하다.

아홉째, 양심에 확성기를 대야 한다. 하나님은 양심을 통해 말씀하신다. 합법성에 의심이 가면 포기하겠다는 결단이 함께 가야 한다. 양심의 걸림은 하나님의 세미한 음성이다.

마지막으로, 가족의 소리를 하나님의 음성으로 들어야 한다. 사랑에서 나온 충고와 염려를 소화하는 것은 영성의 힘이다.

교육 심리학자들은 부모의 직업이 학자, 목회자, 선생, 연구원이면 자녀의 학업 성취도가 높다고 한다. 이유는 아이들이 어렸을 때부터 부모가 공부하는 모습을 보며 책과 친해진다. 공부하는 습관도 몸에 밴다. 예외가 있겠지만 누군가를 가르치면서 끊임없이 자기 성찰을 한다.

존 맥스웰은 『관계의 기술』에서 자신이 리더라고 생각하면서도 아무도 따르는 사람이 없다면 리더가 아니라고 했다. 사람들이 따르기 원한다면 먼저 모범을 보여야 한다.

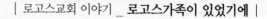

이지영 집사

2016년 3월 사랑이 엄마가 된 새내기 초보 엄마입니다. 2016년 한 해는 인생에서 가장 행복했던 시간이면서 또한 가장 힘든 시간이었어요. 저희 부부는 결혼 두 달 만에 아이가 생겼습니다. 선물을 받은 것처럼 너무나 기쁘고 행복했어요. 그런데 산부인과 검사 결과 자궁에 근종이 두 개나 발견됐어요. 크기가 큰 편이라서 임신 중 유산이나 조기 출산의 가능성이 높으니 조심하라고 말씀하셨어요. 많이 걱정됐지만 목장예배에서의 나눔과 주일예배를 통해 '하나님께서 주신 선물인데 주님께 온전히 맡기자!' 라는 믿음이 생기면서 걱정 대신 평안한 마음이 찾아 왔습니다.

출산 당일 근종이 6cm, 16cm로 커져있었는데요. 커다란 혹 때문에 놀 수 있는 공간이 많이 부족했지만 이상 없이 아기는 태어났습니다. 처음 경험해 보는 출산의 감격과 기쁨은 이루 말할 수 없이 컸습니다. 산부인과에서 퇴원하던 날 병원 소아과에서 아기 심장에서 잡음이 들린다고 큰 병원에 가볼 것을 권유받았어요. 놀랐고 무서웠죠. 큰 문제가 아니기를 바라며 일산병원에 예약하고 조리원에 입소했습니다. 검사 당일 부목사님과 한수아 집사님께서 조리원으로 와주셔서 함께 병원으로 갔습니다. 몸이 아직 회복되지 않은 상태라 부목사님께서 사랑이를 안고 초음파 검사를 했습니다. 태어난 지 일주일밖에 되지 않은 아기가 여러 개 줄을 온 몸에 달고 검사 받는 모습을 보니 너무나 마음이 아팠어요. 검사가 끝나고 결과를 기다리는데 마음이 복잡했습니다.

회사에 반차를 내고 온 남편과 검진결과를 들었습니다. 사랑이 병명은 '팔로 사 징후'를 가진 심장질환입니다. 폐동맥 협착을 동반한 이 병은 몸에 산소 공급이 잘되지 않아 호흡곤란이 생겨 얼굴이나 몸에 청색증이 나타날 가능성이 높다고 했죠. 갑자기 눈물이 쏟아져 나왔어요. 왠지 제 잘못인 것 같았습니다. 발병 원인을 묻는 저에게 원인은 아직 밝혀지지 않았다고 하시며 의사는 부모 잘못이 아니라고 했습니다. 그냥 "하나님께서 그렇게 만드신 겁니다." 하시는데 더 이상 할 말이 없었습니다.

수술을 꼭 해야 하니 서울에 있는 큰 병원으로 가보라고 하셨습니다. 조리원으로 돌아온 저희 부부는 눈물을 멈출 수 없었어요.

"하나님! 내게, 우리 가정에 왜 이런 시련을 주시나요?"

하나님을 원망하고 원망했습니다. 당황스럽고 힘든 그때 목자이신 한수아 집사님께서 계속 전화하셨습니다. 교회와 목장에서 함께 기도할 테니 걱정 말라고 위로해주셨어요. 삼성병원 검진 결과, 아기가 어리니 6개월 후 수술하기로 결정하고 돌아왔습니다. 수술을 기다리는 동안 사랑이가 울어 호흡곤란이 오지 않도록 조심하라고 말씀하셨어요. 사랑이가 울려고 하면 바로 안아주고 달래었습니다. 저의 산후 조리는 전혀 신경을 쓸 수가 없었죠. 정신적으로 체력적으로 너무 힘들었습니다. 원망과 분노가 가득했던 그때 찬송 하나가 떠올랐어요.

"감사해 시험이 닥쳐 올 때에 주께서 인도하시니 두려움 없네. 또 감사해 고통이 찾아 올 때에 주께서 지켜주시니 승리하리라. 나의 모든 생활 속에서 주님이 함께 하시니 주님의 성령 나를 인도하시리. 시험이

나를 찾아올 때 주님 지켜주시니 주님의 성령 나를 인도하시리"

사랑이를 안고 찬양을 부르고 또 불렀습니다. 얼마나 울었는지 모릅니다. 눈물과 함께 마음이 점점 평안해지면서 이런 생각이 들었습니다.

'지금 이 고통 가운데 주님의 뜻을 알 수는 없지만 주님께서 우리 가정에 새 생명을 허락해 주시고, 유산, 조산이 가능했던 상황에서 무사히 지켜주셨고 비록 선천성 희귀심장병을 가지고 태어났지만 현대 의학으로 고칠 수 있는 병이니 얼마나 감사한가!'

사랑이는 결국 6개월을 채우지 못하고 산소포화도가 떨어져서 수술을 앞당겼습니다. 수술은 잘 끝났습니다. 지금 3살이 된 사랑이는 건강하게 무럭무럭 잘 자랍니다. 아이의 성장에 따라 추후 경과를 계속 살피며, 또 심장판막을 교체해야 하지만 그럼에도 감사합니다. 지금은 잘 모르겠지만 언젠가 하나님께서 우리 사랑이의 아픔을 통해 계획하시고 사용하실 일들을 기대합니다. 하나님은 선하신 분이심을 믿습니다.

사랑하는 남편, 배한구 집사는 저를 만나며 교회 다니기 시작했습니다. 하나님을 만나 사랑이를 함께 키울 수 있어 감사해요. 지난 일 년 하나님이 정말 계신지 의심과 원망했지만 믿음 잃지 않고 이끌어주어서 고마워요. 우리 더 하나님을 사랑하고 그 받은 은혜로 사랑이를 키워나가요.

마지막으로 바쁘신 일정 중에도 잊지 않고 전화주시고 기도해주신 안성우 목사님, 밤 12시 젖은 머리칼로 응급실로 달려와 주시고 함께해주신 부목사님, 새벽까지 잠도 못 주무시고 병원까지 데려다 주시며 사랑이를 위해 기도해주신 회령목장 이정민, 한수아 집사님, 그리고 기도와 섬김으로 따뜻한 위로를 주는 회령목장 식구들, 사랑이를 친손녀처럼 사랑해주시는 교구담당 김현모 권사님, 중보기도해주신 로고스가족들이 있기에 이 모든 과정을 이겨낼 수 있었습니다. 하나님께 모든 영광 올려드립니다. 감사합니다.

이지영 집사는 고통 속에서 핀 아름다운 꽃으로
사랑이를 건강하게 키우며 주님의 교회에 충성하고 있다.

8장

말씀: 설교는 중요하다

할례나 무할례가 아무 것도 아니로되 오직 새로 지으심을 받는 것만이 중요하니라(갈 6:15, 개역개정)

20세기 초 베들레헴 스틸(Bethlehem Steel)의 사장인 찰스 슈왑 (Charles Schwab)은 회사의 생산성 재고를 위해 홍보 및 관리 컨설턴트인 아이비 리(Ivy Lee)를 만났다. 록펠러, 모건, 카네기, 듀퐁과 같은 거물이 그의 고객이었다. 그에게 필요한 것은 '더 많은 지식'이 아니라 '더 나은 행동 방법'이었다. 자기가 이미 아는 것의 반만이라도 '실천'할 수 있게 도와준다면 비용은 얼마든지 기꺼이 지불할 용의가 있음을 전달했다.

아이비 리가 그 방법을 말해주기까지 20분이면 충분했다.

"메모지를 꺼내 적으십시오. 하루를 끝내기 전에 매일 10분씩 그날 한 일들을 생각해 보고 자신에게 물어보십시오."
"오늘 내가 잊어버리거나 소홀히 하거나 실수한 일은 무엇일까?"

"앞으로 그런 잘못을 예방하려면 어떻게 해야 할까?"

"그 일을 개선하는 방법은 무엇일까?"

"5분을 더 할애해서 이 메모지에 내일 꼭 해야 할 일 여섯 가지를 쓰십시오."

여기까지 8분이 걸렸다.

"중요한 순서대로 번호를 매기십시오. 그 종이를 주머니에 넣고, 그 다음날 아침에 제일 먼저 1번을 읽어 본 다음 행동으로 옮기십시오. 1번 일이 끝날 때까지 시간마다 메모지를 쳐다보십시오. 그 다음에는 2번으로 넘어갑니다. 이렇게 하나하나 번호를 지워 가면서 마지막 번호까지 이동하십시오."

3분이 더 지났다.

"2번이나 3번까지 밖에 못 끝내더라도 신경 쓰지 마십시오. 1번을 지키느라 하루가 다 걸리더라도 상관없습니다. 가장 중요한 일을 하고 있는 것이니까요. 다른 일들은 미뤄도 됩니다. 이 방법으로 끝낼 수 없다면, 다른 방법으로도 끝낼 수 없습니다. 이 방법이 아니면 어떤 일이 가장 중요한 지 결정조차 못 할 수도 있습니다."

"내일 할 일을 결정할 때, 오늘 끝내지 못한 일들을 옮겨 적으세요. 매일 저녁에 15분씩 할애해서 내일 꼭 '해야 할 일'을 결정하십시오.

이 방법을 시험해 본 후에, 간부급 임원들에게도 권해보세요. 얼마의 시간이 걸리든지 마음껏 시험해 보십시오. 그 후에 저의 방법이 효과적이었다고 생각하신 만큼의 액수를 수표로 보내주십시오."

슈왑은 25,000달러 수표를 리에게 보냈다. 베들레헴 스틸은 당시 최대의 독립 강철 제조업체가 됐다.

목회자에게 가장 중요한 것이 무엇이냐고 묻는다면 설교와 리더십이라고 답한다. 지금도 설교자로 처음 강단에 섰던 기억을 잊을 수 없다. 앞이 깜깜했다. 원고도 보이지 않았다. 설교는 무척 공격적이었고 뒤죽박죽이었다. 설교가 끝난 후 권사님 한 분은 "선무당이 사람 잡는다더니…."라고 하셨다. 설교를 준비할 때마다 그때를 생각하며 '사람 잡는 선무당 말고 익은 목사 되어서 사람 살려야지!' 다짐한다.

설교 잘하려는 마음만으로는 불충분하다. 설교를 잘하기 위해 행동계획, 실천계획이 필요하다.

01. 설교 못하는 목사

20년 전의 설교 원고를 보면 숨고 싶다. '이걸 설교라 했나' 싶다. 아내는 가끔 말한다. "내가 그렇게 설교 준비하면 세계적인 설교자가 됐겠다. 그렇게 준비하고 그것 밖에 설교 못하는 것을 보면 참 신기하단 말이에요." 주일 설교를 20시간도 넘게 준비했다. 전하고 싶은 것이 넘쳤다. 설교 시간은 45분을 넘겼다. 지금은 준비시간이 5시간이면 충분하다. 설교 시간은 35분이면 충분하다.

아이비 리가 버릴 것을 버리라고 했던 것처럼 '초고는 걸레'라는 마음으로 버릴 것을 찾는다. 그 주 설교 원고를 탈고하면 한 페이지로 줄여서 구도를 다시 본다. 교정을 많이 해서 설교가 산으로 간 적이 많았다. 한 페이지로 줄이고 나면 보인다. 재구성하고 원고를 다듬는다. 20년 전보다 간결하고 내용이 깊다. 그동안의 수고가 헛되지 않았다.

설교는 하루아침에 늘지 않는다. 설교의 1만 시간의 법칙을 통과하면 설교가 폭발적인 성장을 한다. 설교는 연설도 강의도 아니다. 하나님의 마음으로 성서를 읽고 해석해야 한다. 청중의 눈높이도 고려해야 한다. 준비와 현장에 성령의 기름 부으심이 없으면 헛되다.

지하 예배당 개척 시절 찾아오는 분에게 줄 수 있는 최고의 섬김은 설교 밖에 없었다. 쾌적한 예배 공간도 부대시설도 없었다. 단지 설교 밖에 없었다. 부족한 설교지만 청중들이 담을 만한 한 절이라도 있다면 간절함에서 나온 것이다.

박사과정 중에 정인교 교수의 '설교 이론과 실제'를 수강했다. 한 편의 설교 영상을 제출해서 수업 중에 시청하거나 직접 시연해야 한다. 교회 인터넷 설교 방송을 열고 시청 한 뒤 비평을 받았다. 시연을 한다면 베스트 설교를 꺼낼 유혹을 이기기 어려울 것이다. 교회 홈페이지에서 주일 설교를 뒤지는데 자신 있게 내놓을 설교가 없었다. 매주 기도원에 가서 준비한다지만 완성도 높은 설교가 한 편도 없다는 것을 알았다.

설교에 대한 부족함을 채우는 다른 길은 없다. 많은 설교를 듣고 작성하고 시연하고 청중과 하나님 앞에 서야한다. 매년 설교학 관련 서적을 세 권 이상 읽었다. 그중 가장 큰 영향은 정근두 박사의 『로이드 존스의 설교론』과 해돈 로빈슨(Haddon W. Robinson)의 『성경적 설교』에서 받았다. 동일한 책을 읽어도 매년 감동과 얻는 지식이 다르다. 매주 기도원에 올라가는 자기 결박이 설교자를 결박했다. 기도원은 설교자에게 창의력과 집중력을 높여준다. 하나님은 고요한 중에 자신을 찾을 때 소리 없는 음성으로 계시하셨다.

설교 비평은 설교의 수준을 성장시키는데 큰 도움이 된다. 당대 최고의 설교자를 정한다. 3개월에서 6개월 정도 설교를 듣고 비평한다. 함께하는 동역자들과 공유하면 관점이 열린다. 이찬수 목사, 이정익 목사, 송태근 목사, 유기성 목사의 설교를 요약하고 배운다.

설교 못하는 목사는 없다. 설교 준비를 안 한 것이다. 많이 했다 해도 자기 기준일 뿐이다. 고수들은 상상을 초월한 노력을 한다.

02. 설교와 독서

미국 제32대 대통령 프랭클린 루스벨트(Franklin D. Roosevelt)는 꾸준한 독서광이었다. 하루에 한두 권, 심지어는 세 권까지 읽었다. 루스벨트는 항상 자신의 호주머니에 책을 지니고 다녔다. 백악관 기둥 한 곳에 책을 감추어 놓았다. 루스벨트는 말안장 주머니, 탄약 배낭에도 늘 책이 있었다. 종종 한낮에 나무 아래에서 쉬는 동안이나 캠프가 설치될 때까지 기다리는 시간에도 책을 읽었다. 손 씻을 물을 구하기 어려워 책은 피, 땀, 총 기름, 먼지로 인해 더러워졌다.

독서는 설교를 풍성하게 한다. 독서는 보지 못했던 성서의 메시지를 보게 한다. 생각을 생각하게 한다. 독서는 설교를 설교되게 한다. 석사 과정 논문을 쓰고 나니 설교 작성의 눈이 열렸다. 어떤 책을 읽어야 할지 분별력이 생겼다. 박사과정 논문을 마치고 나니 책을 쓸 자신감이 생겼다. 책을 썼다. 탈고 후 편집자의 손을 거치니 버릴 게 그렇게 많은 줄 그제야 알았다. 출간하고 나니 설교가 간결해졌다. 공부는 학위를 위한 게 아니라 지성을 넓혀준다. 하나님은 우리의 지성 안에서만 이해할 수 있다.

피터 드러커의 독서법을 참고하면 좋다. 3년마다 독서 분야를 설계하고 읽는다. 서양 미술사, 서양 음악사, 동양 사상사, 서양 역사. 동양 역사, 심리학, 철학, 자기개발, 마케팅이다. 고전과 신간은 매년 읽어야 한다. 항상 읽어야 한다.

설교자는 속독과 정독으로 성서를 읽는다. 속독은 숲을, 정독은 나무를 보게 한다. 독서를 많이 하면 주제를 찾으려하지 않아도 보인다. 주제가 보이면 설교가 핵심을 놓치지 않는다. 설교가 끝난 후 "요점도 없다. 도무지 뭔 소리를 하는지 모르겠다."는 말은 듣지 않는다. 성서를 읽고 석의를 해야 한다. 설교 본문을 결정했다면 연구한다. 역사상 본문이 차지하는 위치와 시간을 통해 말씀의 핵심을 파악한다. 성서 안에 있는 본문의 구조를 파악한다. 원어를 찾아 해석을 점검하고 번역본을 참고한다. 저자의 의도를 찾기 위해 연구하고 기도한다. 설교는 하나님이 성서를 통해 말씀하고자 하시는 것을 전하는 것이다. 설교자의 철학이나 의도를 전하는 것이 아니다.

동역자에게 사역의 많은 부문을 위임하면서 독서에 주력했다. 일주일에 2권 이상 읽었다. 있는 사람은 받아 더 넉넉하게 된다고 했다. 일명 마태의 법칙이다. 독서가 쌓이니 책이 저절로 읽어졌다. 독서는 설교 준비를 즐겁게 했다. 풍부한 자료는 주일 설교를 기다리게 했다. 성서를 보는 눈도 깊어지고 넓어졌다.

03. 설교와 이야기

설교의 제3자료는 독서, 제2자료는 경험자로부터 들은 이야기, 그리고 제1자료는 직접 경험이다.

시골 교회 집회를 가면 시골 교회 개척 경험이 한 몫 한다. 충청도의 해학과 합쳐진 배꼽 빠지는 얘기가 많다. 개척은 그 모든 과정에 이야기를 머금고 있다. 고양시에서 로고스교회 개척은 더 많은 이야기를 담고 있다. 토론토에서 안식년을 보낸 것도 많은 이야기를 생산했다. 북미권에서 1년은 타 문화권에서 보낸 첫 경험이었다. 쉬지 않고 스물네 시간 운전하고 나니 대여섯 시간은 짧은 여행이 된다. 많은 교회를 방문하고 집회하면서 쌓은 경험은 진주 담은 보따리처럼 풀어낼수록 아름답다. 두 번의 개척과 안식년에 이어 여행을 통한 이야기가 넘쳐 난다.

17세기 중반부터 19세기 초반까지 유럽 귀족은 자녀 양육의 한 가지 비법이 있었다. 그랜드 투어(Grand Tour)다. 이탈리아 방문을 필수 교육코스에 넣었다. 견문을 넓힌다는 것의 중요함을 알고 있었던 게다. 주로 고대 그리스 로마의 유적지와 르네상스를 꽃피운 이탈리아 메디치가를 방문했다. 세련된 예법의 도시 파리도 추가했다. 그랜드 투어라는 말은 영국의 가톨릭 신부 리처드 러셀스(Richard Lassels)의 책 『이탈리아 여행』에서 처음 사용했다. 러셀스는 영국 귀족 집안의 가정교사로 일했다. 미술과 건축과 고전, 음악에 대해 알고 싶다면 프랑스와 이탈리아를 방문해야 하며, 젊은 귀족의 자제들이 세계의 정치와 사회, 경제를 제대로 이해하기 위해서는 반드시 그랜드 투어를 해야 한다고 말했다.

영국 귀족은 도버해협을 건너 파리로 가서 프랑스 상류 사회 예법과 언어를 배웠다. 스위스 제네바를 거쳐 알프스를 넘고 이탈리아 북부를 지나 로마로 가서 유적지를 돌아봤다. 유적지 순례가 끝나면 피렌체와 피사, 베네치아에서 르네상스와 고전예술을 공부했다. 나폴리로 가서 고대 그리스 로마 유적지인 폼페이와 헤르쿨라네움을 돌아본 후 베수비오 화산을 방문하면 그랜드 투어는 끝이 났다. 돌아오는 길은 스위스 인스부르크, 독일의 베를린, 하이델베르크 그리고 뮌헨, 네덜란드의 암스테르담을 거쳐 영국으로 돌아오는 것이 일반이었다.

그랜드 투어에는 보통 가정교사 두 명을 대동했다. 학문 지도 전담 교사와 승마와 펜싱, 춤 등을 가르치는 교사였다. 하인과 통역 담당, 전용 마차도 필요했다. 다른 이동 수단이 여의치 않았던 때에 긴 여정을 소화하기 위해서는 막대한 비용을 지불해야만 했다. 때문에 그랜드 투어는 상류 사회의 전유물이 됐고 부를 과시하는 수단이 되기도 했다.

1840년대 이후 철도여행이 대중화되면서 보다 안전하고 빠르게, 저렴한 비용으로 여행길에 올랐다. 상류층 특권이었던 그랜드 투어는 더 이상 그들만의 전유물이 아닌 게 되면서 빛도 차츰 퇴색했다. 유럽 아닌 대한민국에서 유럽을 방문했다면 중세시대 귀족보다 럭셔리한 삶을 살고 있는 게다. 그랜드 투어를 경험하지 못했다면 큰마음 먹고 도전하면 좋겠다.

목회자는 전 분야의 리더를 세우는 사람이다. 독서를 넘어 그랜드 투어를 계획할 필요가 있다. 첫 번째 방문지로 이스라엘을 추천한다. 성지 여행이 아닌 연수를 위해 이스라엘에서 성서지리나 역사를 전공한 박사급 가이드와 함께하면 만점이다. 두 번째 방문지로 이탈리아를 추천한다. 몇 번 다녀왔지만 갈 때마다 보이는 게 깊어진다. 이탈리아를 가보지 않고 바울 서신을 설교 할 수 있지만 다녀오면 더 생생해진다. 바티칸 박물관과 성 베드로 성당은 필수 코스다. 피렌체에 가면 우피치 미술관이 있다. 사흘 정도 머물며 미술의 역사와 르네상스 시대 미술을 공부하면 좋다. 토스카나에 가면 아시시(Assisi)란 작은 마을이 있다. 성 프란체스코(St. Francis) 생가와 사역지다. 몇 시간 머무는 것으로 그의 영성을 담을 수 없다. 마을이 주는 영성, 침묵과 고요를 경험했다. 가이드가 들려주는 약간 신비적인 요소를 걸러 내는 것도 필요하다. 세 번째는 프랑스와 영국이다. 설교나 목회를 예술의 경지로 끌어 올리려면 예술을 공부하고 경험하고 그려내야 한다. 다음으로 독일과 스위스를 추천한다. 개혁주의 신학의 산실이다. 그 외에도 잉카 문명, 중국과 동양, 대한민국 순교지 그리고 아프리카 대륙을 횡단하는 것도 좋다. 모든 곳을 다 갈 수 없다면 한 곳부터 시작하면 된다. 경험은 이야기를 생산하고 이야기는 사람과 설교를 풍성하게 한다. 이야기는 도전을 기뻐하는 자에게 보따리를 푼다. 여행은 높은 소양과 지적 체험을 제공한다. 여행은 타문화권을 경험함으로 편협한 관점을 깨고 부활하게 한다.

04. 설교의 열 가지 원칙

설교 열 가지 원칙은 설교 기둥이다. 원칙을 세우지 않는다는 것은 기둥 없는 집을 짓는 것과 같다.

첫째, 성서 본문이 말씀하시는 것을 찾는다. 설교자가 의도를 가지고 성서에서 설교할 본문을 찾으면 오류를 범할 수 있다. 의도를 가지고 성서를 보면 보고 싶은 대로 보게된다. 하나님의 메시지가 아닌 설교자의 목적을 이루고자 하는 유혹에 노출될 수 있다. 본문 전체 구도나 메시지보다는 보이는 단어 몇 개로 설교하기 십상이다. 해석 오류를 범한다. 기록하신 하나님의 목적이 우선이다. 설교자는 하나님의 목적과 의도를 전하는 것이다. 의도 가지고 설교 본문을 찾는 유혹을 벗어나는 길은 강해설교다. 다음 주일 설교 본문을 찾는 노동도 필요 없다. 설교에서 본문 연구와 묵상이 먼저다. 묵상이 끝나면 원어 대조, 주석이나 강해 서적을 참고한다. 주관적 해석 오류를 피한다. 설교문 작성은 구도를 세우는 것으로 시작한다. 선배들의 연구와 지혜를 빌려온다. 신학대학원을 졸업하고 약 3년간 매주 월요일 원어 성서 연구 모임에 참석했던 도움을 지금도 받고 있다.

둘째, 본문에서 말하는 한 가지 핵심 주제만 찾는다. 많은 것을 설교하려 하지 않는다. 주제가 많아지면 감동이 준다. 정체성 없는 설교가 된다. 익힐 수도 가슴에 담글 수도 없다. 가슴에 담겨야 손발이 움직인다. 하나님의 의도와 목적, 핵심주제를 피한 설교는 내용이 풍성하고 깊이가 있어도 설교 아니다. 주제가 하나일 때 청중에게 더욱 호소력 있게 다가갈 수 있고 구체화 할 수 있다.

셋째, 성경 말씀보다 보조 자료가 더 빛나지 않게 한다. 설교하다 보면 이해를 돕기 위해 예화나 관련 이야기를 사용한다. 자칫 부자료가 주자료를 덮을 수 있다. 이야기 속에 핵심 주제를 담았다면 예외이다.

설교를 화려하고 아름답게 하려는 유혹을 이겨내야 한다.

넷째, 익힌다. 금요일 설교문 작성을 시작하면 익힐 수 없다. 주일 오후 다음 주일 본문을 묵상하고 스케치 한다. 설교에서 스케치란 기둥 세우는 정도다. 구도를 짜고 핵심 메시지나 주제를 잡아 놓으면 묵상이 저절로 된다. 월요일은 설교자 휴식 날이다. 책상에 앉아 설교 준비할 때 보다 자유스런 영혼이 된다. 묵상과 생각 폭이 넓어진다. 운동, 운전, 새벽 기도시간에 설교가 익는다. 성령께서 주시는 번뜩이는 무엇인가를 스마트폰 메모 기능에 담는다. 금요일 설교 준비를 마치면 토요일은 또 자유스런 영혼이다. 떠나면 비로소 보이는 것이 있는 것처럼 설교문 작성이 끝나고 교회를 나서면 보이는 것이 있다. 마무리 수정이다.

다섯째, 대화하듯이 전달한다. A 방송사 뉴스 듣다 B채널을 돌려도 소리와 크기는 똑같다. 표준을 적용한 것이다. 표준이 없다면 채널 바꿀 때마다 시청자는 곤혹스럽다. 한때 열정적인 설교가가 시대를 이끌었다. 높은 톤, 쉰 소리, 일명 약장사 버전이 표준이었다. 권위적 리더십이 통했던 시대적 산물이다. 이제 그렇게 한다면 내용과 무관하게 비호감으로 낙인찍힐 것이다. 오디션 프로그램에서 심사위원은 '공기 반 소리 반'을 강조했다. 설교가 소리 80퍼센트, 공기 20퍼센트이면 청중은 지치고 짜증난다. 대화할 때와 설교할 때 톤이나 리듬이 다르면 이중적으로 보인다. 김삼환, 유기성, 한기채, 김병삼 목사님의 설교는 옆집 아저씨의 이야기를 듣는 것처럼 편안하다. 내용이 탄탄하고 메시지가 확실하면서 강약이 있다.

여섯째, 교정에 교정을 본다. 어니스트 헤밍웨이(Ernest M. Hemingway)도 『노인과 바다』를 출간하기까지 400번 넘는 교정을 봤다. 30년 이상 목회하며 단 한 번도 완성된 원고를 들고 단에 서지 못했다. 초벌 원고를 쓴다. 원고가 완성되면 한 페이지로 줄인다. 한 페이지로 줄이면 한 눈에 들어와 교정이 가능하다. 재구성 할 수 있다. 교정하고 최종 원고 작성 한 후 다시 한 페이지로 줄인다. 1부 설교부터 3부까지 같은 설교를 한다. 매 예배가 끝나면 교정에 교정을 본다. 3부처럼 1부 설교를 하는 것이 희망이다. 마지막 날까지 불가능할 일일지 모르지만 포기하지 않았다.

일곱째, 시연한다. 원고 교정은 시연으로 완성한다. 시연하면 한 번 더 교정된다. 토요일 밤 가정예배를 드릴 때 주일 설교를 시연한다. 가족이 평가단이다. 난도질당할 때도 있었다. 아빠 설교가 염려 된다며 한숨을 담아내기도 했다. 아플 때가 많다. 가족 앞에서 설교 시연이 아픔이 되지만 성도들이 설교 들으며 은혜 받는다면 아프기로 결단했다. 잠을 설치고 가족에게 말하지 않고 주일 새벽 교회 가서 숨죽이며 수정할 때가 많았다. 가끔 가족 중 한 사람의 수정 요구가 설교에 적용되면 밝게 웃으며 아빠를 설교자로 맞아 준다. 오늘도 다음번 설교가 완전한 설교이기를 기도한다.

여덟째, 위대한 설교가의 설교를 주 3편 이상 듣는다. 우리나라 설교 모델로 연구 대상이 되신 곽선희, 옥한흠, 김진홍, 유기성, 한기채, 이찬수 목사님의 설교를 들었다. 설교 준비로 밤을 꼬박 새기도 했다. 강단 무력증에 걸려서 강단에 올라가기도 힘든 때도 있었다. 해산의 고통을 통해 양질의 설교가 나온다. 옥한흠, 하용조, 이동원 목사님의 설교를 천편도 넘게 들었다. 송태근 목사님은 본문을 해석하고 깊이 있게 본다. 이찬수 목사님은 설교자의 감각과 소통, 열정을 담아낸다. 유기성 목사님은 진정성과 본질, 깊이를 부드러움 속에 머금고 있다.

아홉째, 설교에는 반드시 복음을 담는다. 주 그리스도의 십자가 복음이 빠진 설교는 교훈일 뿐이다. 성경 인물이 위대해지면 안 된다. 그 사람을 훈련하신 하나님을 소개한다. 십자가는 죄악으로부터 우리를 구원했다. 십자가는 관점을 구원한다. 십자가는 자아로부터 구원한다. 십자가는 말씀과 무관하게 살아가는 자를 회개하게 한다. 십자가는 일상에서 하나님의 성품으로 인도한다.

열째, 기도한다. 설교문이 잘 준비되어도 성령의 감동이 없으면 소리 나는 꽹과리일 뿐이다. 기도는 설교를 깊이 있게 만든다. 기도는 최고 단계 교정이다. 버릴 것과 넘치는 것을 잡아 준다. 무엇보다 주님께서 기뻐하신다. 주님의 임재 없는 설교는 공허할 뿐이다.

노나라(魯)의 『재경』에 나오는 이야기이다. 명품 거문고를 만드는 명인이 있었다. 그가 제작한 거문고는 누구도 흉내낼 수 없는 명기였다. 거문고 소리는 슬픈 자를 위로하고 기쁨을 더하게 했다. 연주자가 그 거문고를 타면 연주자의 마음이 거문고에 실린다는 소문이 왕의 귀에 들어갔다. 왕이 불러 비법을 묻자 이렇게 답했다.

"저는 악기와 함께 울고 웃습니다. 그냥 만들어지는 것이 아닙니다. 사람들은 소리만 듣고 탄복했지 악기 제작의 고통은 모릅니다."

왕이 신기해 계속 물었다.

"그럼 어떻게 만드는 건가?"
"만들기 전 사흘 동안은 악기만을 생각합니다. 다시 닷새를 보내면 사람들의 칭찬과 비난에 동요하지 않게 됩니다. 다시 이레를 보내고 나면 고요한 마음에 거문고가 떠오릅니다. 비로소 산에 올라가 나무를 구해 본격적으로 악기를 만듭니다. 악기를 만드는 동안 원상의 소리에 귀를 기울입니다. 그 소리가 마음에 들 때까지 기약 없이 만듭니다."

세계적인 잡지들이 표지 인물 사진 한 장을 얻기 위해 500컷 정도의 사진을 찍는다. 영화 한 편이 완성되기까지는 수많은 편집과정을 거친다. 감독 마음에 들지 않으면 재촬영도 한다. 밤을 새기 일쑤다. 메이킹 필름을 보여주기도 하는데 버림받은 컷들이 부지기수다.

양질의 설교를 위해 설교 횟수를 줄이는 것도 추천한다. 21세기 성도는 설교를 들으면 설교자의 준비도를 알 수 있을 만큼 똑똑하다.

로고스교회 개척 후 6년간 매주 금요일 기도원에 갔다. 설교준비를 위해 기도원에 가지만 휴식이 먼저였다. 매일 8시간씩 전도하고 나면 목요일 밤이 되면 피로가 쌓인다. 기도원에 도착하면 잠을 한 시간 정도 잔다. 한 시간 삼십 분 정도 등산한다. 샤워하고 설교 준비에 집중한다. 설교준비 마치면 독서 한다. 내려오기 전에는 다음 주 설교를 미리 스케치 한다. 본문 해석과 설교의 틀을 잡는 것까지만 한다. 원고는 집중력을 가지고 써야 한다.

05. 설교 의심과 체크리스트

설교 체크표로 설교를 평가했다. 동역자에게 설교 비평을 부탁했다. 아내는 최고의 비평가다. 몸 사리지 않고 마음 상하게 조언한다. 때론 협박도 한다. 쪽지를 건네며 부드러운 개입까지는 시간이 필요했다. 설교에 대한 도움말을 들을 때 자존심 상하고 아프다. 그들이 설교를 잘 모르고 비평해 올 때도 있었다. 그래도 듣는 게 좋다. 설교자가 설교를 의심하지 않으면 설교가 설교자에게 미소 짓지 않는다. 설교가 설교자에게 미소 짓지 않으면 청중은 설교자에게 미소를 주지 않는다.

다음은 설교의 완성도를 높이기 위해서 숙고 끝에 해산한 '설교 체크 리스트'다.

메시지 점검표

본문:　　　　　　제목:　　　　　　설교일:

구분		항 목	평가	평가내용
주제	1	제목은 적절한가?		
	2	주제와 명제가 확고한가?		
	3	주제와 내용은 통일성이 있는가?		
서론	4	서론은 어떤가?		
	5	시간 배정은 적절한가?		
	6	본론과의 상관성?		
	7	정확한 문제 제기가 있는가?		
	8	주의를 집중시켰는가?		
	9	본론을 향한 방향이 설정됐는가?		
	10	구조적인 개관이 있는가?		
본론	11	본론은 어떤가?		
	12	본문이 말하고자 하는 것을 정확히 언급했는가?		
	13	성서해석은 적절한가?		
	14	주자료와 부자료의 비율은 적절한가?		
	15	본문에 대한 청중의 궁금증이 해결됐는가?		
	16	주제와 본문과의 관계성은?		

구분		항 목	평가	평가내용
결론	17	결론은 어떤가?		
	18	시간 배정은 적절한가?		
	19	진부하지 않았나?		
	20	점진적인 명확성은 있었는가?		
	21	중심 명제와 대지들을 재검토했는가?		
	22	서론의 문제제기의 해답이 나왔는가?		
	23	본론에서 제시된 세부사항의 동기부여는?		
종합	24	설교가 목적을 향하여 달려갔는가?		
	25	언어의 선택과 문장은 적절했는가?		
	26	제목과 내용과의 관계는?		
	27	설교 패턴은 변화가 있었는가?		
	28	대지들의 연결고리는(상호관계)?		
	29	청중들의 진정한 질문이나 문제를 파악했는가?		
	30	호소력은?		
	31	커뮤니케이션은?		
	32	집중력 몰입도는?		
	33	설교 전체의 전개과정에서의 연관성이 있었는가?		
	34	결론과 적용점이 결론까지 잘 감추어져 있었는가?		
	35	다양성이 있었는가(전달, 문장 등)?		
	36	구체적인 적용점(How to)은 있었는가?		
	37	긍정적인 메시지를 선포했는가?		
	38	설교 중 받은 유혹은 없었는가?		
	39	과장된 최상급은 사용되지 않나?		
	40	성령의 기름 부으심을 설교자가 경험하고 감동은 있었는가?		
	41	**빼야** 할 것은 무엇인가?		
	42	준비도는(시간, 본문연구, 원고쓰기, 연습 등)?		
	43	샛길로 **빠지지** 않았는가?		
	44	추상적인 개념들을 구체화 했는가?		
	45	보조 자료들의 사용은 적절했는가?		
	46	예화의 사용은 적절했는가?		
	47	유머의 적합성은?		
	48	서론, 본론, 결론의 배분은 적절했는가?		
	49	한 문장으로 정리 가능한가?		
	50	설교자에게 은혜가 됐는가?		

* 각 항목마다 정말 그렇다 5점, 그렇다 4점, 보통이다 3점, 그렇지 않다 2점, 정말 그렇지 않다 1점으로 체크한다. 총점을 매기고 분석하여 부족한 부문을 집중적으로 연구하며 노력한다. 90점 이상이면 좋은 편이다. 80-90점 사이는 괜찮은 편이다. 60-80점이면 노력이 필요하다. 40-60점이면 위기의식을 가지고 혁신적인 도전을 해야 한다. 40점 미만이면 설교자로 총체적인 위기이다. 설교학과 성서학 공부를 처음부터 다시 시작해야 한다.

　50개 세부 항목을 만들고 약 2년 매주 점검 했는데 시간이 지날수록 지속하기 쉽지 않았다. 월 1회로 줄였다. 그래도 남은 게 있었다. 설교 준비할 때 의식 속에서 체크한다. 끝나면 리스트에 있는 질문이 생각난다. 몇몇 부족한 점들이 보인다.

홍순철 안수집사

"주님이 베드로를 제자삼기 위해 찾아오신 시간이 언제였을까요? 왜 그 시간에 찾아오셨을까요?" 모태 신앙으로 나름 오랜 기간 동안 신앙 생활을 해왔다고 자부했지만, 안성우 목사님이 설교 시간에 던진 질문에 대해 쉽게 답하지 못했습니다. 베드로가 원래 고기를 잡는 어부였지만 주님을 만나 '사람 낚는 어부'가 되어보지 않겠냐는 제안을 받고 그물을 집어던졌던 사건. 베드로 인생에 있어 가장 결정적인 사건이 일어난 시간이 언제였는지에 대해 지금껏 그다지 깊은 묵상을 해보지 않았기 때문이었죠.

무리가 몰려와서 하나님의 말씀을 들을새 예수는 게네사렛 호숫가에 서서 호숫가에 배 두 척이 있는 것을 보시니 어부들은 배에서 나와서 그물을 씻는지라 예수께서 한 배에 오르시니 그 배는 시몬의 배라 육지에서 조금 떼기를 청하시고 앉으사 배에서 무리를 가르치시더니 (중략) 시몬이 대답하여 이르되 선생님 우리들이 밤이 새도록 수고하였으되 잡은 것이 없지마는 말씀에 의지하여 내가 그물을 내리리이다하고 그렇게 하니 고기를 잡은 것이 심히 많아 그물이 찢어지는지라(눅 5:1-6, 개역개정)

"주님이 베드로를 제자삼기 위해 찾아오신 시간은 새벽 동이 틀 무렵, 베드로가 하루 종일 수고하여 그물을 내렸지만 단 한 마리의 물고기도 잡지 못해 낙심해 있을 때였습니다."

말씀을 통해 주님이 베드로를 찾아오신 시각을 환기시키신 목사님은 다시금 질문을 하셨습니다.

"우리는 지금 하루 중 어느 때를 지나고 있습니까? 성공에 대한 욕심과 세상적인 목표에만 취해 주님은 안중에도 없는 시간입니까? 아니면 세상에서 이리저리 치이고 휘둘리다가 힘들고 지쳐 주님을 만날 준비가 되어 있는 시간입니까?"

2000년 11월의 어느 날, 저희 부부는 신혼여행을 막 마치고 일산에 마련한 신혼집에 들어와 분주하게 짐을 정리하고 있었습니다. 갑자기 초인종이 울렸는데요. 문을 열자 다소 어색한 웃음을 머금은 남성분이 서 계시는 겁니다. 청주 고향 교회 목사님으로부터 소개받아 한걸음에 달려왔다며 인사를 건네시는데 안성우 목사님이셨죠. 그렇게 저희 부부와 목사님의 인연은 시작됐습니다. 새파랗게 젊던 신혼부부는 어느새 중학생 자녀 둘을 둔 중년이 됐죠. 제법 오랜 시간이 흘렀다지만, 고양시 행신동의 하얗고 예쁜 예배당에서 목사님의 설교를 듣던 기억이 생생합니다. 이전까지 들어왔던 설교와는 다른 느낌, 잔잔하면서도 포근하고, 눈물과 감동이 이어졌던 설교, 저희 부부의 삶에 커다란 도전과 위로가 됐습니다. 특히 결혼 전에는 주님을 전혀 몰랐던 아내의 마음 밭에 소중한 말씀의 씨앗들이 뿌려지는 모습은 너무나 소중하고 감사했습니다.

안성우 목사님 설교는 '질문하는 설교'입니다. 이전에 들었던 설교는 질문하는 설교가 아니었습니다. 일방적으로 전달하거나 훈계하는 설교, 윽박지르고 겁주는 설교, 아멘을 강요하거나 순종을 요구하는 설교였습니다. 모태 신앙으로 오랜 기간 동안 그러한 설교를 듣고 자란 탓에 하나님에 대한 오해도 제법 많았습니다. 사랑의 하나님을 심판의 하나님으로, 자유의 하나님을 속박의 하나님으로 오해했습니다. 당연히 말씀에 대한 질문, 신앙에 대한 질문을 품을 엄두조차 내지 못했습니다. 하지만 기독교 신앙에 있어 질문이 얼마나 중요한 지 이해하신 목사님은 설교를 통해서 끊임없이 질문하셨습니다. 타임머신을 타고 성경 속 장면으로 돌아가 맥락을 들여다보자고 제안하셨습니다. 왜 그때 그 상황에서 성경 속 주인공은 그러한 선택을 해야만 했을까? 그러한 상황을 만드신 하나님의 온전한 뜻은 무엇이었을까? 질문하고, 묵상하고, 기도하고, 이러한 과정을 통해 하나님과의 인격적 만남이 가능하도록 이끄셨습니다. 목사님의 설교는 질문으로 시작합니다. 질문은 의심으로 연결되고, 결국 의심은 확신으로 마무리됩니다. 예배 시간 설교를 통해 질문 품은 성도들은 일주일, 삶 가운데 그 질문을 안고 살아갑니다. 목장예배를 통해 성도들은 자신의 삶을 함께 나누면서 끊임없이 우리의 삶에 질문하시는 하나님을 만납니다. '말씀이 삶이 되는 교회' 로고스교회는 이렇게 목사님의 설교를 통해 시작되고 완성됩니다.

"부활하신 주님이 베드로를 만나기 위해 찾아오신 시간이 언제였을까요? 베드로를 만나 뭐라고 말씀하셨을까요?" 다시 베드로 이야기로 돌아가 보겠습니다. 고기 잡는 어부에서 사람 낚는 어부가 되어 3년간 열심히 주님을 따라다녔던 베드로였어요. 정작 주님이 십자가에 못 박혀 돌아가시는 것을 지켜보면서 그의 믿음 역시 흔들렸습니다. 게다가 주님을 세 번이나 부인했어요. 그의 삶에서 주님은 잊고 싶은 이름이었을 겁니다. 베드로는 다시 고기 잡는 어부가 되어 배에 올라 밤새 그물을 던졌습니다. 날이 새도록 한 마리도 잡지 못했습니다. 베드로에게 부활하신 주님이 나타나셨습니다. 베드로에게 말씀하십니다. "우리 아침 식사를 같이 하자!" 부활하신 주님이 도망갔던 베드로를 찾아가 만나주셨던 장면을 전하시며 목사님 눈에는 눈물이 고였습니다. "주님은 왜 베드로를 찾아가 아침 식사를 함께 하자고 하셨을까요? 무슨 말이 더 필요했겠습니까? 그저 아침 식사를 함께 하는 것만으로도 '내가 너를 이해한다, 내가 너를 사랑한다'는 진심이 전해질 수 있지 않았을까요? 주님은 지금도 그렇게 우리를 사랑하고 계십니다. 아침 식사를 마치고 주님이 질문을 내십니다. 네가 나를 사랑하느냐? 주님은 우리에게 질문하십니다. 네가 나를 사랑하느냐? 지금."

홍순철 안수집사는 청소년교회 교사로
북칼럼니스트, BC에이전시 대표로 활동하고 있다.

위기 극복: 위기는 기회다

내가 사망의 음침한 골짜기로 다닐지라도 해를 두려워하지 않을 것은 주께서 나
와 함께 하심이라 주의 지팡이와 막대기가 나를 안위하시나이다 주께서 내 원수의 목
전에서 내게 상을 차려 주시고 기름을 내 머리에 부으셨으니 내 잔이 넘치나이다 내
평생에 선하심과 인자하심이 반드시 나를 따르리니 내가 여호와의 집에 영원히 살리
로다(시 23:4-6, 개역개정)

총신대 사회복지대학 손병덕 교수의 경험담이다. 총신대를 졸업하
고 대학원에 진학하려 했으나 시험 본 두 대학원은 입학을 허락하지 않
았다. 포기하지 않았다. 한국에서의 입학 실패는 유학으로 눈을 돌리게
했다. 하버드대학과 옥스퍼드대학에서 학위를 받았다. 그분을 만날 때
마다 '만약 옥스퍼드 유학길이 열리지 않았다면 달에 가서라도 공부했
을 사람이다.' 라고 느껴진다. 한국에서 대학원 입학 실패는 인생의 큰
위기였지만 다른 길을 찾았다. 포기하지 않았다.

01. 위기를 통해 위기 다루는 법을 배운다.

"절대 실수를 하지 않는 사람은 실수를 저지르는 사람들에게 명령을 받는다."

_ 허버트 브락노우(Herbert V. Brocknow)

잭 웰치처럼 유능한 사람도 큰 실패를 경험했다. GE는 월스트리트 투자은행 키더 피바디(Kidder Peabody)를 인수했다. 회사의 정부 채권 트레이딩 부서 책임자였던 조셉 제프는 3억 5천만 달러의 금융이익을 창출한 신화적인 존재였다. 하지만 창출한 이익이 조작됐다. 1억 달러 이상의 손실을 입혔다는 사실이 밝혀졌다. 키더 피바디를 인수하는 데 가장 앞장섰던 사람이 잭 웰치였다. 이 사건은 GE와 '경영의 신' 잭 웰치의 명예를 손상시켰다. 잭 웰치는 키더 피바디를 팔아 치웠다. 그 실패를 통해 싸울 때와 물러설 때를 배웠다고 했다.

개척한 지 1년 만에 장년 예배 출석이 약 100명(청소년부 학생 10명 포함)이 됐다. 유치부가 30명, 어린이부가 40명 출석했는데 공간이 부족했다. 해결 방안은 교회 이전이었다. 이전할 건물을 찾았다. 상업중심지역 상가 건물이었다. 건물 임대와 실내 인테리어 비용을 합쳐 약 2억 원이 필요했다. 건물주는 분양을 고집했으나 IMF 1년 후라 분양이 여의치 않자 임대를 허락했다. 임대료에 약간 상회하는 분양가를 제안하며 유혹했지만 거절했다. 게다가 분양가 50퍼센트는 은행에서 대출까지 해 준다. 임대는 대출 불가로 전액 현금이 필요했다. 쉬운 길이 아닌 어려운 길을 택했다. 개척 선배가 준 가르침을 잊지 않았다. 상가 건물 분양받으면 교회가 이사 가려 할 때 발이 묶인다고 했다. 돌아보니 잘한 일 중 하나다. 다시 다룰 이야기지만 그때 분양 받았다면 2년 만에 교회 건축은 어려웠을 게다. 교회 건축이 어려웠다면 로고스교회는 존재 할 뿐 오늘의 영향력은 갖추지 못 했을 것이다.

임대를 결정했지만 새내기 장년 성도 90명에게 어떤 것도 기대할 수 없었다. 2억을 준비하는 일은 쉬운 일이 아니었다. 할 수 있는 것은 기도 밖에 없었다. 역사상 유례없는 고금리 시대였다. 성도들에게 헌금하자는 말도 꺼내지 못했다. 교회 출석 해 주는 것만으로 고마웠다. 이전을 위한 특별헌금으로 시험 드는 사람이 생기는 걸 보고 싶지 않았다. 임대료 2억이 필요하다고 주일 낮 예배 시간에 기도 부탁도 못했다. 새벽기도 용사들은 신앙의 깊이가 있어 기도 부탁했다. 기도하는데 성령께서 먼저 헌신을 요구하셨다. 아내에게 가진 것이 있냐고 물어보니 그 힘든 살림 중에도 1천만 원짜리 적금을 든 게 있단다. 12월 21일이 만기란다. 참고로 잔금은 22일이었다.

로고스교회 개척 전에 물려받은 유산이 있었다. 어머님이 돌아가신 후 어머님 명의 재산을 정리해서 자식들에게 나눠 주셨다. 물려받은 유산으로 무엇을 해도 마음 편치 않을 것 같았다. 부모님은 온전한 십일조를 드리지 못하셨다. 받은 유산을 잘 관리해 통일되면 북한에 교회 하나 세우려 했다. 하나님은 대신교회 지교회 개척으로 걸음을 인도하셨다. 유산 받은 것으로 사 논 땅에 로고스교회가 세워졌다. 그 땅을 하나님께 드리자고 했더니 아내가 동의해 주었다. 물려받은 유산 드릴 때보다 이전을 위한 적금 드리기가 더 어려웠다. 아내는 가정에 무슨 일이 생기면 남의 도움을 구해야 함으로 그렇게 살기는 싫다고 했다. 하나님도 그것을 원치 않으실 것이라고 덧붙였다. 치과 갈 때마다 우울해

지고 싶지 않을 만큼의 안정감을 기도했다. 아내에게 강요하지 않았다. 다시 기도했다. 아내도 기도했다. 기도하면 답은 뻔하다. 성령의 감동이 왔다. 적금 탄 것을 기쁨으로 헌금했다. 그 결정을 기점으로 무이자 7,000만 원을 빌려 주겠다는 분이 생겼다. 이자 드린다고 했지만 거절하셨다. 사양했지만 "이자를 받지 않는다면 빌리지 않겠습니다." 말씀 드리고 월 70만원씩 지급했다. 로고스교회 성도로 남편이 세상 떠나고 받은 보험금이었다. 이자가 많다고 했지만 교회가 성도를 생각하는 마음을 하나님이 기뻐하실 것이라 생각했다.

지하 예배당에 다른 교회가 들어왔다. 임대료를 받았지만 부족했다. 소식 들은 지인이 5,000만 원을 빌려 주었다. 담보 없이 돈 빌리는 두 가지 방법이 있다. 하나는 신용(credit)이요 둘은 관계(relationship)다. 최종적으로 사람의 마음을 움직이시는 분은 하나님이심을 다시 한 번 느꼈다.

우여곡절 끝에 개척 한지 1년 1개월 만에 예배당을 이전했다. 어렵게 이전 했건만 교회 성장은 기대와 달랐다. 이전한 지 1년 6개월이 됐음에도 교회 성장은 멈추고 제자리걸음이었다. 차라리 지하 예배당에서 9시, 10시 30분, 12시로 예배 분리를 한 게 좋을 뻔 했다는 후회가 들었지만 늦었다. 먼저 어린이교회 출석이 줄었다. 교회 이전은 잘못된 선택이었다. 상황을 철저히 분석했다. 교육시설, 교사, 목회자, 교회 위치를 체크했다. 처음 예배당 보다 교육 공간은 훨씬 넓어졌다. 어린이교회 담당 목회자의 열정과 실력도 문제없었다. 자리 탓하지 말라 했는데 분석 결과 자리 때문이었다. 상업 중심지 상가 교회는 묘하게 교회 느낌이 안 든다. 전도해 보면 옆 건물의 입주자도 우리 교회를 몰랐다. 빌딩 숲에서 사는 사람들은 단독 건물 교회만을 교회라 인식했다. 상업

중심지역 상가 교회는 어린이들이 접근하기 불편했다. 상업중심지 임대교회 중에도 부흥하는 교회가 있지만 극히 드문 현상이다. 장년부 역시 등록신자가 현격히 줄었다. 지금 생각이지만 2년간 임대가 끝나고 재계약 했더라면 복합적인 문제로 어려움을 겪었을 것이다.

개척 교회 성장이 둔화되면 소수에게 헌신이 집중되기에 피로 누적 현상이 나타난다. 게다가 목회자의 설익은 모습이 드러나기 시작한다. 모난 성도끼리 갈등이 더해진다. 교회를 떠나는 성도가 늘어난다. 개척 교회 퍼펙트스톰이다. 새가족이 계속 등록해도 떠날 사람은 떠나고 등록하지 않아도 떠날 사람은 떠난다. 등록하지 않고 떠나기만 하면 교회는 힘을 잃는다. 이런 현상이 3년 이상 지속되면 패배의식에 젖어 든다. 목회자 리더십도 의심과 도전을 받는다. 개척한지 2년 6개월이 되니 성도들 사이에서 성격과 시각차에서 오는 갈등이 드러났다. 변화를 주지 않으면 함몰될 게 뻔했다. 임대했기에 2년 만에 상가에서 탈출할 수 있었다. 매입 했더라면 발목이 묶일 뻔했다. 상가에서 보낸 시간을 교회 역사상 '잃어버린 2년'이라 정의한다. 배운 것도 많았지만 잘못된 선택이 주는 고통이 만만치 않았다.

로고스교회 첫 번째 성장 둔화라는 위기 해결 방안은 '교회 이전이나 건축'이었다. 임대료, 관리비 계산해 보니 4억 이내에서 건축이 가능하다 판단했다. 교회 이전보다 더 중요한 과제가 '리더십 성장'이다. 교회를 이전하거나 건축한다고 리더십이 성장하는 것은 아니지만 도움이 된다. 생각과 결정도 성장이다. 교회 이전을 위해 선배의 경험을 경청했다. IMF금융위기 여파로 지역 땅값은 바닥을 쳤다. 토지 100평에 60평짜리 건물을 세울 요량이었다. 땅값 3억, 조립식 건축비 1억, 총 4

억이 생각의 한계였다. 임대료 2억을 돌려받고 2억만 준비하면 가능해 보였다. 교육관은 첫 번째 이전할 때 임대해 준 지하 30평을 사용하면 된다. 예배당 지을 땅이 첫 번째 개척지에 인접해 있길 기도했고 찾았다. 직선거리 10미터 떨어진 곳에 316평짜리 대지가 오랫동안 주인을 기다리고 있었다. 교회부지가 2년 전에 없었던 게 아니라 못 본 게다. 하여, '잃어버린 2년'이라 정의한 것이다. 2년 전에 건축했어도 될 일이었다. 임시 직원회를 열어 만장일치로 가결됐다. 교회 개척 2년 6개월 만에 교회 건축에 도전했다. 위기는 더 큰 인물을 만드시기 위한 하나님의 훈련이었다. 위기는 위험이 아닌 기회가 됐다. 어떤 일도 하지 않으면 어떤 일도 생기지 않는다.

'리더의 수준이 공동체의 수준'이란 존 맥스웰(John Maxwell)의 법칙을 마음에 담았다. 리더십 성장을 위해 다양한 시도를 했다. 먼저 책속에서 해결 방안을 찾았다. '민들레 영토' 지승룡 소장은 이혼과 목회 실패를 극복하고 사업가로서 각광을 받고 있었다. 성공 표면이 아닌 성공 이면에 숨겨진 것을 봐야 한다. 인생의 위기에서 남다른 대처 방안을 모색했다. 정독도서관에서 2,000권의 책과 씨름했다. 잠재된 것이 보였다. 다시 시작할 수 있었다. 수준이 달라진 게다.

물 긷는 아낙이 두레박을 우물에 던지면 첨벙 소리가 난다. 영성이라 명명한 우물에 두레박을 던지니 '퍽' 소리만 났다. 두레박 깨지는 소리였다. 영적인 수원지의 바닥이 드러났다. 설교 준비를 할 때마다 두레박 깨지는 소리를 들어야 했다. 일주일에 4일을 전도하고 설교 준비를 하려니 피곤이 쌓여 집중도 안됐다. 지성의 고갈에 에너지 고갈이 2년 만에 왔다. 그나마 금요일이면 기도원에 갔기에 버틸 수 있었다. 안식년이 필요함을 깨닫고 준비했다.

　개척 6년 차, 건축 후 2차 성장으로 청·장년 390명이 출석했다. 만들어진 독서 습관에 이어 패러다임의 전환이 필요했다. 개척 교회 목사는 모든 게 '목사에 의해, 목사로 인해, 목사를 위한' 오류에 노출하기 십상이다. 안식년을 떠나야 했다. 떠나지 않으면 로고스교회를 떠날 것 같았다. 6년 6개월 됐을 때 캐나다로 떠났다. 지금 생각하면 무모한 결정이었지만 성령의 인도하심이었다. 떠나야 보인다. 떠나지 않았다면 아픔을 통해 봤을 것이다. 떠나고 나니 목사와 성도간의 그리움이 생겼다. 하릴없는 말들은 수면 아래로 가라앉고 서로에 대한 소중함과 그리움은 기대를 낳았다.

　메리 케이 애쉬(Mary Kay Ash)는 25년간 일해 온 회사에 사표를 냈다. 1960년대에 화장품 판매는 여성이 담당했는데 정작 여성의 의견을 받아들이지 않았다. 새 회사를 설립하기로 결심하고 전 재산 6백만 원을 투자했다. 창업 철학은 '모든 여성 직원에게 무제한적인 기회를 주는 화장품 회사를 경영하는 것'이었다. 남편은 행정을 맡기로 했다. 하지만, 사업 시작한 지 한 달이 못 되어 남편이 심장마비로 사망했다. 이 정도 일을 겪으면 '회사설립을 하나님이 막으시는 것 아닌가?' 하는 생각을 할 수 있다. 그러나 그녀는 1963년 9월 13일에 사업을 다시 시작했다. 오늘날 회사는 33개국에서 30억 달러 연간 매출을 올리고 있다. 메리 케이는 직업인이라면 꿈꿀 만한 많은 상을 휩쓸었다. 역경, 장애물, 고난에도 불구하고 실패를 통해 성공을 배웠다.

　위기(危機)는 위험과 기회의 합성어다. 성숙한 사람에게 위기는 기회지만 준비 안 된 사람에게는 위험이다. 위기에서 넘어지면 시대, 배신자, 환경에 책임을 돌리기 일쑤다. 자학하며 시간을 보내기도 한다. 실패를 통해 배우지 않고 후회만 하고 있으면 다음 스텝을 위해 출발하지 못한다. 동굴로 들어가 쓰레기통 뒤지는 인생이 된다. 위기를 예상하고 기도해야 한다. 로고스교회에 닥친 위기를 당황하지 않고 나름 적절히 대응할 수 있었던 것은 두 번째 개척이기 때문이다. 경험 속에 쌓인 것이 있었다. 위기 예측과 대응 능력을 일정 부문 확보했었다. 두 번째 개척이라고 어려운 일이 없는 게 아니라 어려운 일을 어렵지 않게 소화할 준비가 된 것이다.

02. 킹 핀(King Pin)을 찾으라.

레인 애덤스(Lane Adams)는 『그리스도인의 생활 원리』에서 악풍에 관한 이론을 소개한다. 마이애미에서 뉴욕을 가는데 서동풍이 시속 72 킬로미터로 분다면 비행기는 뉴욕까지의 비행 거리를 비행했음에도 불구하고 132킬로미터나 못 미친 지점에 비상착륙 해야 한다. 우리의 인생에 불어오는 악풍, 풍랑을 읽어내고 좌표를 수정하지 않는다면 목적지에 도착하지 못할 것이다. 풍향의 세기 방향을 읽어내고 좌표를 수정해야 한다. 목적지에 도착하지 못했다면 변수 계산을 못했던지 목표가 잘 못 됐던지 둘 중 하나일 것이다.

북미지역에서 소비하는 대부분의 통나무는 캐나다에서 생산한다. 브리티시 컬럼비아주(British Columbia) 원목만으로도 캐나다 전 국민이

150년간은 먹고 살 수 있단다. 벌목한 지 60년이 지나면 다시 벌목이 가능하다고 하니 부러운 국가다. 안식년을 마치고 돌아오는 길에 밴쿠버와 로키 산맥을 여행했다. 강에 떠내려가는 원목을 볼 수 있었다. 잘려진 통나무는 육로로 운반하기보다 강에 띄워 하류로 운반하는 게 비용 절감, 숙성에 좋단다. 강을 따라 이동하던 통나무가 어디선가 막히곤 하는데 전문가는 그리 당황하지 않는다. 원인을 찾아 원목의 방향만 틀어주면 된다. 엉키는 대부분의 이유는 하나다. 하나의 통나무가 흐름을 방해한다. 그 통나무를 킹 핀(King Pin)이라고 부른다. 킹 핀만 다루면 된다.

고착상태나 위기에는 킹 핀이 있다. 어리석은 자는 킹 핀을 찾지 못한다. 킹 핀이 아닌 것을 킹 핀으로 오해한다. 킹 핀을 찾아도 다루는 법을 모른다. 풋내기 목사가 처음 겪는 관계 갈등으로 힘들어할 때 늦은 시간까지 공감과 길을 가르쳐 주신 류정호 목사님께 감사드린다. 그분은 교회 건축 때도, 결정적인 위기가 왔을 때도 킹 핀을 찾아 해결하는 법을 가르쳐 주셨다.

주님의 공동체에도 갈등이 있었다. 위기가 컸다. 야고보와 요한의 어머니 욕심이 공동체성을 깼다. 스승을 배반한 가룟 유다도 결정적이다. 주님은 그가 누구인지 알고 계셨으며 그를 대하는 법도 아셨다. 주님은 십자가를 묵묵히 지셨다. 가룟 유다의 배반은 주님의 십자가 여정의 안내자였다. 회개를 촉구하셨지만 배반을 불편해 하지 않으셨다. 주님이 부활 승천 하신 후 제자들 사이에 예상되는 갈등이나 의견 대립을 아시고 베드로, 야고보, 요한을 따로 세우셨다. 제자들이 주님 승천하신 후 전도 방향과 방식의 문제로 갈등이 생길 수 있음을 아셨다. 자칫, 제자 공동체는 날개도 펴보지 못하고 추락할 수 있다.

역사가 100년 가까운 교회에서 성장하며 배운 것이 있다. 위기 없는 교회는 없다. 교회에 갈등이 생길 때 킹 핀을 찾아낼 통찰력 있는 리더는 사역을 성공적으로 마친다. 그렇지 못한 리더는 떠나야만 한다. 역사의 흐름 속에 몇몇 분의 영적인 리더가 바뀌는 것을 지켜볼 수밖에 없었다. 때로는 거대한 교회 공동체가 갈등과 고착상태로 혼란스럽게 된 책임이 자신에게 있는 것을 모르고 떠나는 날까지 킹 핀을 찾아다닌 분도 있었다. 위기의 공동체에서 고착상태를 일으킨 주범은 리더일 확률이 가장 높다.

충청도에 있는 교회는 30년 목회한 리더십 교체를 위해 정상적인 회의를 열었다. 담임목사를 내보내야 한다는 성토가 이어졌고 가결까지 일사천리로 진행됐다. 그동안 30년 사역하신 분을 위한 지지 발언은 단한 사람도 없었다. 큰 잘못이 없는 데 지겨움과 독선이 분노의 잔을 채웠던 것이다. 그 상황이 되도록 리더는 전혀 위기를 감지 못했다. 애써 무시했거나 십자가 지고 떠난다고 했단다.

로고스교회를 섬기는 영적 리더로 항상 부족함을 느낀다. 교회 갈등이 컸던 때는 리더십 수준의 한계 때문이었다. 초라하고 부끄러운 일이 많았다. 과거를 부끄러워 할 줄 안다는 것은 그만큼 성장했다는 선배 말에 작은 위로를 받는다. 리더는 끊임없이 자기를 부인해야 한다. 설교, 인격, 비합리적인 이성을 의심하고 괘도를 수정할 때 공동체 위기를 극복할 수 있다. 공동체의 위기는 리더의 책임이다. 시간이 좀 더 흐르고 나면 오늘을 보며 조용히 부끄러워 할 것 같다.

위기를 다루는 실력, 사람을 키우는 전문성, 교회 행정, 미래를 예견하는 통찰력, 사람을 읽어내는 분별력, 성서 해석, 복음 전도자로의 훈련 등 모든 분야에서 탁월함이 요구되는 곳이 교회이다.

안식년을 보내는 동안 로고스교회가 지속적으로 성장할 것을 기대했다. 동역자들이 더 긴장해서 사역을 할 것이라 생각했다. 탁월한 설교자가 주일 강단을 지켰다. 난 멀리서 목회 서신으로 목회를 감당했다. 떠나면 가치의 소중함을 안다. 기대는 단지 이상임을 알았다. 교회는 10퍼센트 정도 마이너스 성장했다. 하루는 새벽 2시에 일어나 교회를 위해 기도하며 고민했다. '안식년 후 어떻게 목회해야 하는가? 마이너스 성장의 원인은 무엇인가?' 원인을 찾아야 했다. 분석 결과 새가족 등록이 예년에 비해서 반으로 줄었다. 교회는 여러 가지 면에서 긍정적인 모습이 보였기에 희망은 머금고 있었다. 동역자 헌신 수준도 높았다.

안식년 마치고 작은 변화를 주었다. 첫째, 교구를 바꿔 긴장을 주었다. 둘째, 전도 담당과 알파 담당을 바꿔 새로움을 불어 넣었다. 셋째, 전도를 강화하고 7년간 한 번도 없었던 '대각성 전도집회 행복한 동행'을 신설했다. 넷째, 교구 내에 있는 지역을 약간씩 조정하고 지역중심에서 관심도, 문화, 영성의 수준을 고려한 목장으로 편성했다. 다섯째, '하·만·특·새(하나님을 만나는 특별새벽기도회)'를 연 2회 만들어 기도 운동을 했다. 하만특새는 14일간 연 2회로 진행했다. 지금은 주 5일 연 5회로 개편했다. 특새 기간에는 교회에서 아침식사를 준비한다. 개근한 사람에게는 작은 선물을 주어 천국에서 맛볼 기쁨을 잠시 누린다. 인간관계, 기도, 영성, 전도, 성령, 하나님의 이름, 예배, 가치관, 시험 등 주제를 정해 진행한다. 외부 강사를 세울 때도 있다. 연 2주는 전도 주제로 특새를 한다.

안식년 마치고 돌아와서 2년간 교회 침체는 계속되다 3년 차에 다시 성장했다. 일산으로 이전할 수 있었다.

03. 두 번째 화살은 피하라

한 성도가 찾아왔다. 로고스교회를 섬기고 있는 교구 목사와 교회를 개척하겠단다. 교구목사도 동의했냐고 물었더니 그 쪽에서 먼저 제안했단다. 안식년 마치고 돌아와 리더십 공백이 채워지고 막 부흥의 불씨가 일어날 때였다. 목회 윤리에 어긋난 목사 태도가 괘씸했지만 피할 수 없는 일이다. 불러 야단친다고 될 일도 아니다. 막는다면 의식수준 높은 사람들이 교회를 세상 기업보다 못하다 할 게 뻔하다. 최고의 보따리를 싸서 줄 순 없어도 최선은 다했다. 그가 요청한 전세금과 월세를 일정기간 지원했다. 개척에 필요한 비품도 지원했고 설립 예배 선물과 음식도 준비했다.

"또 하나의 교회가 세워진다는 것은 누구도 막을 수 없습니다. 방법이 하나님이 기뻐하신 뜻이라고 말할 수는 없어도 아니라고 할 수도 없습니다. 힘껏 도우셔서 건강한 교회 세우시길 기도하겠습니다."

주일 예배 때 교구목사 개척에 협력하기 원하는 사람은 함께 해도 된다고 광고 했다. 40여명이 헌신했다. 좋은 이별은 쉽지 않았다. 떠나기로 한 사람들이 남은 자를 데려가려 회유했다. 회유에 넘어가 떠나는 분은 착하고 선한 분이다. 축적된 에너지를 십자가 복음을 전하고 교회 부흥을 위해 쓰지 못한 게 속상했다. 말도 안 되는 말이 떠돌았다. 개척

나가는 목사에게 내가 폭력을 행사했다는 말이 돌았다. 마지막 달 사례비도 주지 않고 내보냈다는 말이 더해져 남은 자를 계속 흔들었다. 리더십에 손상이 갔다. 먼저 이사 가서 개척 준비하고 있는 목사를 불렀다. 이런 말의 출처를 확인 했더니 자기 잘못이라고 시인했다. 그가 한 말이 충성스런 그의 사람들에 의해 확대 재구성 됐다. 그가 한 작은 말을 사탄이 이용하고 있었다. 그분은 겸손하게 목사의 양심을 버리지 않았다. 예배 광고 시간에 기회를 주면 사실을 밝히고 사과하겠단다. 사과하겠다는 것은 그분이 할 일이고 사과 시키지 않는 것은 내 신앙이다. 예배시간 사과는 허락하지 않았다. 오롯이 감당해야 할 몫이었지만 피해는 컸다. 해명도 설명도 불가능했다. 몇몇이 분노하며 그를 따라 나섰다.

한 회사 대표가 친구를 찾아가 회사 폐업 신고를 하고 싶다고 했다. IMF 경제위기 때도 직원 급여를 단 하루도 미루지 않았던 사장이다. 이번에는 정말 어려워 월급 일부를 먼저 지급하고 나머지는 미뤄 지급 했단다. 며칠 후 대표는 마라톤 대회에 참가했다. 누군가 익명으로 그에게 이메일을 보내왔다.

"월급도 제때 못 주는 사장이 무슨 낯으로 운동을 다니느냐?"

읽는 순간 속이 뒤집혔다. 폐업 유혹까지 몰려왔다. 듣던 친구가 동일한 경험담을 들려주며 공감 위로를 했다. 돌아가는 그에게 뼈에 새길 말을 남겼다.

"리더는 사자 심장을 가져야 한다."

리더가 하나님의 마음으로 모든 사람을 담아내지 못하면 내재된 분노가 공동체를 삼킨다. 교회 위기 6년 설이 있다. 6년에 한 번씩 내·외부 위기를 겪는다. 하여, 하나님이 안식년을 제정하셨다는 해석도 있다.

위기를 잘못 다루면 두 번째 화살을 맞는다. 첫 번째 화살은 3년이면 아물고 능력이 된다. 두 번째 화살을 맞으면 오래가고 상처가 평생 갈수 있다. 신자 빼앗긴다고 생각하며 잘 못 대처했다면 더 큰 상실이 있었을 것이다. 위기를 피할 수는 없지만 피해를 줄일 수는 있다. 떠나겠다는 사람 사랑하고 오는 사람 정중히 환영하면 된다.

공동체 위기는 리더십 부재가 절대적이다. 리더십 부재는 위기를 확산한다. 위기 대처 능력이 떨어지면 당황, 불면, 분노로 이어진다. 하나님은 아브라함에게 이삭을 제물로 바치라 하셨다. 절체절명의 위기였다. 모리아 산까지 사흘 길을 갔다. 아브라함이 이삭을 큰 칼로 내리치려 할 때 하나님의 음성이 있었다.

"아브라함아 아브라함아!"
"내가 여기 있나이다."

아브라함은 놀라지 않았다. 담담하게 "내가 여기 있나이다." 부르심 앞에 자신을 드렸다. 하나님의 명령, 비상식적인 명령에 불순종을 선택할 수 있었다.

"내가 여기 있나이다."

어느 날 새벽 묵상 중에 그의 대답이 이렇게 해석됐다.
"저도 제물로 필요하십니까?"

하나님은 번제에 쓸 양을 준비하셨다. 호들갑 떨지 않았다. 그럼 그렇지 하나님은 그런 분이시라고 좋아하지 않았다. 담담히 말씀에 항복해 그가 할 일을 했다.

04. 성서적 원칙을 따라야 한다.

'요나'라 이름 붙여진 금붕어가 있었다. 매일 같이 어항 안에 갇혀 빙빙 돌며 수영했다. 어항이 삶의 전부였다. 하루는 주인이 어항 청소를 위해 욕조에 물을 채워 이주시켰다. 한 시간 후 어항 청소를 마치고 보니 요나는 어항 속에서 놀던 대로 작은 원을 그리며 욕조 한쪽 구석에서만 헤엄치고 있었다.

위기를 만나서 힘껏 노력해도 인간의 이성과 경험 한계 안에 있다는 것을 인정해야 한다.

아는 선배가 섬기는 교회는 장로님 한 분이 매 주일 마다 장로 가운 입고 앉아 예배드린단다.
"어떻게 하면 좋겠느냐?"

"선배님, 선배님이 목사 가운 벗고 예배를 인도하시면 되죠."

"그래도 가운을 입고 교회 나오면 어떻게 하냐?"

"에어컨을 끄세요. 더우면 벗겠죠."

다른 사람 큰 아픔에 웃으며 말했지만 정작 내 작은 아픔은 뼈 속 깊이 파고든다.

개척 6년 만에 큰 위기를 만났다. 6년 동안 함께한 사람을 중직으로 세웠다. 첫 번째 회의에서 교구목사를 내보내 달라고 했다. 회의 때마다 그의 요구는 도를 넘었다. 이어 교회에서 다른 사람 견제하고 시험에 들게 했다. 6년 동안 대화 나누고 기도하며 장점을 보고 용서하며 이겨냈다. 개인적으로는 버텨 낼만 한데 공동체로 확산하니 피해가 심각해졌다. 그분 때문에 교회를 떠나는 분이 몇 명 생겼다. 그때마다 그분은 사과했다. 번번이 사과만 했다.

"지금 제게 이런 식의 사과가 몇 번째입니까?"

"셀 수도 없습니다. 주님도 절 용서하셨습니다."

이런 경우는 일대일로 만나면 안 된다. 증인 없으면 언어 왜곡을 막을 길이 없다. 의식 왜곡으로 재해석한 내용 전달할 길을 차단할 수도 없다. 새벽에 기도하고 새 힘 얻어서 교회를 휘젓고 다닌다. 증인으로 참여해서 묵묵히 지켜보던 분이 말했다.

"셀 수 없이 사과했다는 말을 저렇게 쉽게 하며 개선의 의지를 보이지 않는 걸 보니 변화 가능성은 없습니다."

교회 사랑하는 다른 분들이 참을 수 없는 지경에 이르렀다. 한편으로는 작은 위로가 됐다. 그동안 홀로 겪어 왔던 고통을 이해해 주는 분이 생겼기 때문이다. 몇몇 분은 교회를 위해 내보내 달라고 요구했다. 그분은 떠날 생각이 없었다. 최대 지분을 가진 자처럼 행동했다. '개척공신' 운운하며 더욱 당당해졌다. 갈등의 골은 깊어 갔고 목회 초보답게 헤맸다. 누구도 대적하지 않고 사랑하기로 결단한 마음이 흔들렸다. 사랑할 수 없었다. 사랑할 만한 사람만 사랑하는 것은 세리들도 한다고 말씀하셨다. 사랑할 수 없는 자를 사랑하라 하신 말씀이 그때처럼 어려웠던 적은 없었다. '흐르는 강물처럼' 목회하면 모든 것을 담을 수 있다고 생각했는데 쉽지 않았다.

안수집사와 권사 후보자는 예정된 임직식을 미루면서까지 그분의 퇴진을 요구했다. 상황이 점점 복잡해졌다. 작전타임을 걸고 그분을 제외한 모든 중직들을 모이게 했다.

"우리가 부족한 사람과 함께하지 못한다면 우리가 부족할 때 후배들이 우리를 향해 똑같은 요구를 할 수 있습니다."

"참새 한 마리도 하나님이 허락하지 않으시면 땅에 떨어지지 않습니다. 그분을 세우신 분은 하나님입니다. 이 고통을 하나님 앞에서 이해해야 합니다."

"또한 그분을 세운 것은 저와 여러분입니다. 우리의 책임을 생각해야 합니다."

"훗날 여러분 중에 이와 같은 분이 나오지 말란 법 없습니다. 그때마다 사람 내치면 교회의 존재 이유가 없습니다."

모인 사람들은 목사의 가르침에 순종했지만 갈등은 계속됐다. 다시 모임을 소집하고 설득하고 기도했다. 반복에 반복은 공동체를 지치게 했다. 기도밖에 없다. 오직 기도.

"우리가 원하는 대로 일을 처리하면 지금은 속이 후련하지만 일이 해결된 순간부터 영적인 타격을 입습니다. 평생 동안 누구를 내보냈다는 마음의 상처를 안고 살아야 합니다. 나는 사랑하는 로고스교회 중직이 누군가 내보내고 평생 영적인 상처 안고 살아가지 않기를 바랍니다. 조금 기다리면 하나님이 역사하실 것입니다."

그분 포함 리더그룹이 함께 여행을 가기로 했다. 화해 여행을 만들어 주어 고맙다던 당사자는 당일 나타나지 않았다. 그날 그 여행은 마치 사람을 가득 태운 열기구가 뻥 터져 바닥 향해 곤두박질치는 것 같았다. 그분 없는 설악산은 의외로 좋았다. 합력해서 선을 이루셨다. 화해보다 힐링이 먼저였다. 그분과 함께 할 수 없었지만 우리가 할 수 있는 최선을 다했다. 중직들이 울산바위를 오르며 마음을 열었다. 새벽까지 이어진 대화 결론은 교회를 향한 하나님의 훈련으로 받아들였다. 주님의 교회 위해 자기가 할 일에만 집중하기로 했다. 그분은 계속해서 갈등을 유발하고 다녔지만 내성이 쌓였든지 훈련이 됐든지 잘 넘겼다.

네 손에 넘기리니 네 생각에 좋은 대로 그에게 행하라 하시더니 이것이 그 날이니이다 하니 다윗이 일어나서 사울의 겉옷 자락을 가만히 베니라 그리 한 후에 사울의 옷 자락 벰으로 말미암아 다윗의 마음이 찔려 자기 사람들에게 이르되 내가 손을 들어 여호와의 기름 부음을 받은 내 주를 치는 것은 여호와께서 금하시는 것이니 그는 여호와의 기름 부음을 받은 자가 됨이라 하고 다윗이 이 말로 자기 사람들을 금하여 사울을 해하지 못하게 하니라 사울이 일어나 굴에서 나가 자기 길을 가니라(삼상 24:4-7, 개역개정)

여행 약발이 몇 주 못 갔다. 그분의 몽니는 극에 달했다. 한 남자 집사님께서 눈물을 보이셨다.

"세상에서 전쟁하듯 살다 교회 오면 위로가 있어야 하는데 세상보다 더 힘들어요. 교회를 떠날 수도 없고, 그 사람을 쫓아낼 수도 없으니 죽겠습니다."

"조금만 참읍시다. 공동체 유전인자 만드는 중입니다. 그럴 리가 없겠지만 제가 부족하고 마음에 안 들면 제게도 그렇게 하시겠습니까? 이것은 우리 모두를 향한 하나님의 훈련입니다. 환난은 인내, 인내는 연단, 연단은 소망을 이룹니다."

그렇게 답했지만 내 영혼은 활화산 같은 분노로 터지기 일보 직전이었다. 이런 상황이 전개되면 듣지 말아야 할 말도, 미숙하고 거친 언어도 듣는다. 지루한 영적 전쟁이 심화된 지 5개월, 로고스교회는 앞으로 나아가지 못하고 맴돌고 있었다. 리더의 우유부단함이 극에 달한다는 말을 들었다. 혹시 무슨 약점 잡힌 게 있어서 그렇게 감싸는 것 아니냐는 말도 했다. 그분은 끊임없이 자신을 퇴진시키기 위해 내가 만든 시나리오라고 했다. 이렇게 힘들때 드린 기도는 딱 하나였다.

"성자가 될 수는 없지만, 주님처럼 생각할 수는 없지만, 목사라는 이름에는 부끄럽지 않은 생각과 결정할 수 있는 능력을 주십시오."

야곱이 아침에 보니 레아라 라반에게 이르되 외삼촌이 어찌하여 내게 이같이 행하셨나이까 내가 라헬을 위하여 외삼촌을 섬기지 아니하였나이까 외삼촌이 나를 속이심은 어찌됨이니이까(창 29:25, 개역개정)

야곱이 또한 라헬에게로 들어갔고 그가 레아보다 라헬을 더 사랑하여 다시 칠 년 동안 라반을 섬겼더라(창 29:30, 개역개정)

내가 외삼촌의 집에 있는 이 이십 년 동안 외삼촌의 두 딸을 위하여 십사 년, 외삼촌의 양 떼를 위하여 육 년을 외삼촌에게 봉사하였거니와 외삼촌께서 내 품삯을 열 번이나 바꾸셨으며(창 31:41, 개역개정)

리더는 개인감정보다 공동체가 더 중요하다는 생각을 놓지 말아야 한다. 공동체 미래 위해 생각하고 대응했다. 선배님께 거의 매일 전화해서 위로받고 대처했다.

"모든 교회가 겪는 고통이요 성장통이다. 난 장로님이 기도시간에 '우리 목사님 성령도 떠나고 영력도 침체 됐는데….' 라는 기도를 몇 년을 듣고 살아야 했다."

위로가 됐다. 잘 참았다. 최후의 발악이 시작됐다. 그분의 아내가 예배 시간에 맨 앞자리에서 앉아 뱀 지나가는 소리를 내며 설교를 방해한다. 목회 코치가 없었다면 오늘 로고스교회를 기대할 수 없다. 그 상황에서 바꿀 수 있는 것은 내 마음밖에 없었다. 야곱과 라반 관계를 묵상하며 20년만 참기로 했다. 기다리면 하나님이 해결하실 것이라고 믿었다. 믿음이다.

내가 진정으로 진정으로 네게 말한다. 네가 젊어서는 스스로 띠를 띠고 네가 가고 싶은 곳을 다녔으나, 네가 늙어서는 남들이 네 팔을 벌릴 것이고, 너를 묶어서 네가 바라지 않는 곳으로 끌고 갈 것이다(요 21:18, 새번역)

'어렵긴 해도 잘 이겨내고 있다.' 생각했지만 정말 로고스교회를 포기하고 싶었다. 이럴 때 받은 청빙 제안은 풀기 어려운 시험이었다. 선배님을 생각했다. 한경직, 김창인, 조용기, 곽선희, 김선도, 옥한흠 목사님은 개척한 교회에서 사역 마치신 분이다. 그분도 똑같은 산을 넘었을 게다. 아니 더 큰 산을 넘었을 것이다. 어려움이 있을 때 피하기를 기도하지 않았다. 넘을 능력 구했다. 리더는 위기가 왔을 때 떠나면 안 된다. 새로운 곳에서도 위기 생길 것이고 더 악한 상황으로 떠날 일이 생길 수도 있다. 말씀묵상과 기도 밖에 다른 길은 없다.

그때 매력적인 교회에서 청빙 의사를 전해왔다. '하나님의 뜻인가?' 생각했다. 10년 후 로고스교회에서 받을까 말까 한 조건을 제시했다. "리더는 원하는 곳에 서는 게 아니라 필요한 곳에 서야 한다."는 말을 담고 '의사결정 원칙'들을 꼼꼼히 따졌다. 떠날 수 없었다.

치열한 갈등의 시간을 지나자 하나님은 서로에게 하프타임을 주셨다. 또 6개월이 지나서 흐르는 강물처럼 자연스럽게 해결됐다. 서부 영화 한 장면을 연상했다. 총을 든 두 사나가 최후의 결투를 벌인다. 사막의 모래 바람 속에서 등을 돌리고 몇 걸음 걷는다. 음악은 점점 긴장을 고조시키고 한 줄기 바람이 먼지를 일으키며 스친다. 두 사람은 돌아서서 서로에게 총을 겨눈다. 총성 한방으로 결론이 난다. 주인공은 살고 악당은 죽는다. 총성은 없었지만 하나님이 승리하셨다. 사람은 하루 앞을 보지 못하고 힘들어 한다.

그분은 회사에서 발령이 나서 먼 곳으로 떠났다. 다시 돌아오지 않았다. 그분도 살고 나도 살고 교회도 살았다. 자연스럽게 조용하게 그렇게 해결됐다. 하나님께 영광 올려 드린다. 힘든 상황에서 변함없는 신뢰를 보여준 교회에 감사하다. 하나님은 이런 어려움을 통해 로고스교회를 훈련하셨다.

실패나 고통 때문에 포기하거나 도망가고 싶을 때 하나님 앞에 서야 한다. 한 번 도망치면 다른 곳에서 동일한 유형의 적을 만난다. 고통을 통해 하나님이 무엇을 훈련하고자 하시는지 깨달아야 한다. 하나님의 목적을 묵상하고 그 뜻을 발견하면 하나님은 위기를 해결해 주신다. 그 뜻을 발견하지 못하면 고통은 훨씬 더 길어진다. 위기가 생기면 깊은 수렁에 점점 깊게 빠져 든다. 감정적인 대응을 하기 일쑤다. 그때가 하나님께 작전 타임을 요청할 때다. 하나님이 지시하신다. 하나님이 말씀하신다. 기록된 말씀이 있다. 성경 속으로 들어가 하나님의 방법을 지시 받아야 한다. 혹시 공동체 위기를 잘못 다뤄서 아픔이 있다면 실패라 정의하지 말자. 그렇게 하면 안 된다는 것을 배웠으니 한 걸음 더 성숙하면 될 일이다.

관계 위기 앞에서 "하나님을 사랑하는 자 곧 그의 뜻대로 부르심을 입은 자들에게는 모든 것이 합력하여 선을 이룬다."는 말씀을 수천 번도 더 묵상했다. 절망, 승리 앞에서도 고백한다. 목회 성공도 자랑할 게 못되고 실패도 부끄러워 할 게 아니다. 고통은 리더를 연단해 강하게 함으로 선을 이루신다.

베드로는 3년간 제자 훈련을 주님께 직접 받았지만 배반했다. 여기까지만 보면 주님의 제자 훈련은 실패한 것처럼 보인다. 주님은 베드로를 포기하지 않으셨다. 베드로에게 먼저 찾아가셨다. 다시 찾아가셨다. "지금 잡은 생선을 좀 가져오라. 와서 아침먹자."고 하셨다. 리더는 포기하고 싶은 수많은 일들과 위기, 그리고 사람을 만난다. 포기하면 안된다. 주님이 우리를 포기하지 않으셨다.

리더가 고통과 절망의 자리에서 말씀 앞에 서지 않으면 공동체는 불행해 진다. 주님이 배반자 베드로와 아침 식사 하셨듯이 누구와도 식사해야 한다. 미운 사람일수록 백 번도 더 먹어야 한다. 미운 사람은 없다. 관심과 사랑이 더 필요한 뿐.

리더가 위기를 만날 때 원하지 않아도 코치로 나서는 사람이 많다. 사람 분별해야 한다. 하나님의 말씀에 입각해서 코칭 하는 분을 찾아야 한다. 파괴적이고 분열의 영을 가진 분을 만나면 안 된다. 말씀에 항복한 인격자를 찾아야 한다.

목회자도 성도도 한 번 교회 옮기면 두 번은 쉬워진다. 위기와 갈등이 생길 때마다 옮긴다. 몇몇 분은 우리 교회 등록 했다가 다른 교회로 갔다. 5-6년 동안 다섯 교회도 넘게 옮겨 다니는 분도 봤다. 그분이 다닐 만한 교회는 지구상에 존재하지 않는다.

목회자도 사표를 쓰거나 임지를 옮기고 싶을 때가 있다. 좋을 때가 아니면 옮기지 않는 게 좋다. 공동체의 한계가 아니라 자신의 한계다. 죽고 나면 부활한다. 그때 새로운 길이 열리면 몰라도 힘들 때는 죽어야 한다.

공동체에 닥친 위기 잘 못 다루면 더 커진다. 위기나 고통을 없애 주시라 기도하지 않았다. 불편해 하지 않을 능력, 흔들리지 않을 영성을 구했다. 위기나 영적인 공격에 가장 강력한 무기는 십자가다.

이보람 집사

VIP가 돼 보셨나요? '나'라는 존재가 특별해지는 시간. 날 너무나도 사랑하시는 주님을 다시 만나게 해준 로고스교회. 나를 가치 있는 사람으로 만들어준 로고스교회를 알게 되어 너무나 행복합니다.

2016년 6월 로고스교회를 처음 만나게 됐고, 제2의 인생이 시작됐죠. 보기엔 귀하게 자란 화초 같아도 괴로움의 나날들이었는데요. 젊은 나이에 남들이 말하는 성공을 누렸습니다. 탄탄대로였죠. 성공은 그리 오래가지 않았습니다. 남편의 사업이 완전히 무너져 내렸습니다. 서울에서 수원, 수원에서 대전으로 쫓기듯 다녔죠. 집에는 빨간딱지들로 가득했습니다. 드라마에서나 보는 줄 알았는데, 쌀 한 톨이 없어 울며 기도한 날도 많았습니다.

하나님의 선물인 세 아이도 큰 시련으로 느껴졌습니다. 우울증에 아무런 희망도 보지 못하고 하나님을 원망했죠. 설상가상으로 의지하던 신앙의 멘토를 잃는 아픔까지 겪으면서 신앙은 바닥으로 떨어졌습니다. 공황장애도 생겼습니다. 저를 위해 기도해주신 분들이 없었다면 이 자리에 서지 못했을 겁니다.

파주로 이사 왔습니다. 목회자이신 아버지 권유로 로고스교회 문을 열었습니다. 여러 가지로 큰 부담이었지만 첫 주부터 눈물 콧물 다 쏟고, 저와 남편은 강한 이끌림에 등록했습니다. 세 아이도 어찌나 적응을 잘하든지요. 교회 가는 날만 손꼽아 기다렸습니다. 3월에 편성 받은 목장도 참 좋습니다. 한 분 한 분 가족같이 챙겨주심에 마음이 열렸습니다. 마침 교회에선 알파가 준비되고 있었는데요. 부목사님과 교구장 박인숙 권사님의 권유로 참여했습니다.

솔직히 처음에는 별 관심이 없었는데요. 입구부터 스텝의 환영을 받아 어찌나 감사한지, 몸 둘 바를 모르겠더라고요. 'VIP 이보람' 제 마음을 강하게 흔들었죠. 기분이 묘했습니다. 어디서 이런 대접을 받았던 적이 있었나? 몇 년 사이에 자존감도 떨어지고, 스스로가 너무 미워 자책하며 살았어요. 매번 자신에게 지던 저를 특별한 사람으로 만들어준 게 '알파' 입니다.

첫 시간, 조별로 모여 인사와 자기소개 시간입니다. 조원은 처음 뵙고, 어색하기 마련인데 어디서 그런 용기가 났는지 그동안의 아픔들을 술술술 얘기했습니다. 정말 작정하고 찾아간 사람처럼 울며 얘기했습니다. 덕분에 화장도 다 지워질 정도였죠. 하나님이 제 마음을 움직이시는데 주체할 수가 없었습니다. 교회가 아니었다면 상상도 못할 일이죠.

놀랄 법도 한데 조원들은 따뜻한 눈빛으로 조용히 들어주셨어요. 함께 눈물을 흘린 분도 계셨습니다. 얘기하는 동안 침묵 머금은 따뜻한 손으로 꼭 잡아주기도 했어요. 앞으로 보게 될 제 모습이 기대된다며 함께 기도해 주셨습니다. 기대가 넘쳤습니다. 주중에도 알파 시간이 너무 기다려졌죠. 알파를 통해 달라질 제 모습이 궁금해지기 시작했습니다. 혼자가 아니라 함께 할 수 있음이 가장 큰 위로와 은혜였습니다.

몇 주간의 과정을 통해 예수님은 누구신지, 기도는 어떻게 해야 하는지, 믿음이란 무엇인지 배웠습니다. 교회란 어떤 곳인지 어설프게 알고 있었거나 잊어버렸던 내용을 다시 한 번 정리했습니다. 한기덕 집사님이 '신유'에 대해 강의하실 때가 기억에 남네요. 치유하시고 회복하시는 놀라운 하나님의 능력을 경험했죠. 강의 내내 저도 모르게 눈물이 났습니다. 하나님이 왜 나를 로고스교회로 인도하셨는지 알았습니다. 알파를 왜 하게 됐는지 미리 계획하고 계셨음을 절실히 느꼈습니다.

하이라이트는 마지막 주에 있었던 성령수양회입니다. 잃어버렸던 방언도 다시 회복했고요. 함께 끌어안고, 손잡고 눈물 흘리면서 기도할 수 있었던 그 시간이 은혜였습니다. 정말 마음이 따뜻하다 못해 뜨거워졌고요. 기도하는 가운데 가슴속, 깊이 박혀있던 커다란 바위 하나를 맨주먹으로 격파해 날려버린 것만큼이나 통쾌하고 시원함이 몰려왔습니다. 그동안 미워하고 인정하지 못했던 제 자신을 용서하고 사랑할 수 있게 됐습니다.

성령님을 만나고 마음에 큰 평안과 위로가 임했는데요. 제 안에 어둠은 모두 물러가고 기쁨으로 충만해졌죠. 남편과 세 아이들 그리고 말로 설명할 수 없었던 모든 상황이 그저 감사, 또 감사였습니다. 하나님이 저를 정말 사랑하고, 모든 필요를 풍성히 채우시는 분임을 온전히 신뢰합니다. 빠른 성공, 이른 축복만이 정답은 아님을 알게 됐습니다.

여러 과정을 통해 언젠간 겪을 수밖에 없는 고난을 극복하는 힘, 대처하는 능력들을 일찍 훈련시키셨죠. 연단의 시간이었습니다. 덕분에 비슷한 상황에 처해있는 많은 사람들에게 힘이 되고 위로해줄 용기가 생겼습니다. 함께 울 수 있는 큰 은사를 허락받았죠. 시험이 아니라 축복이었습니다. 그간의 기억들이 소중한 은혜의 시간이 됐습니다. 로고스교회가 없었다면, 알파를 시작하지 않았더라면 아직도 깊은 어둠속에 헤매고 있었겠죠. 함께 해주신 분들이 있어 더 성장했고 다시 한 번 이겨냈습니다.

늘 패배만 했던 인생의 긴긴 싸움에서 승리할 수 있도록 기도로 삶으로 도와주신 모든 분께 감사합니다. 감사합니다. 정말 감사합니다. 사랑하고 축복합니다. 더 잘 성장해 21기 알파 때 섬기는 사람이 되겠습니다. 모든 영광 하나님께 올려드립니다.

이보람집사는 알파와 간증 후 용기를 얻고
교육 사업을 시작해서 주님과 동행하고 있다.

Pathfinder
Leadership

PART 3

건강한 교회를 완성하는
목회 리더십

목회의 완성은 없다. 온전한 목사와 목회도 없다.
온전한 목회를 포기하지 않을 뿐이다.

짐을 지라: 자기 짐, 남의 짐, 서로 짐을 지라

예수께서 떡을 가져 축사하신 후에 앉아 있는 자들에게 나눠 주시고 물고기도 그렇게 그들의 원대로 주시니라(요 6:11, 개역개정)

이건희 회장은 2005년 전경련 회장직을 여러 번 제안 받았다. 결정에 앞서 30명 자문위원의 조언에 귀 기울였다. 자문위원은 '주력 상품 찾는 일에 더 주력하는 것이 애국하는 길, 전경련 회장 맞지 않는 것이 삼성의 세계 경쟁력 유지하는 것'이라 했다. 자문단의 조언은 유의미했다. 회장직을 수락하지 않았다.

삼성을 세계적인 기업으로 키운 리더십이라면 웬만한 일은 혼자 결정해도 될 것이다. 함께해야 할 사람은 혼자 결정하고 혼자 해도 될 사람은 함께하려 한다. 모든 일을 잘할 수 있는 리더는 없다. 누군가 져야 할 자기 짐이 자기만의 것은 아니란 사실을 알아야 한다. 먼저 자기 짐을 자기가 지려는 책임의식이 우선이다.

01. 자기 짐 지기

주님의 공동체는 여자와 아이를 뺀 5천 명을 먹여야 했다. 여자와 아이를 합치면 1만 5천명은 될 것으로 추산한다. 빈들이었다. 먹을 게 없었다. 구할 곳을 찾아도 떡을 구하기 쉽지 않은 형국이다. 주님은 빌립을 부르셨다. 시험하기 위해서였다. "우리가 어디서 떡을 사서 이 사람들을 먹이겠느냐?" 빌립은 주님께 다시 여쭙지 않았다. 온갖 계산에 재간을 더해 답을 냈다.

"각 사람으로 조금씩 받게 할지라도 이백 데나리온의 떡이 부족할 것입니다."

안드레는 묻지 않았는데 끼어들었다.

"여기 보리떡 다섯 개와 물고기 두 마리가 있나이다. 그러나 이것으로 무엇을 할 수 있겠습니까?"

이미 이적을 체험한 제자들이었지만 큰 과제 앞에 주님의 능력을 기억하지 못했다. 인생 불가능을 해결하시는 전문가 주님께 의존하지 않았다.

"너희가 먹을 것을 주어라."

주님은 제자들에게 책임을 가르치셨다. 도움 받을 자격은 자신의 책임을 다한 자에게 주어진다. 자기 짐을 지려 하지 않는 자는 리더가 아니다. 제자들은 말씀만 먹이는 게 아니라 그들의 필요도 채워야 했다. 주님 부활하신 후 공동체가 당면한 과제를 푸는데 있어서 각자 책임을 가르치셨다. "너희가 먹을 것을 주어라."

고수나 전문가들은 책임의식으로 무장했다. 전문성이 결여되면 작은 문제도 커진다. 일생에 한 번 고수를 만나면 좋다. 어렵지 않게 답을 낸다. 답을 모르는 게 문제가 아니라 답을 따르지 않는 게 문제다. 고수들은 무거운 짐을 무거워하지 않는다. 많은 일에 허덕이지 않는다. 많은 일도 가볍게 담당한다. 많은 일 보다 중요한 일을 한다. 자기 짐을 남에게 맡기지 않는다.

리더는 교회 성장 프로젝트 완성 위해 책임의식으로 무장해야 한다. 하나님은 사람 통해 일하시지만 사람 의지하는 것은 극히 싫어하신다. 개척자는 교회 부흥, 건축 등 많은 산을 넘어야 한다. 이때 희생과 책임 없이 누군가의 힘을 이용하면 낭패 본다. 한 방에 전세를 뒤집을 구원투수를 찾으면 파멸로 간다.

교회의 부흥회는 색다른 은혜를 기대하기에 좋은 교육 기회다. 집회 인도 가보면 유아기적 발상 가진 리더를 만난다. 속 썩이는 사람을 강사에게 이른다. 리더도 공동체도 불쌍해 보인다. 부흥회는 필요하지만 리더가 부흥회를 통해 배우고 성장하면 공동체는 성장한다. 공동체를 책임지려는 리더십은 기본이요, 꽃이다.

여호와께서 그를 향하여 이르시되 너는 가서 이 너의 힘으로 이스라엘을 미디안의 손에서 구원하라 내가 너를 보낸 것이 아니냐 하시니라(삿 6:14, 개역개정)

기드온에게 '너의 힘으로' 백성을 구원하라 하셨다. 하나님을 의지하고 기다릴 것을 명할 때가 있다. 준비된 사람을 통해 과제를 해결하실 때가 있다. 그때가 지금이다.

'비둘기 오류'라 정의한다. 뱀처럼 생각하고 비둘기처럼 순결하게 살아야 하는데 비둘기처럼 생각하고 뱀처럼 살면 대책 없다. 성령은 순결하시다. 교회 내부 문제는 교회 내에서 해결해야 한다. 그 문제가 교단법, 사회법으로 간다면 리더가 내부에서 리더십을 잃었다는 것을 스스로 증명하는 것이다. 코치의 조언을 받아 기도하고 생각을 생각해서 정리한 결론이다. 교회 문제나 갈등을 책임지려는 의식이 없다면 누구도 그 사람을 리더로 인정하지 않는다.

법적인 문제가 발생하면 모든 위기의 책임을 리더가 져야 한다. 세상 법정에 가는 순간 리더는 리더가 아니다. 책임을 떠넘기고 법에게 물으면 생겨날 일을 보자.

첫째, 소송 끝날 때까지 리더는 많은 시간을 창조적인 일에 사용하지 못한다. 소송 후 리더와 공동체가 입은 상처는 평생 갈 수 있다.

둘째, 교회 안에 믿음이 연약하거나 중간 지대 사람들에게 리더와 교회를 떠날 빌미를 준다.

셋째, 자칭 의롭고 저항 기질이 강한 사람에게 에너지를 공급해 줌으로 잠자는 그들을 깨우는 꼴이다.

넷째, 소송이 끝날 때까지 그 이야기가 주제가 된다. 주님은 없고 문제만 있는 교회가 된다. 교회의 주인은 주님의 십자가다.

다섯째, 위기와 갈등이 지역사회에 소문난다. 사탄은 소문을 이용해 전도의 문을 닫는다.

여섯째, 리더를 향한 훈련으로 채널을 하나님께 고정해야 함에도 사람에게 고정하는 치명적인 오류를 범한다.

일곱째, 위기의 근원에 파교 혹은 출교 판결이 난다 할지라도 떠나지 않고 버티며 죽을 힘을 다해 도전함으로 더 힘들어진다.

고속도로를 달리는데 모기가 거슬린다. 모기 한 마리 잡으려다 잡지도 못하고 사고 난 꼴이다. 운전자가 죽을 수도 있다. 모기도 먹고 살아야 하니 수혈했다 치면 되는데 모기 잡으려다 공동체 잡는다. 이게 내 짐이려니 해야 한다.

02. 짐을 나누라

패스파인더 리더는 개척한 교회가 중견 교회로 성장하면 모세에서 여호수아 리더십으로 전환해야 한다. 쉬운 일이 아니다. 유목민 생활을 하다 정착민으로 살려면 알을 깨고 나오는 전환이 필요하다. 모세가 미련하게 일할 때 하나님은 이드로를 붙이셨다. 십부장, 백부장에게 위임했다. 조직을 갖춘 것이다.

후회하는 것 몇 가지가 있다. 첫째는 꼭 그렇게 하지 않아도 될 일을 그렇게 한 것이다. 보편적인 것이 아름다운데 좀 다른 목사가 되고 싶었다. 그것 역시 유혹이란 것을 알았다. 둘째는 도움을 요청해도 될 일을 하지 않았다. 하나님만 바라본다고 기다렸던 어리석음이다. 하나님이 허락하신 도움도 거절한다면 그것은 교만이다. 더 중요한 일을 위해 덜 중요한 일을 위임해야 한다. 리더의 에너지는 한계가 있다.

너는 어서 속히 내게로 오라(딤후 4:9, 개역개정)

사도 바울은 디모데를 불렀다. 겉옷과 양피지에 쓴 책도 요청했다. 사사로운 부탁도 할 수 있는 사람이다. 장막을 지어가며 비용을 조달했지만 그것으로 모든 것을 감당할 수 없었다. 서신서 말미에 남긴 이름들은 동역자요 후원자 그룹이었다. 장막 짓는 멋진 영성만 보였다. 한때 교회에서 사례 받지 않는 목회도 생각했다. 목자는 자기 양의 젖을 먹어야 한다는 것을 배우기까지 제법 시간이 필요했다. 사도 바울 신학의 나무만 보고 숲은 보지 못했다. 하나님이 사람을 통해 일하신다는 것을 알았지만 도움 받는 것이 어색한 유아적인 자존심이었다. 주는 자가 받는 자보다 복되다는 말씀만 좋아했다. 줄 것이 없을 때도 그러했다.

1990년 상개중앙교회를 개척하고 대신교회 부목사로 떠나는 날 알았다. 내 것이라고 할 수 있는 것은 없다. 교회도 목회도 소유도 주님의 것이다. 주님의 교회를 건강하고 빠르게 자립교회로 세우는 것은 하나님의 기쁨이다. 개척 초기에 도움받아 자립하고 누군가를 돕는 목회로의 전환은 축복이다.

내게로 올라와 나를 도우라 우리가 기브온을 치자 이는 기브온이 여호수아와 이스라엘 자손과 더불어 화친하였음이니라 하매(수 10:4, 개역개정)

여호수아도 도움을 청했다. 여호수아가 죽고 사사시대가 열린다. 전쟁이 날 때마다 하나님께 기도했다. 하나님은 사사시대 첫 번째 전쟁이 발발할 때 유다가 먼저 올라가 싸우라 하신다. 유다는 혼자 가지 않고 형제 시므온에게 도움을 요청한다.

여호수아가 죽은 후에 이스라엘 자손이 여호와께 여쭈어 이르되 우리 가운데 누가 먼저 올라가서 가나안 족속과 싸우리이까 여호와께서 이르시되 유다가 올라갈지니라 보라 내가 이 땅을 그의 손에 넘겨 주었노라 하시니라 유다가 그의 형제 시므온에게 이르되 내가 제비 뽑아 얻은 땅에 나와 함께 올라가서 가나안 족속과 싸우자 그리하면 나도 네가 제비 뽑아 얻은 땅에 함께 가리라 하니 이에 시므온이 그와 함께 가니래(삿 1:1-3, 개역개정)

기도 부탁만 했다. 물질 후원은 부탁하지 않았다. 부탁 안 한 것이 아니라 못한 것이다. 거절당할 용기가 없었다. 주님의 교회를 위해 정중하게 부탁하고 거절하면 주님의 뜻으로 받으면 될 일이다. 참 쉽다. 모든 일의 주재권을 주님께 드리고 좋은 일할 뿐이다. 쉬운 목회를 어렵게 한 것이 한계였다. 하나님이 준비하신 후원자 그룹을 볼 수 있는 눈도 없었다. 로고스교회는 대신교회 후원으로 세워졌다. 교회 후원도 후원이다. 대신교회 후원이 없었다면 오늘 로고스교회는 태어나지도 못했다. 개척 초기 신학대학원을 졸업한 전도사 두 분이 함께 해 주었다. 많은 도움을 받았고 받고 있으면서 도움을 요청하지 않았다고 생각하는 오류에 잠겼다.

느헤미야는 페르시아 아닥사스다 왕의 술 따르는 관원이었다. 포로였던 그가 왕의 생명을 손에 쥘 수 있는 자리에 앉은 것은 느헤미야가 하나님의 사람으로 실력을 인정받으며 신뢰를 얻었단 말이다. 동생 하나니

로부터 예루살렘이 큰 환난을 만나 능욕을 당하며 성벽은 훼파되고 성문들은 소화됐다는 소식을 듣는다. 슬피 울며 금식 기도를 했다. 하루는 근심어린 그의 얼굴을 보고 아닥사스다 왕이 묻는다. 기다렸다는 듯이 부탁한다.

나를 유다 땅 나의 조상들의 묘실이 있는 성읍에 보내어 그 성을 건축하게 하옵소서(느 2:5b, 개역개정)

'행운은 준비가 기회를 만날 때 온다' 는 세네카의 말처럼 왕은 예루살렘 성벽 재건 후 복귀 할 것을 조건부로 느헤미야의 요청을 허락한다. 더하여 당돌하게 예루살렘으로 이동할 때 자신의 안전을 보장해 줄 것과 왕의 재산 일부를 성벽재건에 쓸 수 있도록 허락받는다. 삼림 감독 아삽에게 영문과 성곽 재건에 필요한 목재를 주라고 명한다. 군대장관과 마병까지 딸려 보낸다. 느헤미야는 어디에 있던지 주어진 일에 성실히 임했다. 자신이 무엇을 어떻게 해야 할지 정확히 알았다.

하나님의 종이 하나님 일을 내 일인양 하기에 도움 요청에 닫혀있다. 물론 일면식도 없는데 도움을 요청하란 말은 아니다. 돼지처럼 일생을 자기 배만 채우며 도움을 요청하는 거지영성을 두둔하는 것도 아니다.

친구가 어렸을 때 물에 빠져 죽을 뻔했던 경험을 들려주었다. 개울에서 멱을 감다가 잘못해서 깊은 곳에 빠졌다. 물속에서 허우적거리는 순간에도 "사람 살려!" 외칠 수가 없었단다. 창피해서 말이 안 나왔단다. 가능한 일일지 아직도 이해 중이다.

리더는 느헤미야의 심장을 달라고 기도해야 한다. 만일 외부에 물질적인 지원 요청이 필요하다면 담대하고 당당하게 해야 한다. 어차피 우리가 하는 모든 일은 우리를 위한 일이 아니고 하나님을 위한 일이기에 하나님의 역사에 동참할 기회를 준다는 믿음을 가질 필요가 있다.

03. 짐은 내려놓고 길을 물어라

멘토(Mentor)는 그리스 신화에서 찾을 수 있다. 이타이카 왕인 오디세우스가 트로이 전쟁에 나갔다. 아들 텔레마쿠스를 교육시킬 사람을 찾았다. 선택된 사람은 멘토였다. 이타이카에서 가장 지혜로운 사람으로 알려진 철학자였다. 텔레마쿠스의 친구, 선생, 상담자가 되어 잘 돌봤다. 21년 만에 전쟁을 마치고 돌아 온 왕이 잘 자란 아들을 만난다. 후로 멘토는 '지혜와 신뢰로 한 사람의 인생을 이끌어 주는 사람'이라는 의미를 머금고 사용했고 오늘에 이른다. 오랜 세월 내려온 도제(apprenticeship) 개념은 '나이와 경험이 많은 사람이 학습자에게 지식을 전수하고 기술을 가르쳐 준다'는 뜻에서 비슷한 의미다.

에드워드 스미스(Edward J. Smith)는 〈물위의 궁전〉으로 불렸던 초호화 유람선 타이타닉호의 선장이었다. 두 차례 운항 사고로 실추된 명예를 되찾기로 결심한 그는 타이타닉의 항해를 시작했다. 항해를 시작하며 항로와 속도를 직접 입력했다. 선장의 욕망과 가장 빠른 시간에 항해를 마친 배의 기록을 가지려는 해운회사의 실리가 퍼펙트스톰을 만들었다. 빙산을 주의해야 한다는 전문가의 조언을 귀담아 듣지 않았다. 대형 비극은 이렇게 작은 것에서 비롯된다. 선장은 '하나님도 이

배를 침몰시킬 수 없다!' 는 자만함을 연료로 속도를 올렸다. 오직 시간을 앞당겨 도착하려는 선사와 선장의 욕망을 승선한 고객은 알 수 없었다. 1,513명의 목숨을 앗아간 대참사는 그날 터졌지만 예견된 사고였다. 선장의 명예는 타이타닉과 함께 수장됐고 그의 이름은 '비참한 패배자' 의 반열에 올랐다.

로고스호가 항해를 시작한지 2년 6개월 만에 첫 번째 고착상태를 만났다. 개척 교회를 등록한 성도들의 개인적인 한계와 공동체성의 한계가 드러났다. 그대로 가면 마이너스 성장이 보였다. 거대한 빙산은 아니지만 지루한 장마의 시작이었다. 이대로 멈출 것인지 앞으로 나가야 할 것인지 둘 중 하나였다. 먹고 살고 교회를 유지하는 일은 별 문제가 없었다. 속도를 중시하는 게 아닌가 하는 의심이 들었다. 잘못된 결정으로 인해 타이타닉호와 같은 결말을 맞이하는 공동체가 되지 않기 위해 멘토이신 백운교회 류정호 목사님을 뵈었다.

목사님은 개척 선배이시다.

"교회 건축이 쉬운 일은 아니다. 지금 포기하면 10년을 잃어버릴 것이고 도전하면 10년을 얻을 것이다. 교회 건축이 부흥의 제1요인은 아니지만 목회자 다음으로 중요하다. 지금은 교인들이나 목사나 뭘 모르기 때문에 도전할 수 있다. 지금 아니어도 언젠가 넘어야 할 산이 개척자에게는 교회 건축이다."

먼저 그 길을 걸어보신 멘토의 가르침에 이어 만리현교회 김구식 장로님을 뵈었다. 성공적인 사업가였다. 성공한 사람에게는 성공 DNA가 있다. 로고스교회 재정, 출석, 지역 상황을 정직하고 소상하게 말씀드렸더니 의외를 답을 내셨다.

"몇 명이 출석하는지 중요하지만 그것은 숫자에 불과하다. 첫째는 리더가 사례비 없이 몇 년 살 희생을 각오하는 것이고 둘째는 성도들의 하나 된 마음이다."

교회 고등부 시절 성경공부를 지도해 주셨던 조병하 장로님은 광야의 영성을 말씀해주셨다.

"하나님이 함께하지 않으시면 많은 성도가 있어도 교회 건축 할 수 없고 하나님이 함께하시면 교회 규모가 작아도 할 수 있다. 내가 안 목사를 잘 알지! 자네라면 가능할 게야. 하나님이 늘 함께 하셨잖아. 자네는 하나님이 쓰시는 목사야!"

조 장로님 아내 오명숙 권사님은 기도의 사람이다. 기도를 쉬지 않겠다고 힘을 실어 주셨다. 의정부 경민디지털고등학교 박영승 목사님은 교회 고등부 때부터 지금까지 함께해 주신 분이다. 사역자의 길을 가는데 가장 큰 영향력을 주신 분 중 한 분이다. 주중에는 학교 선생님으로, 주일에는 파트 사역을 담당하고 계셨다. 하여, 누구보다 객관적인 답을 주실 것이라 생각했는데 가장 주관적인 답을 주셨다.

"쉬운 일은 아니지만 하나님은 너와 함께 하실 것이다."

모교회 대신교회 박현모 목사님은 리더의 수준과 자기 결박을 말씀해 주셨다.

"교회가 빚지는 것을 두려워하면 목사가 안일함에 빠질 수 있다. 적당한 빚은 교회와 목회자에게도 도움이 된다. 단, 리더십의 그릇이 미래를 결정한다."

가끔 혼자서 처리할 수 없는 일이 많다. 기도하고 홀로 결정하지 않았다. 기도하고 고수들의 훈수를 경청했다. 주관화의 오류를 넘어설 수 있었다.

04. 짐을 서로 지라

청빙 받아 담임목사로 부임하면 걸림돌과 장벽이 기다린다. 보통 원로목사나 장로 중 한 분이 교회에서 영향력을 가지고 있다. 리더십을 이양하는 멋진 교회도 있지만 어려운 일이다. 영향력은 하루아침에 생기는 게 아니다. 모든 권력을 가지려면 리더십에 상처를 입는다. 허락될 때까지 영광은 영향력 있는 분께 드리고 책임과 수고의 짐은 자신이 지려해야 한다. 교회를 섬기는 결정권도 나누면 좋다. 결혼식 주례를 부탁받으면 2년 정도는 원로목사님께 기회를 드리면 좋다.

패스파인더 리더에게 기존 교회에서 겪는 갈등은 없지만 그만의 짐이 있다. 빈들에서 살아남는 게 패스파인더 리더의 길이다. 오늘 개척자로 나선 후배들께 한마디를 남기고 싶다.

"성령님 의지하세요."

"교회 이전이나 건축할 때도 홀로 짐 지려 하지 마세요."

"집중기도 기간 갖고 성령께서 감동 주시는 만큼 참여하시라고 성도들께 부탁하세요."

"성령님 의지하세요."

성령님 의지하지 않고 내 생각 의지했던 것 후회한다. 다시 출발점에 선다면 훨씬 쉽게 목회할 것이다. 결과는 하나님께 맡기고 하나님께 헌신할 기회를 드리면 된다. 하나님이 준비하신 자와도 함께하지 못했다.

광야 생활이 끝나면 가나안에 들어가야 한다. 개척자는 광야의 익숙함에 머물기 십상이다. 가나안의 안정감을 죄로 느낄 수 있다. 패러다임 전환을 이루기는 죽기보다 어렵다. 여러 사람이 지혜를 모으면 산을 옮길 수 있다. 의사결정에서 가장 나쁜 버릇은 독단적인 결정이다. 하나님이 침묵하실 때, 성경을 읽어도 뜻을 발견하지 못할 때, 기도를 해도 막연할 때 하나님은 사람을 통해 역사하신다.

예배당 건축 프로젝트를 놓고 리서치와 분석을 계속했다. 그때 마음 담아 드렸던 기도는 이렇다.

"하나님 저는 건축 자신 없습니다. 개척을 한 번 더 하라시면 하겠습니다. 건축은 자신 없습니다. 성도들 헌금이 필요한데 눈 딱 감고 밀어붙여야 하는데 시험 드는 한 분이라도 있을까봐 건축 헌금을 작정 못하겠습니다. 저는 이 시대가 원하는 목회자가 아닌 것 같습니다."

그때 흘린 눈물은 여정에서 가장 뜨거웠던 눈물이었다. 교우들의 반대가 없으니 왠지 더 불안했다. 리더의 잘못된 결정은 공동체에게 치명적인 상처를 남긴다. 리더는 실패를 통해 성장할 수 있지만 공동체는 그렇지 않다.

이때 아내는 건축에 동의했다. 하나님이 꿈으로 선명하게 응답을 하셨단다. 즈음 기도 많이 하는 권사님도 꿈을 꾸셨다. 하나님은 이 시대에도 꿈으로 길을 인도하신다는 것 알지만 신중해야 했고 내적 확신이 필요했다. 하나님이 왜 내게는 응답을 하지 않으실까? 아직 내적인 확신이 들지 않아서 결정을 유보하고 중직들의 의견을 모아 직원회를 열었다. 의제는 '교회 건축 건'이다. 상당시간 토론했다. 가부를 물었고 만장일치로 가결됐다. 추진하는 일만 남았다. 가결된 후 교회공동체에 말씀드렸다.

"건축헌금을 작정하지 않고 헌금 하겠습니다. 단 모두가 참여하십시오. 작은 정성이라도 보이십시오. 불참하면 새 예배당에 들어갈 때 부끄럽습니다. 개인적으로 마음에 작정 하시고 그 작정을 이룰 수 있는지 점검해 보십시오. 예배당 건축 위해 작은 정성 드리고 기도하면 하나님이 이루실 것입니다. 이번 건축은 건물 세우는 것은 차선이요 목사 건축과 우리 신앙 건축이 우선입니다."

용기 있게 짐을 함께 지자고 했다. 리더는 사람과 함께한다. 교회가 힘을 하나로 모으면 비행기를 만들 수도 띄울 수도 있다. 한 사람의 비전은 몽상이지만 모두의 비전은 실현된다.

| 로고스교회 이야기 _ **전도는 어머니 마음으로** |

박인숙 권사

그러나 내가 나 된 것은 하나님의 은혜로 된 것이니 내게 주신 그의 은혜가 헛되지 아니하여 내가 모든 사도보다 더 많이 수고하였으나 내가 한 것이 아니요 오직 나와 함께 하신 하나님의 은혜로라(고전 15:10, 개역개정)

풍산역에서 아침에 출근하는 분들에게 매주 샌드위치, 삶은 계란으로 전도하기 위해 새벽부터 바쁜 손길로 함께 했던 분들, 정발산에 아침 운동 나온 분들에게 차와 고구마 등으로 전도하기 위해 캐리어를 밀며 올라갔던 일이 가장 먼저 생각납니다. 공원에서 부침개와 떡볶이로 전도하다 쫓겨났습니다. 지금도 매주 교회 근처 상가와 전도대상자에게 김치전, 맛탕, 삶은 계란으로 함께 전도하는 동역자가 있어 힘들고 지칠 때도 계속할 수 있었습니다. 어떤 집사님은 같이 전도할 수 없어 죄송하다며 2년이 넘게 매달 전도비를 후원하십니다. 그분께 해 드린게 없지만 하나님께서 기억하시리라 믿습니다.

교회를 다니기 시작한 것은 고등학교 2학년 때부터입니다. 누구의 권유가 아닌 교회의 종소리에 이끌려 나가기 시작했습니다. 50년에서 2년 빠진 세월만큼 신앙생활을 했네요. 그 긴 세월 중 전도를 하기 시작한 것은 22년 전부터입니다. 그 전엔 가족 말고는 어느 누구에게도 전도하지 않았어요.

강남에 살며 교회를 다니고 있었지만 선데이 크리스천이었어요. 남편의 제안으로 고양시로 이사 온 것이 하나님의 은혜입니다. 두 번의 죽을 고비를 넘기면서 다짐했던 기억도 잊고 미지근한 신앙생활을 하던 저를 하나님은 이사하게 하시고 개척 교회를 섬기게 하셨습니다. 그때까지만 해도 저는 이렇게 생각했습니다.

"전도한다고 누가 교회를 오나? 그럴 것 같으면 누구나 전도하지."

이사 와서 등록한 개척 교회 목사님은 월요일만 빼고 매일 전도하러 나오라고 볶아대셨어요. 로고스교회가 개척되기 몇 년 전이었습니다. 처음엔 투덜대면서도 순종하는 마음으로 매일 전도하기 시작했습니다. 길에서 전도지 건네는 것도 용기가 필요했습니다.

멀리서 아는 사람이 오면 슬쩍 피하기도 했습니다. 그러던 제가 어느 날 보니 집집마다 벨을 누르며 전도하고 있더라고요. 예비하신 영혼을 만나게도 하셨지만 재수 없다고 소금 뿌리는 사람도 만났어요. "밥 처먹고 할 일 없는 것들이 사람 귀찮게 한다."며 상스러운 말을 하는 사람도 만났지요. 그럴 땐 아이들이 서러워 엄마 품에 안겨 울듯이 교회에 와서 실컷 울고 로마서 8장 18절 "생각하건대 현재의 고난은 장차 우리에게 나타날 영광과 비교할 수 없도다."라는 말씀을 되새기며 다시 전도 현장에 나가곤 했습니다.

힘들지만 전도하면 좋은 것은 내 영이 늘 충만할 수 있다는 겁니다. 우리는 신실하신 하나님을 닮기 원하지만 상황과 감정이 늘 마음을 흔듭니다. 신앙생활 하다보면 가끔 공동체 안에서 시험이 올 때도 있습니다. 아주 어쩌다가 정말 어쩌다가 목사님 때문에도 속상할 때가 있습니다. 전도 현장에서 예수님, 교회, 목사님 자랑 하다 보면 어느새 내 마음은 기쁨이 충만하고 사랑하는 마음이 샘솟습니다. 신앙생활의 신실함을 유지하는 비결은 전도입니다. 물론 전도대상자를 품고 기도하는 것은 전도자의 기본입니다. 어떻게 전도했는지 잠깐 말씀드릴게요.

일산으로 이사 오기 전 행신동에서는 일주일에 3번 아파트 알뜰 장에 나가 커피 전도했는데요. 많은 열매를 거두었네요. 그때의 많은 분들이 잘 정착하여 헌신하며 충성하는 모습을 보면 얼마나 감사한지 모르겠습니다. 알뜰 장터 세 명, 복지관에서 두 명, 축호전도 한 명, 이사자 두 명, 연결된 이사자 한 명 등 많은 분을 전도 했습니다. 나가면 있고 안 나가면 없습니다. 전도 방법을 알고 듣게 되지만 전도는 행동, 실천입니다. 찾아나서는 것입니다. 알지만 전도를 계속 꾸준히 하기 어려운 것이 당장 눈에 보이는 열매가 없기 때문입니다. 우리는 농부의 마음으로 씨 뿌리고 가꾸면, 열매는 하나님께서 맺게 하십니다.

누가복음 19장에 열 므나 얘기가 있습니다. 주인이 열 명의 종에게 한 므나씩 나눠줬습니다. 돌아와서 결산할 때 한 종은 한 므나로 열 므나를 남겼고, 또 한 종은 다섯 므나를 남겼습니다. 또 다른 한 종은 한 므나를 수건에 싸두었습니다. 그때 주인은 열 므나를 남긴 종에게 착하고 충성된 종이라 칭찬했고요. 다섯 므나를 남긴 자도 동등하게 대했습니다. 다만 수건에 한 므나를 싸둔 종에게는 악하고 게으른 종이라 책망합니다. 전도에 대한 얘기는 아니지만 아마도 우리의 주인 되신 주님께서도 몇 명을 전도했느냐를 물으시기 보다는 얼마나 믿음을 가지고 충성되게 순종했나를 물으실 것 같습니다.

릭워렌은 『목적이 이끄는 삶』에서 "하나님은 우리가 성숙할 때까지 기다렸다가 우리를 사랑하지 않는다. 우리가 성숙해져 가는 모든 단계를 사랑하시고 기뻐하신다. 하나님이 보시는 것은 우리 마음의 태도다"

라고 하셨습니다. 정필도 목사님은 『교회는 무릎으로 세워진다』에서 "사역의 결과물을 통해 주님께 영광 돌리려 하지 마라. 주님을 위해서라면 모든 것을 마치려는 마음 중심을 통해 영광 돌리라."고 하셨어요. 네팔로 파송된 어떤 선교사님이 1년을 열심히 전도하셨는데 한 명도 전도하지 못했습니다. "선교비만 축내는 나는 선교에 은사가 없나보다 이제 귀국해야겠다." 결심을 하시고 기도하셨습니다. "너마저 그만두면 이 땅은 어떻게 하느냐?"라는 음성을 듣고 회개하셨답니다. 선교비만 축낸다는 생각은 인간의 생각이고 하나님의 생각은 달랐습니다.

비록 보이는 열매가 없더라도 순종하며 전도했던 것처럼 순종하며 전도의 자리에 나가면 됩니다. 삶의 자리가 곧 선교지란 마음으로 전도합니다. 전도에 힘쓸 때 만날 만한 영혼을 붙여주십니다. 예비 된 영혼을 만나게 하십니다.

전도 많이 한다고 자랑할 일도 아니요. 우릴 사용하시는 하나님께 감사하며 하나님의 기쁨. 교회의 기쁨을 생각하면 됩니다. 결과에 민감하면 전도 할 수 없습니다.

"너마저 포기하면 그 영혼은 어떡하냐."라고 저와 여러분 모두에게 주시는 하나님의 음성임을 깨닫는 시간이었으면 좋겠습니다. 깨닫는 것만이 아닌, 행동하기로 순종하기로 결단하는 저와 여러분 되시길 주님의 이름으로 축복합니다. 모든 영광 하나님께 올려 드립니다.

~~~~~~~~~~~~~~~~~~~~

박인숙 권사는 로고스교회 전도왕이다.
목자와 대교구장으로 교회를 한결같이 섬긴다.

하나님 닮기: 하나님과 늘 동행하라

예수께서 그들에게 이르시되 내 아버지께서 이제까지 일하시니 나도 일한다 하시
매(요 5:17, 개역개정)

우리가 할 수 있는 것 이상은 할 수 없다. 그 이상은 하나님만이 하
실 수 있다. 하나님은 우리를 통해 그것을 이루기 원하시며 그분께 의
지하는 자에게 기꺼이 능력을 주신다. 이런 말을 들었다.

"성결교회에서 로고스교회가 부흥하는 것과 OOO교회가 부흥하지
않는 것은 신비이다."

격하게 동의한다. 로고스교회 역사는 하나님의 목회였다. 하나님이
함께하시지 않는 교회는 없다. 부흥하지 않는 개척 교회는 하나님의 은
혜가 임하지 않은 것인가? 그렇지 않다. 아직 부흥하지 않았다면 부흥
의 씨앗이 자라고 있는 것이다. 하나님이 주인이신 목회다. 어떤 선택

과 결정도 하나님의 뜻을 따른다. 많은 사람을 붙여 주셨으며 사람을 하나님의 통로로 본다. 부족했기에 조금씩 더 노력했는지 모른다. 그 조금 더한 노력도 하나님께는 의미 없다.

신학대학에 입학 한 1983년 질병을 치료받지 못했다. 극심한 열등감 속에 있었다. 하나님은 한 사람을 고치시기 위해 터를 닦기 시작하셨다. 군에 입대했을 때부터 하나님의 치유는 시작됐다. 신학대학 졸업하고 신학대학원에 입학한 그 해 당진에서 개척했을 때 그 순수한 성도들의 사랑을 통해 목회자의 정체성을 갖게 됐다. 두 손으로 들 수 없을 만큼의 무거운 책가방을 들고 한 주 동안 기도원을 갈 때 힘을 보태주신 장로님 질문이 생각난다.

"무슨 짐이 이렇게 무겁습니까?"
"학교 다닐 때 공부 덜한 사람에게 하나님이 주신 벌입니다."

01. 하나님의 능력을 체험하라.

1990년 초 여름, 금식기도가 끝나고 건강을 잃었다. 금식준비가 잘못됐는지 보호식이 잘못됐는지 '기흉'이라는 병으로 응급실에 실려 가서 수술 받았다. 혈액채취는 하루에도 몇 번씩이었지만 주치의는 약을 주지 않았다. 이유를 묻자 "지금 원인을 조사하고 있으니 기다려 주세요." 대답할 뿐 두 주가 흘렀다.

"내 병은 내가 압니다. 퇴원하겠습니다."

당돌한 환자에게 주치의는 각서 쓰고 퇴원하라셨다. 만리현교회 고등부 전도사로 섬길 때였다. 몸이 회복되지 않아 고등부 수련회도 잘 준비할 수 없었지만 총무교사가 리더십을 이어받아 수련회를 잘 마쳤다.

집에서 안정 취하고 회복중인데 전화가 왔다. 개척지가 있으니 내려와 보란다. 당진군 합덕읍 조그만 농촌 마을이다. 교회는 꼭 있어야 할 곳인데 선배 몇 분이 보고 가신 후 연락이 없단다. '누군가가 해야 할 일이라면 내가 해야지' 결정을 했는데 말리는 분이 많았다. 고마운 것은 그때는 단지 사귀는 사이였던 아내가 "하나님의 뜻이라면 따르겠어요." 말해 주었다. 외국인 회사에서 잘 나가던 사람이었는데 모든 것을 포기할 준비를 했다. 그때 개척이 위험한 결정이었지만 믿음이었다. '환경 보고 교회 임지를 결정한다면 하나님의 종 아니다. 주의 종은 필요한 곳에 있는 것. 하나님은 이 헌신을 기억하시겠지….' 생각하고 도전했다.

흙먼지 날리는 비포장도로를 4킬로미터 달리면 작은 마을이 나온다. 운송수단이 필요해서 오토바이 한 대를 샀다. 교회 설립예배 드리려면 지방회장 목사님을 만나야 한다. 가다가 두 번 사고가 났다. 두 번째는 2-3미터정도 공중으로 몸이 치솟았고 떨어진 후 의식을 잃었다. 근처 농부들이 깨웠다. 부러진 곳은 없었지만 몸은 말이 아니었다. 당일 목사님은 만나지 못하고 집으로 돌아왔다. 다음날 아침 일어날 수 없었다. 머리는 아프고 몸 왼쪽이 온통 상처투성이였다. 이사 간 다음 주라 그 동네에 아는 사람 한 명 없었다. 개척하러 온 목사가 교통사고 났다 하면 덕이 안 될 것 같아 그냥 혼자 있었다. 3일 꼼짝 못하고 누워있었다. 어떤 의미의 눈물인지 알 수 없지만 하염없이 눈물만이 흘렀다. 홀로 누워있다 가까스로 몸 추스르면 라면이 유일한 친구였다. 결혼하면 아내에게 많은 것을 바라지 않겠다고 다짐했다. 함께 있는 것만으로 감사하기로 했다. 사실 병원 갈 돈도 없었다. 홀로임이 그렇게 힘든 줄은 몰랐다. 그렇게 개척은 시작됐다.

시골 집 한 채, 이사 내려가서 처음 맞이한 예배. 예배당은 시골집 대청마루였다. 아무것도 없다. 단상, 풍금, 강대상, 십자가, 사람도 없었다. 홀로 앉아서 수요예배를 인도한다. 시작도 전에 이미 눈물이 주르륵 흐른다. 교통사고 후유증은 온 몸에 흔적으로 남아 있었다. 남들은 개척할 때 여전도회원(아내), 유치부(자녀)도 있었다는데 철저히 혼자였다.

전화를 가설하고 나서 형수께 전화번호를 알려드렸다. 어머니로부터 전화가 왔다. 사실 어머니가 반대하실까봐 말씀드리지 않고 내려왔다. 어머니는 물으셨다.

"예배당은 있니?"
"없습니다."
"교인은 있니?"
"없습니다."
"사례비는 있니?"
"없습니다."
"그런데 뭣 하러 개척하러 내려갔니?"
"어머니 아무것도 없는 게 개척입니다."

아들 중에 잘난 아들이라고 서울로 유학을 보내셨는데 목사가 되겠다며 신학대학 갈 때 실망하셨다. 큰 교회도 아니고 건물도 없는 시골 교회 목사라 하니 기가 막히고 속상하셔서 예배당에 가서 밤새 기도하셨단다. 개척으로 큰 효도했다. 어머님이 더 간절히 기도하는 분이 되시도록 했으니 말이다. 어머니는 눈물 속에서 말을 잇지 못하고 전화를 끊으셨다.

개척 교회로 준비된 시골집을 팔고 창고를 하나 구입했다. 예배당으로 꾸미는 공사를 했다. 벽 헐고 창을 내고 페인트 칠을 했다. 바닥재를 구입 해 깔았다. 지붕은 샜지만 막대한 비용이 들어 손댈 수 없었다. 옆 교회 목사님이 도와주셔서 간신히 전기 공사는 마쳤지만 마치 흉가에 걸린 꼬마전구 같이 보였다. 빗줄기가 굵어 비 새는 소리로 교회는 난타 공연장이 됐다. 창립 예배 마지막 순서 '개척자 인사' 시간이었다. 창고의 큰 철문 앞, 아니 예배당의 입구에 우두커니 서서 바라보는 한 청년이 눈에 들어왔다. 만리현교회에서 지도했던 청년이 울고 있었다. 잠시 눈싸움을 했다. 눈물 참지 못했다. 이사 와서 교통사고 난 것, 개축 공사 한 것, 준비 과정에 이미 지칠 대로 지쳤다. 힘 빠진 어깨, 비쩍 마른 초라한 스승을 보며 울었다. 설립예배 마치고 질문을 냈다.

"도대체 주님이 어떤 분이시기에 이런 곳까지 내려오셨습니까?"

답을 하지 못했다. 오토바이 사고로 몸에 난 흔적은 옷으로 감출 수 있었지만 설움은 감추지 못했다.

예배가 끝나고 신학대학 친구가 헌금 집계했는데 놀려댄다.

"성우야 개업 축하한다."

알고 보니 동네 분들이 교회가 세워진다는 소식 듣고 축하금 봉투에 쓴 말이다.

설립 예배 끝난 후 남은 개축공사는 계속됐다. 조경 사업 하다 부도 맞아 쉬고 있던 집사님 한 분이 주도하셨다. 여기저기서 돈을 끌어다가 공사는 끝냈으나 공사비를 지불할 수 없었다.

개척 모교회인 중앙교회로부터 매달 받던 선교비 1년 치 일시불로 미리 받았다. 어머니께 돈을 빌렸다. 아내의 퇴직금까지 밀어 넣었지만 턱없이 부족했다. 신자가 없으니 헌금은 없었다. 버스 정류장 옆 구멍가게가 그리도 부러울 수 없었다. 날마다 문을 여니 말이다. 교회는 한 달에 딱 네 번뿐이다. 삶이 궁하니 별 생각 다 든다. 완공하고 부채 때문에 전전긍긍하던 어느 주일 밤 예배였다. 세 분이 각각 다른 곳에서 방문했다. 예배 후 그분들은 각자 봉투를 하나씩 건네며 헌금하고 가셨다. 액수가 정확히 공사비 잔액이었다. 그분들은 교회가 빚이 있는지도 모르셨다. 서로가 아는 사이도 아니었다. 한 분은 옆 동네 사시는 분으로 서울 딸네 집에서 손녀 키워 주시다가 아들네 들리셨다. 동네에 교회가 세워졌다기에 헌금을 준비해 오셨단다. 한 분은 외국에 살다가 고향을 방문했다. 고향 동네에 교회가 세워지길 오랜 기간 기도하셨는데 응답받았다고 감격해서 헌금하셨다. 또 한 분은 아직도 누구신지 알 수 없다. 헌금하고 조용히 가셨다. 그날의 주인공은 당연 하나님이셨다. 다시 생각해도 하나님의 은혜.

첫 번째 개척 교회에서 두 번째 개척 교회로 넘어왔다. 앞에서도 언급했지만 건축 전 사용한 예배당 건물은 약 2억 원에 임대했다. 대부분이 빚이었다. 상가 교회에서 교회 재정이 조금씩 모이면 대출금 갚았다. 건축 시작할 때 건축회계의 재정은 백만 원 정도였다. 316평의 대지를 보고 엄두가 나지 않아 결정을 못했다. 망설였다. 집사님 한 분이 말씀하신다.

"목사님! 원래 100평 생각하셨죠. 316평이 너무 커서 망설이시죠. 믿음으로 사십시오. 안 되면 그 땅 반 팔면 되지 않습니까? 지금 우리 동네 땅이 이보다 더 쌀 순 없습니다. 만약 안 팔리면 그 반은 제가 살게요."

"계약금도 없이 어떻게 땅을 삽니까? 잔금은 대출을 받는다손 치더라도 중도금 3억은 무슨 수로 준비합니까?"

"목사님, 제가 계약금 헌금하면 예배당 건축 시작하겠습니까?"

성령은 결단을 내리지 못하는 리더에게 사람을 통해 역사 하셨다. 집사님은 계약금을 헌금하셨고 역사는 시작됐다. 계약 치른 후 땅 값은 6개월 만에 두 배로 뛰었다. 하마터면 계약 취소될 뻔했다. 매각한 분은 교회 측에 땅에 대한 '사용승낙서'와 '철거 각서'를 써주었기에 계약을 취소할 수 없었다. 로고스교회는 계약금만 주고 예배당 공사를 시작했다.

로고스교회가 매입한 땅에 건물 하나가 걸려 있었다. 그 건물 주인은 "적반하장도 유분수지." 되레 큰소리쳤다. 우리는 땅 주인에게 그 건물 철거를 요구했지만 받아들여지지 않았다. 설계도를 변경해야만 했고 비용 손실도 컸다. 건물 주인은 몇 차례 민원을 넣었고 그때마다 공사는 중단됐다. 대지 구입 잔금을 제때 드리지 못했다. 건축비도 대지 구입비도 잔금 처리하지 않고 예배당 공사는 끝났다. 그땐 힘들었지만 훗날 교회에 유익이 됐다. 땅 주인은 잔금 받을 때 잔금 지연에 이자 및 금융비용을 요구했다. 잔금을 가지고 간 교회 대표는 "받기 싫으면 그만 두시죠. 법대로 하고 싶으시면 그 건물 철거한 다음에 잔금 받으러 오십시오."하며 부동산 사무실에서 나오려 하자 땅 주인은 서둘러 잔금을 받아 갔다. 하나님은 교회의 자존심까지 세워 주셨다. 그 후 땅값이 세 배로 오르자 주인은 화가 나서 그 동네에서 살지 못하고 이사 갔다. 땅 주인에게는 미안한 일이지만 교회가 사지 않아도 그 땅은 그 시점에 팔렸을 것이다.

건축 후 교회 옆 빌라 몇 동 건축하던 건축회사 대표를 만났다. 교회가 산 땅, 값 조금 더 떨어뜨려서 자기가 사려 했는데 교회가 구입했다는 말을 듣고 유리가 깨질 만큼 세게 책상을 내리쳤단다.

"하나님은 하나님이 거하실 땅을 먼저 구별하셨습니다. 저도 안수집사입니다. 땅을 놓쳐 화가 났지만 교회가 샀다기에 회개하고 감사했습니다."

목회는 하나님이 하신다. 건축도 하나님이 하신다. 종은 단지 믿음으로 순종할 뿐이다. 개척 2년 반만의 예배당 건축, 어려움이 한두 가지가 아니었다. 건축하면서 사람에게 기대하지 않았다. 그땐 헌금 작정 시키지도 않았다. 그런데도 힘들게 하는 사람을 만났다. 헌금 못하면 지켜보기만 해 줘도 감사 할 텐데 사람 마음이 그렇지 않은가 보다. 게다가 건축 중에 건축위원장이 바뀌는 어려움도 겪었다. 한 분이 자원해서 건축 위원장을 맡으셨다. 그분은 건축을 고민할 때 아내가 꿈에서 본 분이었다.

아내가 꾼 꿈은 이렇다. 316평 대지에 선명하게 경계가 그어져 있었다. 내가 그 경계 따라 두 바퀴 돌다 말았다. 아내는 일곱 바퀴 돌았는데 아내와 함께 새 건축위원장 부부가 같이 뛰었다. 처음 꿈 얘기를 들었을 때 아내에게 푸념했다.

"개꿈이다. 혹 돈 많은 부자가 같이 뛰었다면 몰라도 경찰 공무원이 무슨 돈이 있겠냐?"

그 꿈은 6개월 만에 현실이 됐다. 리더십을 이양 받은 건축위원장은 건축위원회를 소집하고 교회 중직들을 이끌었다. 본인 아파트로 대출을 받아왔고 다른 분들도 몇 분 뒤따라 헌신했다. 사람 생각과 하나님 생각은 다르다. 하나님의 능력을 지켜보는 것은 참 놀랍고 행복한 일이다.

02. 말씀을 연구하라.

하나님의 사람이 하나님의 능력을 의지하면 하나님은 사람을 통해 일하신다. 로고스호는 모든 항해에서 성령의 역사하심을 경험했다. 성령은 사모하는 곳에 임재하신다. 그동안 한국 교회는 모성적 성령운동의 영향력이 강했던 것이 사실이다. 개인 은사 체험이 강조되면서 혼란이 오고 균형이 깨지게 됐다. 그에 대한 반발로 부성적 성령운동이 강하게 일어났다. 민중과 대중운동으로 발전 했다.

성령은 살리는 영이다. 태초에 하나님이 천지를 창조하실 때 그 코에 생기를 불어 넣으셨다(창 2:7). 주님은 부활하신 후 제자들에게 성령을 받으라 하셨다. 그 전에 중요한 행위가 있다. "숨을 내쉬며"(요 20:22) 성령은 불어 넣어진 '생기'이다. 하나님의 숨이다. 내어 쉰 주님의 '숨'이다.

웨슬레는 성령 충만을 '동기의 순수함'이라 했다. 혹자는 성령충만을 '사랑'이라 한다. '거룩'이라 이해하는 분도 있다. 성령론에 대한 신학적인 논쟁을 하자는 것이 아니다. 성령님을 알고 인정하고 환영한다. 성삼위 하나님을 매 순간 찾고 환영하고 초청한다. 오시라고 기도하기보단 어떻게 하나님의 채널에 맞추어야 하는지를 더 생각한다. 이미 와 계신 분이시기에 그렇다. 삶으로, 언어로 하나님과 친밀감을 갖고 동행하기를 바라면 그만큼 책임 있게 살아야 한다. 하나님은 생각이 다른 사람과 친밀감이 없으신 곳에 지속적으로 거하실 수 없다.

리더와 목회자 사이 갈등이 생긴다. 친절하게 모든 사람을 주님께 하듯 해야 한다. 설교 준비에 집중하려니 쉽지 않다. 사람 만나면 많은 에너지를 소모한다. 연구, 묵상, 원고 작성에 집중력이 떨어진다. 우선 말씀 연구 시간을 확보해야 한다.

2005년 첫째 주는 캐나다 토론토에서 안식년을 보내고 있었다. 대한기도원에서 한인을 위한 연합 금식성회가 열렸다. 아홉 번 말씀 전했다. 비유강해, 이적강해, 치유강해, 모세와 그의 하나님, 아브라함과 그의 하나님 중 하나 선택하려고 기도했다. 아브라함이 이민자라는 생각을 주셨다. 아브라함 시리즈를 강해했다. 매 설교마다 90퍼센트 시간을 성서 강해에 집중했다. 10퍼센트의 시간은 간증이나 삶에 적용했다. 시리즈로 이어지는 말씀 강해에 강력한 힘이 있었다. 말씀이 말씀으로 연결되니 폭발적인 힘이 나왔다. 신년, 금식, 이민자, 아브라함, 하루 네 번 집회는 감동의 도가니였다. 서른아홉 살짜리 강사 자신이 말씀의 힘에 놀랐다. 아침 집회 마치고 내려갔다가 밤에 올라오려 했던 분들이 눌러 앉았다.

목회자에게 성경에 대한 전문 지식은 기본이다. 개척자는 특히 더 중요하다. 기존 교회에 부임하면 나름 건물, 전통, 주인의식, 전도자가 있다. 개척자는 설교 밖에 없다. 일생을 성경연구에 몰두해야 한다. 신학대학이나 대학원에서 신학을 배운다. 신학은 성경연구를 위한 깊고도 넓은 지식을 제공한다. 성경 66권을 학교에서 다 공부할 수 없다. 교회 부흥의 제1요인은 말씀이다. 하나님을 아는 만큼 전할 수 있다. 하나님을 아무리 찾으려 해도 기억 밖에서 찾을 수 없다. 성경을 깊이 연구하지 않고 하나님을 깊이 있게 만날 수 없다. 성경을 통으로 볼 수 없는 사람은 하나님을 바르게 이해할 수 없다. 하나님을 아는 만큼 산다. 아는 만큼 전할 수 있고 하나님과의 만남이 깊어지는 만큼 영성도 깊어진다. 알아야 느끼고 느껴야 행한다.

그러므로 우리가 여호와를 알자 힘써 여호와를 알자 그의 나타나심은 새벽 빛 같이 어김없나니 비와 같이, 땅을 적시는 늦은 비와 같이 우리에게 임하시리라 하니라 (호 6:3, 개역개정)

말씀연구를 멀리한다면 성령과 동행할 수 없다. 성령은 말씀이다. 말씀이 생각나게 하고 깨닫게 하신다. 진리의 영이시다. 하나님은 오늘도 성경을 통해 말씀하신다. 관심 가지면 두란노, 프리셉트, 열린문, 에스라, 어성경 등 많은 성경 연구 기관 도움이 가능하다. 설교 준비에서 자료의 빈곤이나 고갈을 느낀다면 성경을 집중적으로 연구해야 한다. 배운 것을 바로 교회에서 설교하면 효과 만점이다. 수요 예배 시간에 그 주 배운 것을 강해한다면 들을 수 있는 말이다.

"목사님 설교가 달라졌습니다. 수요 예배 나오라고 하지 않으셔도 수요 예배가 기다려집니다."

말씀과 만남, 하나님을 알아가는 것, 말씀 연구에 집중하는 것을 미룰 때가 있었다. 요한복음 배울 때 요한복음 강해하려니 전하기 위해 배운 것만 같았다. 뭔가 석연치 않았다. 다음으로 미뤘다. 6개월 후에 요한복음 강해 시작하여 노트 펴니 노트에 담지 않은 것은 도망가고 없었다. 하여, 사도행전 배울 때 수요일 강해했더니 참 좋았다. 배운 것에 더 깊은 이해가 더해졌다. 가르침에 대한 책임감이 더 컸다. 배우는 것에서 끝나는 게 아니라 배운 것 전함으로 더 성장한다.

03. 하나님의 관점을 공유하라.

그러나 예수께서 그들에게 대답하시기를 "나의 아버지께서 지금까지 일하시니 나도 일하노라."고 하시더라(요 5:17, 한글KJV)

나의 소원을 하나님께 구하는 것과 나를 통해 하나님의 소원이 이루어지기를 기도하는 것 중 더 성경적인 것은 후자다. 하나님은 역사를 움직이신다. 하나님은 1907년 대한민국에 부흥의 불길을 주셨다. 2004년 우리나라 교회 성장은 1퍼센트에 못 미쳤다. 대형교회의 잇단 충격적인 사건으로 교회가 교회 부흥의 걸림돌이 됐다.

10년 후 한국 교회는 어떻게 될 것인가? 부정적인 미래를 말하는 사람이 많지만 긍정적으로 생각한다. 하나님은 한 번도 교회를 버리지 않으셨다. 교회가 시대적인 사명을 못 감당할 때 고쳐서 쓰셨다. 비난하기 전에 먼저 '변화를 위해 내가 해야 할 일'을 찾으면 된다. 하나님의 눈으로 주님의 교회를 보려하는 자를 하나님이 쓰신다.

하나님은 지금 북한을 보고 계신다. 북한에서 모진 가난과 핍박 아래서 살아남은 그리스도인은 하나님의 눈물이다. 김정은을 신으로 생각했던 사람들이 하나님을 만나면 열정적인 하나님의 군사가 되는 것이다. 인류 마지막 분단국가에서 하나님은 무엇을 바라고 그들을 고통의 날들 속에 두셨을까? 세계 선교 위해 남긴 자로 본다. 고난에도 방향이 있다. 이스라엘을 흩어지게 하셨다. 제자들도 흩어졌다. 하나님은 북한에서 출발한 복음이 중국과 러시아를 지나 '실크로드'를 통해 불교권과 이슬람권, 나아가 유럽까지의 '복음 로드'를 만드실 것을 본다. 개척 초기부터 북한 선교를 위해 선교비를 예치했다. 야곱이 에서와 만날 때 선물 준비했듯이 로고스교회는 통일을 희망하며 영적인 통일 준비 자금을 적립했다. 건축 후 부채를 지고 비싼 이자 지불했지만 적립된 헌금은 차용하지 않았다. 혹자는 은행에 내는 이자 북방선교국에 지불하며 적립된 돈을 차용하는 게 합리적이라 했다. 교회는 경제 논리가 지배하는 것이 아니라 선교논리가 우선해야 한다고 설득했다. 한번 차

용하면 건축도 북방선교를 위한 것이라 해석할 것이다. 잠시 자리이동
이라 위로하겠지만 자리를 되돌리기 어렵다.

목적이나 방향, 관점을 공유하지 않았다면 같이 갈 수 없다. 교회의
부흥을 위한 방법을 찾는 것보다 '하나님이 무엇을 원하시는가?' 하나
님의 관점에 우리의 눈을 고정하면 교회는 자연 부흥한다.

하나님의 관점을 공유해야 한다는 것은 목회 첫날부터 고민이었다.
프로젝트 감당할 때 믿음으로 한다. 예배당은 예배드리기 충분하다. 주
차장 부족도 문제되지 않았다. 식당 공간과 교육시설이 부족했다. 성
도님의 가정과 인근 학원을 쓰는 것도 한계에 다다랐다. 안식년 떠나기
전에 차기 비전을 말씀드렸다.

"우리 교회가 더 가난하고 없을 때도 지금 예배당 건축을 하나님이
이루셨는데 다음 비전은 문제될 것이 없습니다."

하나님의 능력을 체험한 성도들이 하나님의 눈으로 교회 비전을 보기
시작했다. 당회가 없던 터라 비전팀을 세웠다. 회의에서 만장일치로 차기
비전 프로젝트를 가결했다. 첫 번째 건축 때도, 이번 일도 리더가 하나님
의 관점을 공유하려고 부단히 주의를 기울일 때 성도들은 함께 했다.

교회는 전통이 이끌어도, 돈이 이끌어도 안 된다. 사람이 이끌어도
안 된다. 오직 하나님의 목적이 이끌어야 한다. 하나님 관점을 공유하

기 위해 부단히 고민하고 기도해야 한다.

　하나님은 오늘도 창조하신다. 매일 사람을 빚으신다. 창조하신 교회와 함께 오늘도 일하신다. 하나님은 교회를 세우시고 기도, 전도, 말씀, 친교, 예배, 교육, 선교를 허락하셨다. 하나님께 집중하는 교회는 하나님이 주신 창조 명령이 오늘도 계속됨을 안다. 위의 요소들을 하나씩 분리하면 교회가 될 수 없다. 기도만 있다면 기도원이다. 전도만 있다면 전도회, 말씀만 있다면 신학교다. 친교만 있다면 친목계이다. 한 가지에만 집중한다면 교회 아니다. 모든 요소를 배합해 교회란 오븐에 넣고 하나님이 요구하시는 맛을 내기 위해 잘 구워야 한다. 그것은 우리의 의무와 책임이다. 하나님은 이미 굽는 방법도 가르쳐 주셨다. 성령의 인도를 받는 것이다. 교회라 이름 하는 오븐에 빵을 굽는다. 똑같은 재료를 배합해서 굽지만 맛이 다르다. '빵 굽는 매뉴얼'로 설명 불가능하다. 같은 재료와 비율로 빵을 구워도 맛이 다른 것은 영적 능력 차이다. 영적인 능력의 근원은 하나님이다. 하나님은 교회라는 오븐이 누구를 위해 그 빵을 굽는가를 보고 계신다. 하나님의 관점, 하나님의 긍휼 있는 곳을 먹이려 한다면 그 빵은 하나님의 빵이다. 하나님의 관점을 공유한 교회에는 보이지 않는 힘이 있다.

　하나님은 오늘도 자신과 같은 관점을 공유한 교회와 사람을 찾으신다. 아인슈타인도 10퍼센트 약간 상회하는 능력만 사용했다. 하나님의 보물인 인간은 무한한 잠재력이 있다. 10퍼센트만 활용해도 아인슈타인 같은 인물이 될 수 있다. 그와 우리의 차이가 있다면 목표를 위해 대가를 지불했다는 것이다. 하나님은 오늘도 하나님의 관점을 알고 동행하기 위해 대가를 지불하는 교회를 찾으신다. 일어나 지금 하나님 창조

역사에 동참해야 한다. 하나님의 관점을 찾기가 어렵다면 릭 워렌과 함께 40일간 『목적이 이끄는 삶』으로의 여행을 추천한다. 하나님은 아브라함에게 말씀하셨다.

여호와께서 이르시되 내가 하려는 것을 아브라함에게 숨기겠느냐(창 18:17, 개역개정)

여호와께서는 마치 사람이 자기 친구에게 말하듯이 모세와 대면하여 말씀하셨다. 그리고서 모세는 야영지로 돌아오곤 했으나 눈의 아들이며 모세의 보좌관인 청년 여호수아는 회막을 떠나지 않았다.(출 33:11, 현대인의 성경)

주님은 제자들에게 내가 한 일보다 더 큰일을 할 것이라 하셨다. 잠자는 제자에게 영성과 역량을 깨우라고 하신 말씀이다. 우리가 하나님의 관점에 집중할 때 하나님은 능력을 부여하신다. 재창조를 통해 새로운 역사를 이루신다.

하나님은 작금 한국 교회를 어떤 심경으로 바라보실까? 하나님은 세계 복음화를 위해 어디를 보실까? 개척자 정신을 잃지 말고, 날마다 역사하시는 하나님과 동행하고 싶다.

태초에 하나님이 천지를 창조하실 때 땅이 혼돈하고 공허했으며 어둠이 깊음 위에 있었다(창 1:2). 창조 전은 어둠이었다. 창조는 말씀으로 이루셨다. 창조 시작, 그 생산자 관점이 하나님의 관점이다.

개척 후 10년 정도 마이너스 삶을 살았다. 2천만 원짜리 마이너스 통장을 만들어 외부 사례나 기타 수입을 적립했다. 교회 재정으로 섬기기 애매한 일이 있다. 통장 개설할 때 본연의 목적은 사람 키우는 것이었다.

구제 현장이 더 많이 보였다. 사람을 키우는 데 써야 하는가? 사람을 돕는데 써야 하는가? 혼란스러웠다. 돕는 것과 키우는 것이 다를 때가 많다. 이뿐 아니라 여러 가지 일로 혼란스러울 때가 많다. 도움 주는 일도 내 감정이 아닌 하나님의 마음과 뜻을 생각한다. 몇 가지 원칙을 세웠다.

첫째, 먹는 것의 문제가 심각한 정도라면 먼저 돕는다.

둘째, 경제적인 이유로 학업 멈춘 사람 돕는다.

셋째, 기대하는 사람보다는 바라지 않는 사람 돕는다. 바라는 사람은 도와줘도 일어서기 어렵다. 도움 기대하지 않는 사람은 조금만 도와도 일어선다.

넷째, 모든 사람을 도울 순 없다. 하나님의 관점을 공유하며 우선순위를 정한다.

다섯째, 역량을 키우며 더 큰일을 감당한다.

원칙은 언제든 수정가능하다. 성령께서 감동 주시고 교정 원하신다면 열려 있다. 사역 우선순위는 주님께 배워야 한다. 주님은 대중 돌봄, 소수 양육, 중요한 세 사람 훈련, 치유, 구제와 가르침, 자기 관리에 있어서 어느 것 하나 소홀하지 않으셨다. 삶이었고 실력이었다. '균형'이다. 주님의 균형 잡힌 사역 관점은 주님을 바로 알고 교제 나누는 사람에게 주어진다.

최종원 장로

2012년 일산에서 파주로 이사했습니다. 파주에 사는 네 가정을 섬기는 목자가 됐는데요. 예배드리며 나누던 은혜가 심연에 남습니다.

영원목장은 구성원 연령, 직업, 환경이 다양함에도 서로 섬기며 위로가 됐습니다. 헌신의 기초를 재정립하는 계기가 됐는데요. 출산, 직장 이동, 사업장 개업, 어린 자녀 수술, 가족을 하나님에게 보내드린 일이 생겼습니다. 때마다 함께 기도했죠. 지혜를 구하고 위로하던 일들이 삶에 소중한 자산으로 남았습니다. 영원목장 식구들과 헤어진 지 3년, 지금도 변함없는 가족애가 유지되고 있습니다.

지금은 함흥, 수안, 통천 목장을 섬기고 있습니다. 목장 세 개를 섬기는 일에 시간 내기가 처음에는 불가능했습니다. 세 목장을 섬기다 보면 집중력이 떨어져 자칫 형식적인 모임이 될 것이란 생각은 기우였습니다. 세 목장 식구들과 다양한 방법으로 모입니다. 정말 행복합니다. 모임과 예배를 통해 함께 성장할 수 있어서 하나님께 감사합니다. 더 감사한 건 목자인 나와 아내가 목장모임을 통해 큰 은혜와 위로를 받는다는 겁니다.

함흥목장은 남성들로만 구성됐는데요. 주중에 시간 내기 어려워 주일 3부 예배 후 교회에서 말씀을 중심으로 모입니다. 각자 바쁜 생활과 주일 봉사로 모임이 쉽지 않았습니다. 교회 식당에서 식사와 함께 모였습니다. 틈새 시간을 활용한 겁니다. 처음에는 모두 모이지 못해 어려움이 있었는데요. 지속적인 노력으로 지금은 안정적으로 정착했습니다.

우리 교회에 주일 목장이 늘어났습니다. 식당 소그룹실 사용이 어렵게 되어 어수선하게 모임을 할 수밖에 없었어요. 그동안의 모임으로 공동체의 의식이 확보된 함흥목장 목원은 교회 계단 밑 먼지 쌓인 3평짜리 공간을 찾아냈습니다. 청소하고 예배처소로 꾸몄는데요. 목자인 저를 안내할 때 큰 감동을 받았습니다. 남자들만 가득한 목장이지만 모일 때마다 시간이 부족해 항상 아쉬움이 많습니다. 없는 게 아니라 못 본 겁니다. 쾌적하고 준비된 공간보다 비좁고 낮은 공간이 주는 영성이 있습니다. 로마에서 본 카타콤이 주는 영성을 잠시 느낍니다.

수안목장은 부부 목장입니다. 사회적으로 활동력이 왕성한 시기의 목원들인데요. 처음 만났을 때는 가정마다 어린 자녀들과 입시생이 있었습니다. 구성원의 사정을 고려해 전체 목원이 모일 수 있는 방법을 의논했습니다. 월 1회 모이고 모일 때는 전원 참석하기로 했습니다.

가정마다 순번을 정해 헌신하는 것으로 시작했는데요. 모이는 횟수는 적었으나 따뜻하고 재미있고 은혜가 넘쳤습니다. 물론 전원 참석입니다. 입시생들이 대학에 가고 한 가정이 예배처소를 제공하며 매주 모입니다. 또한 월 1회 모임은 목장 방학도 없이 지속하고 있습니다. 모이고 교제하는 시간 속에 서로를 위로하고 기도하면서 부족한 부분을 채워갑니다. 건강하고 귀한 목장으로 서로에게 큰 기쁨과 위로가 됩니다.

통천목장은 새벽을 깨우는 목장입니다. 사업가와 전문직에 종사하는 리더로 주일 예배만 참석하는 분이 모이고 있습니다. 교회공동체에 소속감이 적은 분들로 구성이 됐지만, 탁월한 리더십 있는 성도들로 자기관리에 철저한 분입니다. 주일 이른 시간 모임이 잘 정착되어 서로의 삶의 경험을 나눕니다. 목원들은 말씀을 사모하여 분기별로 목회자를 모시고 말씀과 신앙의 깊이와 폭을 넓히는 질의 응답시간도 갖습니다. 섬기는 공동체 구성원으로 성장하며 주님 닮기를 소망하고 있습니다.

한 개도 아닌 목장 세 개를 어떻게 섬기냐고 묻는 분도 계십니다. 미소 머금고 답을 냅니다.

"주님이 목장 하나만 하라고 하신 적이 없습니다."

나를 부르신 분도 하나님, 인도하신 분도 하나님 모든 영광 하나님께 돌립니다.

최종원 장로는 양육국장으로 교회를 섬기며
건축회사 대표로서 영향력을 나누고 있다.

우선순위: 중요한 것

우선순위는 덜 중요한 것을 버리는 것에서 시작한다.

01. 버릴 용기

미국의 저명한 상담가 리처드 칼슨(Richard Carlson)은 『우리는 사소한 일에 목숨을 건다』에서 현대인을 다음과 같이 이해한다.

"참을성 없고, 신경질 많고, 양보할 줄 모르고, 조그만 일에도 쉽게 분노한다. 고속도로 달리며 클랙슨을 요란하게 울려대고 새치기 하는 차도 1,2분 정도 밖에 빠르지 않다. 그런데 그렇게 목숨 걸고 달린다. 자존심 버리지 못해 작은 일에 자신을 불태우는 사람도 있다. 사소한 일을 버리지 않고는 중요한 일을 할 수 없다."

과수원 지기의 아들로 태어났다. 과수원 일은 일 년 내 쉴 틈이 없다. 아버지께 배운 가장 큰 교훈은 '버림의 미학'이다. 추수 끝난 과수원은 황량하다. 건장하게 뻗은 1년생 가지를 쳐낸다. 그 가지는 1년 동안 말렸다가 땔감으로 썼다. 버려야 할 이유는 열매를 위해서다. 1년생 가지를 버리지 않으면 에너지가 열매에게 갈 수 없다. 다음 해 열매를 위해 버린다.

새순은 보다 많은 자양분을 먹어치운다. 가지를 쳐 내야 열매가 튼실해진다. 두 번째로 어려운 일은 꽃이 지고 열린 작은 열매를 솎아 내는 것이다. 가지마다 적정 개수만 남긴다. 버리지 않으면 상품가치 없는 열매만 양산한다.

중요한 일을 위해서 먼저 해야 할 것은 버리는 것이다.
주님이 군중 속에 계실 때 서기관이 찾아왔다(마 8:19).
주님께 충성서약 한다.

"어디로 가시든지 저는 따르리이다."

신앙인의 충동이다. 주님을 따름에 대한 충동이다. 그가 주님께 충성 맹세한 이유가 있다. 다른 서기관은 주님을 죽이려고 혈안이었다. 그는 주님을 본 게 아니었다. 주님을 따르는 사람들을 보고 주님을 따르려 했다. 주님을 따르면 인생을 업그레이드시킬 거라는 확신이다. 18절에 '큰 무리가 주를 에워쌌기 때문' 에 충동 서약한다.

예수께서 이르시되 여우도 굴이 있고 공중의 새도 집이 있으되 인자는 머리 둘 곳이 없도다 하시고(눅 9:58, 개역개정)

충동서약에 대한 주님의 확인 질문에 침묵한다. 다음의 메시지를 머금은 질문이다. 나를 따른다는 것은 영광 아닌 고난이다. 따르고 싶으면 따르라. 넌 나를 왕이기에 따르려고 하지만 난 가난한 사람이다. 나의 화려함 보고 따르려 하지만 난 가난한 사람이다. 그래도 따르겠느냐? 부드러운 거절 담긴 초청에 그는 아직까지 답이 없다. 그럼에도 불구하고 따르겠다고 하지 않았다. 부드러운 거절이라 생각했는데 강한 거절이다. 이어 주님의 제자가 잠시 다녀올 것을 청한다.

"주여 내가 먼저 가서 내 아버지를 장사하게 허락하옵소서."
"죽은 자들이 그들의 죽은 자들을 장사하게 하고 너는 나를 따르라."

두 가지 가르침에 누가복음의 저자는 한 가지 사실을 첨부하고 있다. 주님을 따르기 전에 가족에게 인사를 하고 오겠다는 제자 이야기다. 세 사건이 동시에 순차적으로 일어났다고 볼 수 있지만 다른 시간에 전개된 이야기를 저자가 성령님의 인도하심을 따라 편집했을 수도 있다. 동일한 주제를 가진 다른 시간의 가르침을 묶어 놓았다면 퍼펙트 스톰 메시지다. 예상한 가르침을 넘는 수천 배의 힘을 가진 초강력 가르침이다.

예수께서 제자의 부모 장례식도 허락하지 않은 분이라 착각하지 않았으면 좋겠다. 그러실 분이 아닌데 이해와 상식의 경계선을 무너뜨리는 가르침 주셨다면 강조의 강조 어법이다.

왜 이렇게 매정하게 말씀하셨을까? 첫 번째부터 세 번째 이야기까지 주인공에게 공통점이 있다. 주님을 따르는 자의 첫 번째 조건은 버리는 것이다. 서기관이 버려야 할 것은 기득권이다. 두 번째 사람은 중요한 일을 위해 덜 중요한 일을 버려야 했다. 세 번째 사람이 버려야 할 것은 사사로운 감정이었다. 그런 결단 없이 따른다는 것은 무의미하다.

중요한 사람은 중요한 일이 무엇인지 안다. 성공, 경제, 행복한 환경…. 위대함을 추구하는 사람은 가치의 구원을 받은 자들이다. 이런 것들이 주는 가치를 넘어 자아 실현, 하나님의 영광을 구한다. 인간의 욕심은 끝이 없다. 인생 성공은 설계하신 분의 목적대로 쓰임 받아야 한다. '아이폰' 쓰려면 애플에 물어보고 '갤럭시폰' 쓰려면 삼성에게 묻는 게 당연지사. 인생을 창조하신 하나님께 버릴 것, 오늘 할 것, 통합할 것, 줄일 것은 묻는 것은 기본이다.

2005년 토론토 코스타에서 한국인 최초 IBM 부사장, 하이닉스 반도체 사장이었던 박상호 장로를 만났다. 강사들 모임 시간에 한마디 하신다.

"난 코스타만 오면 왜 이렇게 작아지는지 모릅니다."

강사 중 인지도 높은 분이다. 코스타 강사가 다 그렇듯 사례비 받지 않고 항공료도 자기 부담이다. 거목이 코스타에 오면 작게 느껴진다는 것은 좀 더 일찍 하나님의 영광을 생각하며 헌신하지 못했다는 뜻이다. 인생에서 중요한 것은 하나님의 창조의 목적대로 하나님께 영광을 올려드려야 한다. 여정 중에 날마다 버려야 할 것을 찾지 않고는 바른 길로 갈 수 없다.

충성서약 했던 서기관은 침묵을 남기고 돌아갔다. 어떤 말을 하며 돌아갔을까?

"어디를 가시든지 따르려 했나이다. 하지만 그렇게 가난하게 살아야 한다면 따르지 않고 살던 대로 살겠습니다."

단 하루, 한 순간도 주님을 따르지 못하고 떠났다. 청년이 가진 부에 주님을 따르는 명성을 보태려 했지만 허사였다. 버리지 않고 채우려던 사람에게 주님은 어떤 것도 허락하지 않으셨다.

공병호 씨는 『자기 경영노트』에서 '파레토의 법칙'을 소개한다. 일명 2080법칙이다. 대부분의 조직에서 20퍼센트의 사람이 80퍼센트의 일을 한다. 우리가 하루 종일 하는 일 중 20퍼센트가 80퍼센트 결과를 가져온다고 했다. 리더는 매일 중요한 일과 바쁜 일 사이에 선다. 분별력을 주님께 배워야 한다. 주님은 십자가 지기 전에 금식하지 않으셨다. 사역 시작하기 전에 40일 금식기도를 하셨다. 일보다 기도가 우선이셨다. 오병이어의 기적 후 따로 한적한 곳에 가셨다. 군중이 아닌 고독과 쉼을 선택하셨다. 타신 배가 요란한 풍랑으로 제자들이 죽게 되었다고 아우성 칠 때도 주무셨다. 풍랑은 별반 중요한 게 아니셨다. 주님은 자주 그러셨다. 더 중요한 일을 위해 덜 중요한 것을 버리셨다.

로고스교회 개척 초기 매주 금요일 기도원에 오르기 위해서 금요일 밤 기도회를 버렸다. 목사가 살아야 교회가 산다. 월요일부터 금요일까지 전도하면 죽을 맛이다. 몸과 영혼은 지칠 대로 지친다. 금요일은 새벽

기도로 시작해 밤 기도회까지 하루 일과 마치면 약 20시간 일한다. 토요일은 지쳐서 집중력 떨어진다. 주일 설교 준비는 게을러질 수밖에 없다.

대심방도 위임했다. 1년에 1회 목장별 심방으로 대신한다. 대심방을 할 수 있지만 더 중요한 일을 위해 과감히 결단했다. 리더는 더 중요한 일을 위해 덜 중요한 것을 버리거나 위임할 결단과 실행이 필요하다.

02. 시간 관리

세월을 아끼라 때가 악하니라(엡 5:16, 개역개정)

세월을 아끼라는 말의 어원은 '기회를 사라'는 의미를 담고 있다. 중요한 것 중에서 가장 중요한 것이 기회다. 기회는 준비한 자에게 자신을 허락한다. 시간 관리에 실패하면 어떤 것도 준비할 수 없다. 하루 스물네 시간 양을 늘릴 수 없다. 질은 늘릴 수 있다. 긴급하지 않고 중요한 일에 집중하면 10년 후 폭발적인 성장을 경험한다. 시간이 모자란다고 타인에게 빌려 쓸 수 없다. 덜 중요한 것을 버리는 것에서 시간 관리는 시작한다. 시간에 끌려 다니면 탁월한 리더가 될 수 없다. 패스파인더 리더는 효과적인 시간 관리를 통해 자신에게 주어진 시간 내에 사명을 완수한다.

'시간은 돈이다(Time is money).' 명언 남긴 벤자민 프랭클린(Benjamin Franklin)은 시간 관리에 철저했다. 그가 서점을 운영할 때 손님이 물었다.

"이 책 얼마입니까?"

"1달러입니다"

"좀 더 싸게 파실 수는 없을까요?"

"음, 1달러 15센트 내십시오."

"아니, 깎아달라고 했는데 더 비싸게 달라니요?"

"이제 1달러 50센트 내셔야 합니다."

손님이 버럭 화를 내자 프랭클린이 대답했다.

"손님께서 제 시간을 빼앗으셨으니 시간 값을 더 내셔야 하지 않겠습니까?"

그가 큰 공헌을 세울 수 있던 이유를 짐작할 수 있는 대목이다. 하나님은 공평하시다. 모두에게 스물네 시간을 주셨다. 시간 관리가 성패를 결정한다. 시간 관리에 우선해야 할 것은 확고한 목적이다. 확고한 목적 없이 끝까지 가기 어렵다. 집중하기는 더 어렵다.

스티븐 코비는 『소중한 것을 먼저 하라』에서 능률적인 일처리를 강조한 전통적인 시간 관리 방법과 전혀 다른 접근 방법을 제시한다. 속도보다는 올바른 방향, 일보다는 사람, 긴급하지 않지만 중요한 일을 우선시해야 한다고 했다.

시간 관리를 다른 말로 자기 관리라고 할 수 있다. 스즈키 이치로(Ichiro Suzuki)는 메이저리그 야구 역사를 다시 썼다. 최다 안타 부문 신기록을 세웠다. 동양인 체구, 방망이 회전 속도로 메이저리그에서 150킬로미터가 넘는 강속구를 치기란 어려운 일이다. 그만의 타법을 개발했다. 마지막에 손목 힘을 이용해 치는 것이다. 손목을 사용하면 손목에 부상을 입거나 염증이 생기기 십상이다. 부상 위험 방지 위해 매일 한 시간 동안 스트레칭으로 몸을 푼다. 연습을 한 시간 하는 것도 아니고 스트레칭을 한 시간 한다는 것은 자신과의 싸움이다. 고독한 작업이다. 철저한 시간 관리와 자기 관리 없이 불가능하다.

시간 선용 위해서 원칙을 세워야 한다. 하루 원칙, 일주일 원칙, 한 달 원칙, 일 년 원칙, 십 년의 원칙을 세운다. 실행계획까지 제조하고 충실하게 살아가면 열매 있는 삶이 기다린다. 원리만 있고 원칙이 없다면 패배자가 된다. 시간을 관리하기 위해 몇 가지 원칙을 세웠다.

첫째, 새벽기도 끝나고 자지 않고 아침 시간 독서와 저술을 한다.

둘째, 자투리 시간 활용을 위해 손에 늘 책을 들고 다닌다.

셋째, 잠자리에 들기 전 다음날 일정을 확인하고 우선순위에 근거한 계획을 세운다.

넷째, 일주일 단위로 중요한 일을 계획, 점검하고 평가하며 다음 주를 준비한다.

다섯째, 자기 계발을 위한 시간을 하루 3시간 이상 배정한다.

여섯째, 시간에 따른 계획이 아닌 중요한 일을 우선하는 스케줄을 짠다.

일곱째, 규칙적인 생활을 한다.

03. 에너지 관리

자기 자신은 광야로 들어가 하룻길쯤 가서 한 로뎀 나무 아래에 앉아서 자기가 죽기를 원하여 이르되 여호와여 넉넉하오니 지금 내 생명을 거두시옵소서 나는 내 조상들보다 낫지 못하니이다 하고(왕상 19:4, 개역개정)

패스파인더로 살아가는 날이 하루하루 눈부신 축제 같을 수는 없다. 전도, 설교, 상담, 재정, 위기, 심방, 상실을 겪으면서 개척자는 에너지를 잃는다. 더러는 포기하고 떠나기를 결정한다. 떠날 곳이 있는 자는 다행이지만 떠날 곳도 없어 그냥 그렇게 하루하루를 보내기도 한다. 실패해서 힘들 수도 있지만 엘리야처럼 영적인 전쟁에서 승리한 후에도 겪는다. 로고스교회 20년, 등록한 성도 중에 남은 자 보다 떠난 자가 더 많다. 단 한 번도 무심한 적이 없다.

존 고든 (Jon Gordon)의 『에너지 버스』는 펑크 난 자동차를 운전하며 하루 벌이를 책임져야 하는 막다른 인생에 허덕이는 사람의 눈을 열어 준다.

월요일 아침, 조지는 일어나자마자 자동차 바퀴가 펑크 난 것을 발견한다. 그를 둘러싼 숱한 고통 중에 작은 문제일 뿐이다. 일하고 있는 NRG 사는 곧 새로운 상품을 시장에 내놓을 예정이다. 실패하면 직장을 떠나야 할 신세였다. 엎친 데 덮친 격, 일에 몰두하고 가정에 소홀하자 아내는 '더 이상 참을 수 없다' 며 최후통첩을 했다. 출근길에 신발장에서 꺼낸 운동화 끈마저 태클을 건다. 막다른 일상, 이대로 죽던지 부활하던지 다른 길은 없어 보인다.

펑크 난 자동차 대신 버스를 타고 출근한다. '조이' 라는 독특한 버스 운전사를 만난다. 그로부터 2주에 걸쳐 자신의 인생궤도를 뒤바꿔 놓을 10가지 룰을 배운다. '조이' 는 '조지' 를 직장과 가정에서 구원할 방법을 하나씩 제시한다.

첫째, 인생이란 버스의 운전사는 자신이다. 에너지는 다른 사람과 관계에서 생산한다. 직원을 이끌고 마케팅, 커뮤니케이션에서 마음의 힘을 이끌어 낸다. 아침에 처음 만난 사람에게 눈인사 건네기, 사랑하는 아내와 가족을 기쁜 마음으로 꼭 안아주는 것에서 시작한다. 회사에서 나를 도와줄 조력자를 향해 힘찬 인사로 하루를 마감한다. 오늘 내 꿈을 향해 나아간 거리를 생각하고 감사한다. 이 작은 실천이 에너지를 생산한다. 나의 생각, 신념, 행동을 스스로 선택한다. 방향 설정과 목표와 비전 수립은 공유와 소통 가운데 하나 됨으로 이룬다. 하나 됨은 획일화가 아닌 다름을 인정한다.

둘째, 버스를 올바른 방향으로 이끄는 것은 '열망'이다. 비전과 집중력이다. 에너지원은 생각이다. 자신의 마음을 읽고 원하는 것에 집중할 때 목적을 달성한다. 불평은 불평을 재생산한다. 자신의 미래를 그리고 원하는 '비전에너지'에 집중하면 승자가 된다.

셋째, 연료는 '긍정에너지'이다. 어떤 부정적인 상황에도 긍정적인 면이 있다. 대책 없는 긍정은 위험하다. 설계 단계는 보수적으로 하나 실행은 긍정이다. 긍정에너지로 달리는 버스는 서지 않는다. 긍정에너지는 불가능을 가능으로 만들어준다.

넷째, 버스에 사람들을 초대하라. 목적지를 향한 비전에 그들을 동참시켜라. 동승자가 많을수록 강력한 에너지를 뿜어낸다. 부정적인 에너지가 없는 공동체는 없다. '부정적인 사람'이라 규정하지 말고 긍정적인 방향으로 전환할 수 있도록 도움을 주라. 비전에 많은 사람이 동석하면 좋은 결과를 얻는다.

다섯째, 버스에 타지 않은 사람들에게 에너지를 낭비하지 마라. 그들이 타야 할 버스는 다른 데 있다. 억지로 태워봐야 운행을 방해만 한다.

여섯째, '에너지 뱀파이어 탑승금지' 표지판을 붙여라. 에너지 뱀파이어가 버스를 공격하지 못하게 에너지 지수를 한껏 높인다. 긍정에너지는 사용하면 할수록 더 단단해지는 근육과 같다. 근육은 단단해질수록 더 큰 힘을 쓴다.

일곱째, 승객들이 버스에 타고 있는 동안 그들을 매료시킬 '열정' 과 에너지를 뿜어라. 열정은 신의 영감을 받았다' 는 뜻을 가진 그리스어 '엔테오스' 에서 유래 됐다. 심장이 세포 구석구석에 에너지를 보내는 것처럼 구성원에게 긍정적인 에너지와 열정을 발산해야 한다.

여덟째, 승객을 사랑하라. 사랑에는 많은 시간과 경험이 필요하다. 사랑은 목표가 아니라 과정이다. 사랑은 관심이 필요하고 화초처럼 끊임없이 돌봐야 한다.

아홉째, 목표를 가지라. 탑승자 전원이 버스 행선지를 알고 있을 때 신나게 동참한다. 먼 거리도 문제 되지 않는다. 장시간 여행에서도 지치지 않는다.

열째, 그동안을 즐겨라. 주변에 아무 이유 없이 실실거리며 사소한 일에도 기뻐하는 사람은 행복이 무엇인지 아는 사람이다. 과거에서 배우고 과거에 집착하지 말아야 한다. 미래 모습은 현재가 결정하는 것이므로 미래에 집착하지 말라. 오늘에 집중하라. 오늘을 기쁨으로 가득 채운다면 인생 버스는 즐거움 속에서 목적지에 도달할 것이다.

누구나 위기의 버스를 탄다. 사람이나 팀, 혹은 회사나 교회는 위기를 극복하고 새로운 출발과 사명을 완수할 에너지가 필요하다. 흔들리지 않고 피는 꽃은 없다. 어떤 바람에도 흔들리지 않을 나무가 아닌 흔들려도 꽃 피는 나무가 되기 위해서는 강력한 '힘'이 필요하다.

열정적인 리더일수록 영성의 고갈을 경험하기 일쑤이다. 영적인 에너지 고갈을 아직 경험하지 못했다면 죽을 만큼 힘들게 길을 열지 않았다는 것이다. 패스파인더로서의 걸음은 매일 바닥을 경험한다.

이야기의 시작은 긍정에너지를 사용하는 '조이'가 운전하는 버스에 타면서 시작됐다. 주위 사람을 보라. 부정적이면 회복 불가능한 나락으로 떨어진다. 긍정에너지로 사역 버스를 채우려면 버릴 관계를 버릴 용기가 요구된다. 그동안 멀리했던 사람은 정직하지 않은, 현실보다 이상이 높은, 부정적인, 그리고 책임감 약한 사람이었다. 약속을 잘 지키지 않는 사람은 몇 번 더 지켜본 후 관계는 유지하지만 약속은 하지 않고 기대도 버린다. 주님도 가룟 유다는 포기하셨다. 떠난 사람에게 에너지 낭비하지 말고 탑승한 사람에게 사랑을 주면 된다.

체력이 고갈되면 열정도 사그라진다. 체력을 지키기 위해서는 휴식과 운동이 필요하다. 운동할 시간이 없어 바쁜 사람은 주유소에 들릴 시간이 없어 연료가 떨어진 차와 같다. 많은 시간과 수고를 지불하고서야 차가 다시 달릴 수 있다. 이런 곤혹은 후회만 안길 뿐 어떤 의미도 없다. 월요일은 아내도 터치하지 않는다. 좋아하는 운동을 한다. 아내와는 화요일 밤이 데이트 날이다.

에너지 재충전은 가족과 보내는 소중한 시간이 절대적이다. 에너지를 보충해주는 성도들과의 만남도 필요하다. 주님께도 베다니에 마리아와 마르다가 있었다. 정기적으로 기도원에 갔다. 주 1회 이상 취미 활동을 계속하고 있다. 독서와 음악 감상도 좋다. 선교지 방문은 더 좋다.

04. 실행 계획

탁월한 사람과 평범한 사람 차이는 원칙을 지켜나가는 실천력이다. 바보들은 항상 계획만 세운다. 새해가 오면 새로운 마음가짐으로 거창한 계획 세운다. 작심삼일이 된다면 실행계획과 시스템을 구비하지 않았기 때문이다.

'사명 선언문(Mission Statement)'을 만들어보면 많은 도움이 된다. '사명 선언문'은 말 그대로 자신이 이 세상에 태어난 목적을 찾아 그것을 스스로 선언한다. 삶의 목표를 향해 흔들림 없이 나아갈 수 있게 한다.

로리 베스 존스(Laurie Beth Jones)는 『기적의 사명 선언문』에서 주님, 느헤미야, 요셉의 사명을 조명했다. 그들은 사명이 이끄는 삶을 살았다. 한 줄로 자신의 삶을 정의할 수 있는 삶이다. "자기에게 꼭 맞는 인생 사명을 찾아 문서로 만들면 인생에 엄청난 변화와 기적이 일어난다."고 했다.

13년 전 로고스교회에서 '사명 선언문 만들기와 원칙 세우기의 워크숍'을 진행했다. 많은 사람 중 두 사람만 지금까지 코칭 받고 있다. 두 사람은 성공한 사람이다. 이유는 지속성과 구체적인 전략 때문이다.

첫째, 영적인 원칙을 가까운 친구와 멘토에게 알리고 정기적으로 점검 받는다.

둘째, 원칙을 지키지 않았을 때는 상응하는 벌칙(penalty)을 두어서 자신을 관리한다.

셋째, 원칙은 구체적이다. 추상적이면 지켜도 지킨 것인지, 안 지켜도 안 지킨 것인지 모른다.

넷째, 원칙 업그레이드를 지속함으로 끊임없이 성장한다.

다섯째, 지키기 어려운 것은 과감히 버리고 작은 것부터 실행한다.

이해를 돕기 위해 로고스교회 한 청년의 13년 전 사명 선언문과 원칙을 소개한다.

OOO의 인생의 사명 선언문

: 하나님이 쓰시기 편한 실력 있는 인재를 키운다.

이 사명을 위해 2006년 나는 나의 삶을 최대한 단순화시키고 피아노 연습과 영어에만 집중한다. 이를 위해 사람 만나는 것을 자제하고 목적을 이룰 때까지 몸이 아프지 않도록 건강관리에 힘쓴다.

1. 영성과 인격

1) 사명 선언문: 실추된 기독교의 명예를 회복하기 위해 기독교 윤리를 삶에 실천한다.

2) 영성과 인격의 원칙 세우기

〈신앙훈련〉

① 가정예배: 최소 일주일 1회(월요일 밤 10시)

② 십일조: 땀 흘린 대가의 정확한 1/10, 수입 직후 바로 다음 주일에 헌금

　　비전헌금: 월 50,000원 x 24개월(첫째 주)

　　선교헌금: 월 11,000원(둘째 주)

　　장학헌금: 월 5,000원(셋째 주)

③ 성경일독: 청년부 계획에 따라 4장씩 읽기(한 장은 영어로 읽기) - 성경 읽기 전 신문 보는 것 금지

④ 멘토 만나기: 안성우 목사님과 두 달에 한 번 식사(사명 선언문 중간 점검)

⑥ 기도: 월(세계 평화와 선교), 화(로고스교회 비전, 성결교단)

　　　　수(가족과 배우자), 목(청년부), 금(주변사람들), 토(내 자신)

〈인격훈련〉 극기복례에 도전하다!

① 일기쓰기: 음악, 신앙, 생활태도 반성하고 계획짜기

② 신뢰감 향상훈련: 약속시간 5분전에 도착하기 -> penalty: 500원 장학헌금 예치, 이미지 관리: 먼저 인사하기/ 상냥하게 대화하기/ 겸손한 태도/ 청결한 몸/ 단정한 옷차림 유지/ 화났을 때는 속으로 다섯을 세고 말하기

③ 근검절약: 가계부 작성(당일결산), 충동구매 억제(가계부에 필요한 물품목록작성)

④ 건강한 몸: 저녁 8시 이후 식사 제한, 과일 섭취 체크

⑤ 아침기상시간 사수: 6시 -> penalty: 500원 장학헌금 예치

〈독서〉

① 학기 중 매달 1권씩 읽기/ 방학 중 매달 4권 읽기(전공서적 제외)
– 독서계획표(1년 총 30권)

2. 가정

1) 사명 선언문: 가정예배로 행복한 사람
2) 행복한 가정을 위한 원칙세우기

〈행복한 가정〉

① 매주 월요일 아침 부모님께 문자보내기 -〉 penalty: 500원 장학
헌금 예치
② 가정예배: 월요일 밤 10시
③ 부모님이 시키는 심부름은 무조건 하기

〈미래의 가정〉

① 배우자를 위한 기도(수요일 밤 11시 30분): 함께 예배드리며 행
복한 가정꾸리기/ 함께 발전하는 부부관계/ 100명의 인재 후원 능력

3. 과업

1) 사명 선언문: 하나님이 쓰시기 원하는 인재를 양성하는 지도자
2) 과업을 위한 원칙 세우기

〈영어공부〉 자유로운 의사표현의 도구! 나의 강력한 무기!

① LC: 걸어 다니는 시간에 MP3로 듣기 연습

② RC: 영어성경 1장씩 읽기(점심식사하기 전까진 꼭 읽는다!)

③ TWE: 서양음악사 원서 한 chapter씩 쓰기(6월-12월)

④ STR: Grammar in use 1번(6월)

⑤ VOCA:서양음악사, 영어 성경, 60일 완성단어집 - 포스트잇, voca 22,000(6월-7월 master)

⑥ TSE 8월까지 점수내기

〈피아노 연습〉 5월 15일(월) 5시 졸업 리사이틀 나의 전공! 절차탁마!

① 하루 5시간, 일주일 총 연습시간: 30시간

　(벌금: 감사헌금 2,000원 / 상금: 2,000원 적립^^)

② 피아노 일지 작성

③ 두 달에 한 번 피아노 연주회 다녀오기(감상문 작성)

〈교회〉 인재들의 집합소, 청년부를 위한 감사의 봉사!

① 수요일 저녁 9시 30분 임원 모임 80퍼센트 이상 출석하기

② 투명한 회계 관리

　임시수첩: 금전적 사항 즉시 기록, 월례회 이후 바로 정리

* 2006년 기도제목 *

① 주님만 섬기는 우리 집: 아버지가 아름다운 과정을 통해 하나님을 만날 수 있도록

② 원칙대로, 2배 노력: 더욱 구체적인 사명계획 세우기, 상급학교

진학, 재정적인 문제 해결,

③ 함께하는 비전: 교회의 건강함, 안성우 목사님/김요섭 전도사님,
청년부 예배 회복

④ 함께 행복한 나라: 나라의 복음화, 정직하게 일하고, 정직한 대가
를 받는 행복한 나라

삶이 변화되기를 원한다면 지금 당장 사명선언문을 만들고 구체적인
전략을 세워보라. 하나씩 지켜나가다 보면 어느 순간 부쩍 성장해있는
자신을 발견할 수 있을 것이다.

13장

성장: 멈출 수 없는 성장

수고하여 무거운 짐을 진 사람은 모두 내게로 오너라. 내가 너희를 쉬게 하겠다. 나는 마음이 온유하고 겸손하니, 내 멍에를 메고 나한테 배워라. 그리하면 너희는 마음에 쉼을 얻을 것이다. 내 멍에는 편하고, 내 짐은 가볍다.(마 11:28-30, 새번역)

한홍 목사님은 『다음세대의 날개』에서 말했다. "서양 문명을 능가하는 문화를 가졌던 동양권이 세월이 가면서 점차 서구 문명에게 밀리게 된 원인을 굳이 따지라면 자기 자리에 안주했느냐, 더 넓은 세계로 도전했느냐의 차이라고 생각한다."

시오노 나나미(Nanami Shiono)는 『로마인 이야기』에서 2천 년 전 동양을 대표하던 중국과 서양을 대표하던 로마 제국의 차이를 만리장성과 도로로 봤다. 중국인은 그 엄청난 인적, 물적 자원을 동원해 스스로를 가두는 만리장성을 쌓은 반면, 로마인은 점령 지역 곳곳으로 연결되는 길을 닦았다고 한다. 중국이 그렇게 자존심을 걸고 쌓았던 만리장성은 결국 외부 적이 아니라 내부 적에 의해 성문이 열렸다. 역사를 통해 배워야 할 게 있다. 폐쇄적인 공동체는 역사를 주도할 수 없다.

01. 성장의 길

성장을 위해서 필요한 것은 '이성'과 '열정'이다. 냉철한 이성은 성장 로드맵을 그리고 열정은 성장을 이끈다. 두 가지가 균형을 이루면 성장은 저절로 된다. 두 개 중 하나가 모자라거나 넘치면 성장의 기쁨을 맛보기 어렵다. 열정이 크면 초기에는 성장을 이뤄 가지만 정체기나 침체기가 오면 일어서지 못하기 십상이다. 차가운 이성과 지성이 대안을 찾고 추진 에너지를 공급한다. 이성만 앞서고 열정이 없어도 쉽게 지친다. 지속적인 성장을 이루기 어렵다.

성장 한계가 오면 길을 잃어버린 리더가 많다. 외부에서 원인을 찾으려는 자도 많다. 노예 감독처럼 동역자를 몰아세운다. 리더는 성장의 길을 알아야 한다. 가시적인 성장과 비가시적인 성장은 리더의 수준에 달렸다. 교회가 성장하기 위해서 알아야 할 몇 가지 원칙이 있다.

첫째, 리더가 작은 성장 경험을 해야 한다. 담임목사가 되기 전부터 작은 성장을 경험하면 성장 유전인자가 생긴다. 자연적 교회성장을 추천한다. 한 사람을 주님처럼 대한다. 그의 영성 성장을 우선한다. 사람을 키우면 사람이 성장하게 한다. 파트 사역이나 부교역자 시절 부흥을 경험하는 것이 중요하다.

2004년 메이저리그 챔피언은 보스턴 레드 삭스(Boston Red Sox)였다. 월드 시리즈를 시작할 때 전문가들은 8대 2로 보스턴 승리를 예상했다. 전문가들은 세인트 루이스 카디널스(St. Louis Cardinals)보다 우위에 있는 이유를 투수력으로 봤다. 한 명이 스포트라이트를 받았다. 월드 시리즈 챔피언에 올랐던 그의 경험이 무형의 전력이 되어 팀을 리드할 것이라 했다. 예상대로 유감없이 실력을 발휘했고 어려운 게임에서 승리투수가 됐다. 발목 부상으로 그의 양말은 붉은 피 얼룩진 레드 삭스(red socks)가 됐어도 말이다. 그는 커트 실링(Curtis Montague Schilling)이다. 우승의 맛을 본 사람이 우승의 길을 안다. 홈런왕 베이브 루스를 뉴욕 양키스에 넘긴 1920년 이후 단 한 번도 월드시리즈 챔피언에 오르지 못했던 보스턴은 한 게임도 내주지 않고 완승을 거둠으로써 저주의 사슬을 끊었다.

승리의 길을 아는 자는 긴장이 최고조 이른 순간에 와르르 무너지지 않는다. 성장의 맛을 앎이 중요한 것은 성장해야 할 사람과 교회, 공동체 상황은 모두가 다르다. 우승의 경험이 있기에 맛을 안다. 우승에 한 걸음 가까이 있다고 말한다. 우승이 주는 기쁨과 보상을 아는 사람은 우승이 동기 부여가 된다. 호흡조절, 힘 빼고 유연하게 게임에 임하는 게 무엇보다 중요한 것도 안다.

둘째, 가장 잘할 수 있는 사역에 집중한다. 지하실 예배당에서 개척은 경쟁력이 없었다. 바로 옆 코끼리만한 교회를 볼 때마다 숨이 턱턱 막혔다. 성당부지라 해서 들어갔는데 부동산에 속았다. 준비할 수 있는 것, 승부를 걸 수 있는 것은 오직 설교였다. 설교를 잘한다는 말이 아니다. 방문자들에게 설교 밖에 다른 것은 줄 게 없었다. '설교'는 생각만 해도 두렵다. 몇 해 전 설교 테이프를 들어보면 숨고 싶다. 이걸 설교라고 했나 싶다. 잘 할 수 없어도 잘하기 위해서 집중하다 보면 하루에 한 걸음씩 골(goal)에 가까이 간다. 사역을 위임할 사람이 준비될 때까지 가장 잘 할 수 있는 사역에 집중하는 것은 대단히 중요하다.

셋째, 거점을 확보하고 도전한다. 개척한 지 5개월이 됐을 때까지 이렇다 할 부흥이 보이지 않았다. 교회 찾는 사람이 한 번 오면 재방문 하지 않았다. 행신동에 소재한 교회 중에 가장 초라한 교회였다. 몇 사람이라도 등록해야 전도 거점이 마련된다. 영적 전투나 실제 전쟁은 공통점이 있다. 거점을 확보하기 위해 치열한 전투를 해야 한다. 시작은 어려워도 거점을 확보하면 다음 스텝이 쉬워진다. 접촉점과 정보를 얻는다.

이사 온 사람들 중에 누가 신앙생활을 쉬고 있는 지 파악한다. 교회를 찾는 사람을 알아낸다. 아파트 문은 수위실부터 굳게 닫혀 있었다. 열심히 전도한 결과는 아파트 수위들이 다 기억해 주는 사람이 됐다. 블랙리스트에 올랐다. 움직이면 따라 붙었다. 아파트 전도가 어렵다지만 불가능한 것은 아니다. '고난주간 말씀축제'를 구상했다. 신앙인들은 고난 주간을 의미 있게 보내려 한다. 저녁집회만 만들었다. 간절하면 길이 보인다. 베스트 설교를 준비했다. 기도원에 올라가 일주일 동안 원고를 다듬고 또 다듬었다. 생명 건 기도를 했다. '말씀축제'를 통해 은혜를 받은 세 가정 총 11명이 등록했다. 교회는 탄력을 받기 시작했다. 이분들이 거점이 되었다. 이웃에 대한 정보를 얻었다. 아파트를 들여다 볼 수 없었지만 거점이 확보됨으로써 집중 공략했다. 거점이 확보되면 집중해야 한다. 3년간 모임, 회의, 친구, 운동도 버렸다.

넷째, 위임할 사람을 키워야 한다. 사람을 성장하게 하는 것 중에 하나는 교육이다. 교육보다 더 효과적인 것이 훈련이다. 훈련을 통해 사람이 세워지면 교회는 지속적으로 성장한다. 리더 그룹을 훈련하지 않으면 위임할 수 없고 출석 100명 선에서 고전한다. 훈련된 사람을 보내 달라 기도했지만 훈련이 필요한 사람만 보내 주셨다. 개척 교회는 야전 군 훈련소다. 담임목사가 일대일로 양육할 수 있다. 수준에 맞는 훈련 프로그램을 만들고 빠른 수정이 가능하다.

다섯째, 공동체성 회복이다. 교육과 훈련도 중요하지만 공동체에서 성장한다. 공동체는 소속감, 안정감을 준다. 공동체는 치유와 성장을 이끈다. 공동체를 창조하신 분은 하나님이시고 섭리하시는 분도 하나 님이시기 때문이다. 예배와 소그룹, 두 날개로 교회는 비상해야 한다.

공동체성이 얼마나 중요한지를 장례가 날 때마다 깨닫는다. 당진에 서 개척했을 때였다. 무경험 준비 부족으로 첫 입관 예배 설교를 망치 고 말았다. 발인과 하관 예식 설교는 공들여 준비했다. 발인예식 설교 반응은 믿지 않는 분에게서 나왔다. 장례식 후 몇 분이 술에 취해 교회 를 찾았다. 세 시간 넘게 말벗이 됐다. 두 분이 등록했다. 큰 병이 발병 한 분은 인생 허무함과 고독을 상담해 왔다. 상개중앙교회는 장례가 나 면 전교인이 매달렸다. 동네를 향한 전도 기회로 읽었다. 장례식 때 교 회의 단합된 힘은 동네 사람에게 큰 울림을 안겼다. "죽어서 자식 고생 시키지 않으려면 교회 나가야 한다."는 말이 돌기 시작했다. 시골 교회 는 장례식과 함께 부흥했다. 첫 번째 개척에서의 체험으로 터득한 공동 체의 중요성은 두 번째 개척 때 핵심 키워드였다. 로고스교회 첫 2년은 매 주일 예배가 끝나면 함께 운동 하고 저녁식사까지 함께했다. 장례가 날 때마다 온 교회가 매달린 것 역시 동일했다. 교회는 신도시의 독특 한 문화 속에서 '고향 같은 공동체'로 자라갔다.

02. 리더의 의무

피터 드러커는 사업 신장을 수년간 지속하기 위한 세 가지 방법을 제시했다. 첫째, 회사 대표가 미친 사람소리를 들어야 한다. 둘째, 부정직하면 된다. 셋째, 기회와 도전을 감당하기 위해 변화를 감수해야 한다. 영적인 리더는 첫째와 둘째 방법으로 수년간 성장을 꾀할 수 없는 노릇이다. 가능해도 하지 말아야 할 짓이다. 탁월한 리더는 변화를 감수한다. 공동체 변화보다 리더 자신의 변화가 우선이다. 리더가 성장하면 공동체는 성장한다. 탁월한 리더는 무엇을 모르는지 안다. 변화에 민감하다. 죄와 허물, 고착상태를 벗어나기 위해 날마다 십자가 앞에 선다. 생각을 행동으로 전환하는 일에 빠르다. 배움과 적용에 시차가 없다.

관심법으로 무소불위 독재권력 휘둘렀던 궁예는 방향감각을 상실했다. 왕건에게 옥좌를 내주었다. 왕건이 삼국을 제패할 수 있었던 가장 큰 원동력은 리더십이다. 궁예의 강력한 카리스마나 견훤의 저돌성을 뛰어넘었다. 변화를 수용할 줄 아는 리더였다. 전방위 디지털 시대를 살아가는 오늘의 리더에게 꼭 필요한 것은 '변화'를 수용할 역동적인 리더십이다.

칭기즈칸은 유목민이었다. 하나님 나라 복음 전달자로 하나님은 유목민을 선택하셨다. 정착으로 유목이 불가능했기에 그들은 풀이 있는 곳으로 날마다 움직인다.

"다음은 어디로 가야 하나?"

내일을 찾는 열린 눈이 고착을 한시도 허락하지 않았다.

"들짐승이 나타나면 어떻게 대처할까?"

"누가 아프면 어떻게 하지?"

"가는 곳마다 법이 있고 문화가 다른데 어떻게 적응해야 하나?"

관찰과 이동은 생존을 위한 기본이 됐다. 처음 만난 사람에게 "안녕하십니까?"로 인사하지 않았다.

"당신이 온 쪽에서 무슨 일이 있었습니까?"

새로운 것, 필요한 것을 알고 배우려는 질문이다. 칭기즈칸이 정복한 땅은 777만 평방킬로미터에 이른다. 알렉산더, 나폴레옹, 히틀러가 차지한 땅을 합친 것보다 넓다. 당시 몽골 고원 인구는 100-200만 명으로 추산한다. 중국, 이슬람, 유럽, 1-2억 인구를 무려 150년 동안 정복하고 거느렸다.

칭기즈칸 군대는 기술의 중요성을 잘 알고 있었다. 칼만 해도 직선형이 아니라 반달형이었다. 기마전은 시간이 승패를 가르는데 반달칼은 매우 효과적이었다. 반듯한 직선형 칼은 사람을 찌르거나 베는 수밖에 없다. 반달칼은 말이 달리는 속도에 얹어 살짝만 그어도 엄청난 파괴력을 냈다. 반달칼은 칭기즈칸 군대가 새롭게 개발한 무기가 아니다. 아랍인의 발명품을 칭기즈칸 군대가 실전에 대량 도입해 효과를 거둔 것이다. 벤치마킹을 한 것이다.

수고하고 무거운 짐 진 자들아 다 내게로 오라 내가 너희를 쉬게 하리라(마 11:28, 개역개정)

'쉬게 하겠다.' 하셨으면 쉬게 해 주셔야 하는데 '나는 마음이 온유하고 겸손하니 나의 멍에를 메고 내게 배우라 그리하면 너희 마음이 쉼을 얻으리니 이는 내 멍에는 쉽고 내 짐은 가벼움이라 하시니라'(29절) 하셨다.

"내게 배우라."

시대는 따라 잡을 수 없을 만큼 빠르게 변한다. 사람도 변한다. 교회에도 변화의 압력이 거세진다. 리더는 끊임없이 학습하는 자여야 한다. 시대를 읽어야 시대의 예언자가 될 수 있다.

루스벨트는 1919년 1월 16일 뉴욕의 자택에서 세상을 떠났다. 시신을 수습할 때 베개 밑에서 책이 한권 나왔다. 별세 전날 밤까지 책을 읽다 잠자리에 든 것이다. 미국 대통령 중 재선 득표율이 가장 높았던 대통령. 아직까지 그 기록은 깨지지 않았다.

얼마 전 모 대학의 연극 영화과 교수에게 물었다.

"당신이 학자가 되는데 가장 중요했던 것은 무엇이었다고 생각하십니까?"
"독서입니다. 어렸을 때부터 책을 많이 읽었습니다. 속독하는 습관과 집중력이 길러져서 공부를 하거나 논문을 쓸 때 도움이 되더군요."

삼성은 우리나라 최고 그룹으로 손꼽힌다. 변화를 도모하지 않았다면 불가능한 일이다. 삼성 전자는 소니, 삼성 중공업은 미쯔비시, 재고 관리는 웨스팅하우스, 고객서비스는 노드스트롬을 벤치마킹한 일도 과거가 됐다. 이제는 그들이 삼성을 벤치마킹해야 할 때가 됐다. 배움은 선택이 아닌 생존의 문제가 됐다.

노드스트롬은 팔지 않은 타이어를 환불하러 온 할아버지에게 조건 없이 환불해 준다. 손실 비용은 홍보비로 처리한다. 이보다 확실한 홍보 대사는 없다. 노드스트롬을 벤치마킹한 호텔 신라는 직원에게 단골 고객에게 한 끼 식사와 차 한 잔을 무료로 대접할 수 있는 권한을 부여했다.

목회자 가정에서 태어나지 못했다. 목회를 보고 배운 게 없다. 많은 경험과 아픔을 통해 배웠다. 철이 늦게 들었고 말도 느린 편이다. 한번은 안양 모 교회에서 집회인도를 할 때다. 유치원생이 물었단다. "엄마 이번에 오신 목사님은 말을 빨리 못하시나봐." 뭘 해도 출발이 좀 느린 편이다. 더 노력해야 한다는 것을 안다. 믿을 구석은 하나님 한 분 뿐이다. 박사과정 중에 깨달았다. 석사과정 때 실력이 없어 보였던 교수님을 좋아하지 않았다. 박사과정 수업으로 만났더니 보이지 않던 학문적인 깊이가 느껴졌다. 수업 중에 고백했다.

"교수님 제가 이제야 철이 드나 봅니다. 교수님들이 다 위대해 보입니다."

"아직 늦은 것은 아닙니다. 죽을 때까지 그 사실을 모르고 죽는 사람 많습니다."

피터 드러커에게 배운 잭 웰치는 배움의 중요성을 누구보다 강조했다. 특급 품질향상 시스템인 '6 시그마'도 모토로라에서 배웠다. 잭 웰치 하면 떠오르는 첫 번째 기억이 '다독(多讀)'이란다. 독서가 습관이 되면 읽지 않으면 불안하다.

신학대학과 신학대학원을 나왔지만 목회는 몰랐다. 열심 하나로 목회하기에 부족함을 느껴 배움의 길을 찾았다. 길은 찾는 자에게 열린다. 준비하고 시작한 목회가 아니라 경험하면서 배웠다. 목회 비전을 구체화 했다. 인맥지도도 그렸다. 사명 선언문도 만들었다. 의사결정을 위한 체크리스트도 만들었다.

칼 융은 "모든 신경증은 정당한 고통을 회피한 대가이다."라고 말했다. 고통을 회피한 대가는 회피하고자 했던 고통보다 결국에는 더 고통스럽다. 고통 없는 성장 없다. 정당한 고통을 회피할 때 고통 통한 성장도 회피하게 된다. 배움도 고통이 따른다. 겸손은 부족한 것을 부족하다고 말하는 것이다. 있는 것 없다고 말하는 것은 겸손을 가장한 교만이다. 겸손한 자는 부족한 것 알고 성장하기 위해 끊임없이 노력한다.

리더의 성장은 선택 아닌 의무요 필수과정이다. 성장하지 않는 리더는 변화를 수용하거나 미래를 주도할 수 없다.

03. 종의 길

너희 중에 누구든지 으뜸이 되고자 하는 자는 너희의 종이 되어야 하리라(마 20:27, 개역개정)

헤르만 헤세(Herman Hesse)의 작품 『동방순례』의 주인공은 '네오' 다. 순례 도중 항상 허드렛일을 했다. 사람들은 그의 존재가치를 의식하지도 않았다. 어느 날 네오가 보이지 않자 순례객 사이에 불협화음이 잦아졌다. 그제야 네오의 소중함을 깨달은 것이다. 그가 누구이며 어디에서 왔는가를 궁금해 한다. 동방순례의 화자는 네오를 찾아 나선다. 레오를 만나면서 소설은 막을 내린다. 레오는 종단의 권위자였다. 종의 자리에서 그들을 섬겼다. 헤르만 헤세는 주님의 길에서 모티브를 얻었다.

이전하기 전, 교회 옆 가라산 공원으로 전도하러 올라갔다. 벤치에 앉아 있는 분을 찾아가다 낙엽 밟는 소리에 놀란다. 거절당한 소리로 들린다. 인근 아파트 전도하러 가서 초인종을 누르지만 '그 집에 아무도 없었으면 좋겠다.' 싶은 마음이 들기도 했다. 30퍼센트는 짜증내고 10퍼센트의 사람은 화를 낸다. 꽤 긴 시간 전도했지만 늘 두렵다. 아파트 수위 아저씨에게 쫓겨난 적이 셀 수 없을 정도였다. 비교적 좋은 조건으로 시작했지만 개척은 개척이었다. 아내는 매일 전도자와 동역자 점심을 꽤 오랜 기간 동안 준비했다. 새벽기도 하려고 앉으면 기도는 안 되고 점심 메뉴부터 짠단다. 아내는 생계를 위해 아르바이트도 했다. 입원 환우가 생기면 반찬봉사를 했다. 나름 교회 부흥을 위해 모든 수고를 아끼지 않았다. 이 정도는 모든 개척자와 아내들의 기본적인 희생이다.

개척자는 상처 입은 영혼을 섬긴다. 종의 자리에 서지 않고 불가능한 게 개척이다.

"내가 이만큼 고생했는데….."

"내가 누구를 키웠는데….."

내가 주어가 되면 패망의 선봉이다.

"무익한 종은 단지 할 일을 했을 뿐입니다."

"종은 그런 말, 그런 대접 받을 자격 없습니다."

날마다 사역 동기를 점검해야 한다. 목회 기본을 생각해야 한다. 다윗은 낮은 마음으로 살아감의 모델이 됐다. 사울과의 관계를 생각해 보자. 목숨 건 전투에서 골리앗을 이기고 궁궐로 돌아올 때 사람들은 다윗을 칭송했다. 질투에 눈 먼 사울이 다윗을 죽이려 창을 두 번이나 던졌다. 창을 피하자 이번에는 한직으로 내몬다. 적의 최고위 장군 물리친 사람이 왕위를 제외하고 군 최고 리더가 되는 것은 고대 무림의 법칙이다. 골리앗을 죽인 명장 다윗은 천부장으로 발령 났다. 전선이 형성된 최전방으로 보내진다.

그를 천부장으로 삼으매 그가 백성 앞에 출입하며(삼상 18:13b, 개역개정)

출입이란 '나아갔다.', '본래로 되돌아갔다.' 는 의미다. 전쟁터로 돌아가 목숨 걸고 할 일을 했다. 그가 최전선으로 가지 않아도 될 이유는 충분하다. 사울에게 이의를 제기할 수 있다. 하루 천하, 그렇게 궁궐에서 호화로운 삶과 사람들의 환호성을 뒤로하고 주님이 걸으셨던 그 길을 갔다. 하나님의 뜻으로 받고 묵묵히 길을 걸었다. 종의 길은 부끄러운 감정, 시험들 권리까지 포기한다. 극심한 환경 변화를 경험하면 숨는 사람이 많다. 그것이 종의 길임을 모른다. 그런 일이 없는 것이 종의 길이 아니다.

다윗이 그의 모든 일을 지혜롭게 행하니라 여호와께서 그와 함께 계시니라(삼상 18:14, 개역개정)

모든 일을 지혜롭게 행했다. 지혜는 제 목숨과 영광 지키려고 잔 꾀 부리는 게 아니다. 하나님의 종은 사람의 종이기도 하다. 사람 구원, 양육 위해 하나님이 세우신 종이다.

군종사병으로 복무 한 것은 하나님의 특별한 축복이었다. 군인 교회에서 홀로 지냈다. 점호, 훈련, 내무반 생활을 안했다. 하나님 앞에 홀로 서서 고독이 주는 영성을 맛봤다. 마음껏 책을 읽었다. 매일 새벽기도 인도했다. 설교도 지겹도록 했다. 목회자 후보생으로 목회를 배울 최고 보직이었다. 교회는 내무반 생활도 없이 혼자 지낼 수 있는 군 별장이었다. 모시던 군종장교가 전출 가고 두 번째 목사님이 오셨다. 모셨던 분과 성향이 달라 잘 섬기지 못했다. 참다못한 목사님은 철책선 최전방으로 나를 올려 보내고 대대 군종사병을 연대로 데려오려 하셨다. 대한민국 전방 중 혹독한 바람이 부는 최북단이다. 쫓겨 올라가 철책 선에서 밤샘 근무할 생각을 하니 잠이 오지 않았다. 전방의 근무는 왕에서 종으로의 환경 변화였다.

군종장교의 요청으로 인사과에서 전출 서류는 만들어졌고 연대장 사인만이 남았다는 소식이 들려왔다. 부대 앞 민가에서 교회를 섬기는 성도 중 한 분이 오셨다.

"목사님께 찾아가서 전도사님 전방에 보내면 교회 안 나온다고 하겠습니다. 찬양대원들이 의견을 모았습니다."

"사탄아, 물러가라. 너는 나를 넘어지게 하는 자로다!"

선포했으면 좋았으련만 그리하지 못했다.

'목사님께 가려면 말없이 갔다 오던지, 와서 말하면 어떡하란 말이야?'
'모르는 척할까?'
'아무도 보지 않아도 하나님은 아신다.'

교차하는 생각이 혼란스럽게 했다. 그분을 돌려보내며 드린 말씀이 마음과는 달랐다.

"사람이 마음으로 그 길을 계획해도 걸음을 인도하시는 분은 하나님입니다. 목사님이 나를 보내려 한다고 목사님을 거부하면 자칫 하나님의 뜻을 거부할 수 있습니다. 하나님의 뜻이라면 가기 싫어도 가야 합니다. 저는 하나님의 종입니다. 말씀은 고맙지만 그냥 지켜봐 주십시오."

며칠 후 인사과 사병계가 흥분된 목소리로 전화했다.

"전도사님은 전방에 못 올라가고 여기 계셔야 할 것 같습니다."

왜냐고 묻지 않았다. 사병계도 그리스도인인데 목회자가 대범하진 못해도 호들갑은 떨고 싶지 않았다. 그가 기뻐하는 걸 보니 전출 서류를 꾸밀 때 괴로움이 컸나 보다. 하나님은 연대장의 마음을 붙잡으셨다. 연대장님은 서류에 결재하지 않으시고 이렇게 말씀하셨단다.

"안 군종은 우리 연대에 꼭 필요한 사람이다."

삶은 수많은 선택의 연속이다. 하나님을 의지하고 올바르게 반응하면 전방 철책선 근무도 하나님 나라이다. 사람의 도움과 여론을 의지했다면 하나님의 교회에서의 군종활동도 지옥이다. 종은 선택권을 주님께 맡긴다. 종은 원하는 곳이 아닌 필요한 곳에 선다. 필요로 하는 곳은 원하는 곳보다 더 많은 희생과 헌신이 요구된다. 그래도 종은 그 길을 가야한다. 단지 무익한 종이기에 그렇다.

겨울이면 난방연료를 배달시키지 않았다. 정량을 확인할 수도 없고 의심이 갔다. 직접 사오는 게 싸기도 했다. 부목사 때 교회 차 세차도 직접 했다. 종의 마음을 놓고 싶지 않아서였다. 석유 배달, 우편배달, 청소, 새벽기도 차량 운전, 생수 길러 오기, 페인트, 도배, 설비, 이삿짐센터의 짐꾼, 셔터 맨, 도시락집 주인의 길이 종의 길이다. 장례 예식 집례 전에 염습도 수차례 했다. 하다하다 짐승 장례로 슬퍼하는 가족을 위로 하는 예배도 인도해 봤다. 기꺼이 종의 길을 기뻐한다면 주님의 위로와 승리를 경험한다.

04. 코칭 리더

공동체의 구성원이 늘면 패러다임 전환이 필요할 때가 온다. 때를 놓치면 정체가 오래 간다. 종의 마음은 잃지 않아야 하지만 관리자나 코치로서 전환을 해야 한다. 전환하고 싶어도 길을 모르면 할 수 없다. 일정 기간 리더십 훈련이 필요하다. 해왔던 대로 사역하면 지칠 대로 지치고 맡겨주신 사람을 다 돌보지 못한다. 종의 길이 익숙하지만 종의 마음으로 코칭을 시작해야 한다.

멘토링을 넘어서는 것이 코칭이다. 엘리자베스와 기포드 핀초트 부부는 "코칭의 목표는 깨어진 것을 고치는 데 있지 않고 오래된 재능을 사용하여 더 큰 효과를 낼 수 있는 새로운 재능과 새로운 방법을 발견하는 데 있다."고 했다. 코칭은 컨설팅과도 다르다.

게리 콜린스는 『크리스천 코칭』에서 크리스천 코칭이 일반 코칭과 어떻게 다른지를 다음과 같이 설명했다.

첫째, 코치와 코칭 받는 사람과의 관계는 성경적인 세계관에 기인한다. 자신의 능력을 극대화하는 것이 일반적인 코칭이라면 하나님의 전능하심을 의지하는 것이 크리스천 코칭이다.

둘째, 성령의 인도하심을 받은 능력과 영향력이다.

셋째, 그리스도의 풍성한 생명을 수용하도록 도와준다면 코치는 중립적이 되고 코칭은 사람들에게 강력한 영향을 미칠 수 있다.

넷째, 크리스천 코치도 기술을 배우며 적용하지만 PBC(코칭받는 사람, Person Being Coached)를 위해 정기적으로 기도하며 영적인 문제를 거론하는 것을 꺼리지 않는다.

하나님은 사람을 통해 일하신다. 성경도 성령께서 세밀한 코칭을 받은 사람이 기록했다. 시대마다 역사를 이끌 주역을 찾으셨다. 오랜 훈련과정을 거쳐 사용하셨다. 모세와 여호수아, 사도 바울과 디모데의 관계를 코칭으로 본다.

세상이 빨리 변해 도무지 어디 서 있는지 감을 잡을 수도 없다고 한다. 이공계를 회피하는 가장 큰 이유는 정보와 지식이 너무 빨리 변하기에 박사나 전공자들이 설 땅이 없기 때문이란다. 변명에 불과하다. 기술의 발달 속도가 빠르다면 그것 역시 사람이 주도하는 것이다. 하나님은 "어떻게 행할지 자세히 주의하라."고 하셨다. 무엇을 하려 할 때 자세히 주의하지만 어떻게 해야 하는지 자세히 주의하지 않는 사람을 많이 봤다. 인생 최고의 코치는 하나님이다. 하나님의 사람은 하나님처럼 생각한다. 하나님의 마음과 속도로 생각한다. 하나님은 세밀하게 인도하신다. 하나님의 코칭에는 사람을 통한 코칭을 포함한다. 리더가 종으로만 살고 코치로 살아가지 않는다면 공동체는 좋은 리더를 가질 뿐 위대한 리더를 가질 수는 없다.

1차 코칭은 자신에게 적용해야 한다. 비전과 사명을 구체화하는지 점검해야 한다. 대다수 교회의 신년 목표를 보면 무엇을 하겠다는 것인지를 알 수 없다. 명사형이고 추상적이다. 동사형으로 전환해야 무엇을 어떻게 할 것인지 알 수 있다. 목표와 실행 계획이 구체적이어야 한다. 목표가 구체적이지 않고 실행 불가능 하다면 평가할 수 없다. 평가할 수 없으면 대안을 찾을 수 없다.

안식년 기간 동안 처음으로 보인 것은 '자신' 이었다. 연말이면 시간에 쫓겨 신년 계획을 내놓곤 했다. 구체성은 결여되고 형식적이고 추상적이었다. 삶은 분주하고 효과는 없었다. 코치가 필요했다. 피곤함으로 하루를 시작하고 마쳤다. 목회전략연구소 김성진 소장은 위임의 구체적인 과정을 지도해 주었다. 이사심방, 대심방, 출산심방을 위임했다. 장례식, 등록심방은 꼭 챙겼다. 위임으로 얻은 시간에 비전을 구체화할 로드맵을 그렸다. 안식년은 더 구체화 할 수 있었다. 독서와 고수와의 만남으로 '셀프코칭'이 가능한 수준에 근접하고 있다.

존 휘트모어(John Whitmore)는 『성과 향상을 위한 코칭 리더십』에서 코칭에 포함되는 네 가지를 말했다.

첫째, 사람들이 어떤 문제를 해결하기를 원하고 변화하기를 바라는지 그 결정을 돕는 목표 설정(goal-setting)이다.

둘째, 좌절감, 장애물, 반대를 포함한 사람들이 현재 처해있는 상황을 탐색하는 현실 점검(reality-checking)이다.

셋째, 목표 달성을 위해 사람들이 취할 수 있는 행동전략을 세우는 대안 전략(option strategies)이다.

넷째, 해야 할 필요가 있는 일들을 그 시간에 맞춰 행하도록 도와주는 의지에 기반을 둔 행동(will-based actions)이다.

적용해보니 목표 설정은 있지만 현실 점검과 대안 전략이 없었다. 의지에 기반을 둔 행동이 부족했다. 목표를 구체화하지 못했기에 적당히 1년을 마무리했다. 구체적으로 계획을 세웠다. 읽어야 할 책 리스트를 뽑았다. 독서할 시간을 구별했다. 교회 비전도 1년 단위로 구체화했다. 구체화 하니 오늘 해야 할 일이 선명하게 보였다.

우리나라 교육열은 전 미국 대통령 오바마(Barack Obama)도 인정했다. 일산은 교회를 선택할 때 먼저 고려하는 것이 교회학교 수준이다. 방문자가 자녀와 함께 교회학교 예배를 먼저 드리는 경우가 허다하다. 교회학교 수준은 목회자의 수준이다. 교회 학교에 전임교역자를 두기 어려운 게 현실이다. 개척 때는 파트타임 사역자도 구하기 어려웠다. 파트타임 사역자는 전임사역자에 비해 준비 덜 된 분이다. 설교와 목회 전반에 대한 코칭 없이 목회자의 경쟁력을 확보할 수 없다. 교육 전도사로 인해 몇 번 곤란을 겪고 난 후 '토요 코칭'을 시작했다. 설교문을 점검하고 교정 봐준다. 교회학교 행사나 교사 관리에 대한 전반을 다룬다. 교역자의 수준은 담임목사의 수준과 유의미하다. 인사가 잘되면 하나님께 영광을 돌리지만 잘못되면 책임의 화살은 담임목사를 향한다. 동역자를 잘못 선택해서 리더십에 손상을 입는 것보다 더 심각한 폐해는 성장해야 할 영혼들이 성장하지 못한다는 것이다. 신뢰할 만한 사람 옆에는 신뢰할 만한 사람이 있다. 동역자 청빙할 때 신뢰할 만한 사람의 추천을 받는다. 동역자들의 1차 면접 이후 2차 면접을 한다. 그 사람의 평판을 세심하게 살피고 나서 결정한다.

동역자를 찾는 많은 교회가 쓸 만한 인재가 없다고 한다. 사람을 키우지 못했다는 자기고백이다. 쓸 만한 사람 내어 주는 교회는 아직 못봤다. 선배님을 뵈러 갔었다. 서른 장 내외로 보이는 이력서를 놓고 괜찮은 교구목사를 한 명 추천해 달라하셨다. 어떻게 동역자를 찾는지 그 길을 먼저 찾는 게 좋아 보였다. 인재등용 시스템이 갖춰지지 않은 교회였다.

삼성그룹의 인재등용 방식을 보자. 시행착오를 겪은 끝에 나름 뛰어난 인재를 뽑는다. 처음에는 바다에 그물을 던지고 끌어 올려서 큰 고기를 골랐다. 1단계 '그물형'이었다. 다음은 큰 고기를 잡기 위해 큰 바늘에 큰 미끼를 걸고 낚시를 던졌다. 2단계 '낚시형'이다. 지금은 물 속에 직접 들어가 큰 고기를 작살로 찍어 가지고 나올 만큼 사람을 들여다본다. 일명 '작살형'이라 한다. 그물이나 낚시는 많은 시간을 낭비하고 확실한 인물을 구체적으로 찾을 수 없기에 변화한 것이다. 삼성은 잭 웰치에게 차세대 리더의 코칭을 위임했다. 'GE 인재 사관학교'는 사오지 못했어도 잭 웰치는 사왔다.

3차 코칭은 평신도를 향한다. 평신도가 귀히 쓰임 받으려면 성령세례를 받아야 한다. 교회 안팎에서 덕을 세우고 모범이 되는 헌신자여야 리더십을 부여한다. 신앙보다는 인격을 먼저 본다. 통전적인 리더십을 가지도록 다양한 부문의 코칭이 필요하다. 독서지도, 리더십 상담, 개인적인 돌봄을 통한 인격과 신앙지도가 있어야 한다. 그가 가진 잠재력을 찾아내어 극대화하도록 방향을 제시한다. 교회는 4단계 양육과정을 통해 제자를 세운다.

양육 과정이 복잡하면 자신들이 어디에 서 있는지 모른다. 최고의 코칭은 코칭 자리에 서는 것이다. 평신도가 평신도를 코칭 한다. 필수 과정이 끝나면 다양한 선택 과정이 있다. 선택과정의 꽃은 '성서학당'이다. 말씀을 알고 깨닫고 실천하도록 가르친다. 성서를 잘 가르칠 수 있는 신학대학 교수를 협동목사로 허락해 주셔서 동역한다.

레오 버스카글리아(Leo Buscaglia)는 『서로 사랑하기』에서 질문으로 인간관계를 시작할 것을 권한다.

"내가 이 사람과 관계를 맺고 싶어 하는 딴 속셈이 있는가?"

"내가 이 사람을 좋아하는 이유가 조건 때문인가?"

"나는 무언가로부터 도망치려고 하는 것인가?"

"나는 이 사람을 변화시키려 하는가?"

"나는 나 자신의 결점을 보완하기 위해서 이 사람을 필요로 하는가?"

"질문에 대한 대답이 '예스' 라면 그 사람과 관계를 맺지 않는 것이 좋다. 그 사람에게 당신은 없는 게 더 나을 것이다."

코칭은 하나님의 명령이다. 주님의 제자 훈련은 코칭이다. 사람을 키워 그가 세상을 움직이는 하나님의 사람이 되게 하셨다.

랄프 에머슨(Ralph W. Emerson)은 말했다.

"우리가 가장 소망하는 바는 내 안의 잠재력을 최대한 끌어내어 나를 최선의 인물로 만들어 줄 누군가를 만나는 일이다."

로고스교회는 지속적으로 성장하고 있다. 코칭을 통해 안정보다는 도전적인 삶을 선택한 청년정신이 많다. 코칭이 코칭으로 이어진다. 30-40대 코치들이 청년을 일대일로 코칭 한다. 교회 비전과 자신이 함께 가기를 소원하며 작은 일에도 코칭을 구한다. 크리스천 코칭은 하나님의 사람의 잠재력을 극대화하여 그가 최고의 용사가 되도록 돕는 것이다. 숨겨진 하나님의 형상을 찾아 하나님의 용사로 세우는 곳이 교회다.

정기홍 안수집사

2008년 8월 17일 이 날은 제가 로고스교회를 등록한 날입니다. 안성우 목사님을 처음 만나게 되었죠. 결혼 8년차가 되던 해인 2004년에 하나님의 인도하심으로 신앙생활을 시작했습니다. 그저 선데이 크리스천으로 신앙생활을 했어요. 때로는 찬양대, 교회학교 교사, 교회 시설 관리로 봉사를 했습니다. 이렇게 해야 복을 받는다고 해서 구원의 은혜가 아닌 그저 열심히 했던 기억이 납니다. 불균형이었죠! 교회에서는 충성스런 정집사라 생각할지 모르겠지만, 마음은 여전히 상처투성이로 자기중심적, 열등감과 피해의식, 인정받고 싶은 욕구가 많았습니다.

2008년 연말에 행신동 로고스교회에서 목사님이 독서클럽 모집광고를 내셨습니다. "10년 후 그분들이 어떻게 성장해 있는지 보라"고 말씀하셨습니다. 저는 직장을 옮긴터라 불안함과 성장하고 싶은 욕구로 독서클럽에 참석하고 싶었지만, 선뜻 신청하지 못했습니다. 그리고 아주 가끔 새벽예배를 갈 때면 독서모임을 하고 있는 광경을 보곤 했었는데요. 그 후 저는 다니던 직장을 그만두면서 자기포기와 열등감에 사로잡혀 가정의 갈등이 최악이었습니다. 교회 내에서 독서클럽 회원들이 주도적으로 자기 역할을 감당하며 신앙생활을 하는 모습이 보였습니다. 마두동으로 교회를 이전하는 과정 중에서 그들의 활약과 성장이 부럽기만 했습니다.

그러던 중 2010년 독서클럽 2기 모집소식과 목자인 방성운 안수집사의 권유로 목원들과 함께 독서클럽을 시작했습니다. 일주일에 책 한 권을 읽고 정리한다는 것은 일 년에 책 한 권도 읽지 않던 저에게 정말 힘든 일이었죠. 책 한 권을 읽기까지는 4-5일이 걸렸습니다. 책을 읽고 나면 첫 날 읽은 내용이 무엇인지 생각이 나지 않았습니다. 책 내용을 두세 줄로 정리하고 나면 쓸 말도 없을 뿐더러 토론시간에 삼천포로 빠져서 주제와 관련 없는 얘기를 많이 했었습니다. 그 날은 사무실 가는 차 안에서 너무 창피해서 울기도 했습니다. 그럼에도 불구하고 목사님과 독서클럽 회원들은 제 이야기를 경청하고 기다려 주었습니다. 그런 저를 배려해서 목사님은 총무 역할을 맡기셨는데요. 모임을 갖고 출근해야 하는 회원들을 위해 간단한 아침식사를 준비하고, 독서모임의 회비와 과제를 하지 않았을 때 내는 벌금을 관리했습니다. 책을 다 읽지 못한 전 날 밤이 되면 저와의 싸움을 하곤 했습니다. '그냥 포기해?'

그러던 어느 날, 독서모임 회원인 위연식 집사에게 "책은 다 읽었나요? 다 못 읽어서 도서관에 가서 읽어야겠어요. 이 책 왜 이렇게 어려워요! 힘내세요!"라고 연락이 왔습니다. 너무나 큰 힘이 됐습니다.

어렵고 힘들게 일 년을 지내고 연말이 되었을 때, 그동안 읽은 책을 정리해 보니 36권이었습니다. 책 한 권도 안 읽었던 제가 36권을 읽다니 너무나 놀라운 일이었습니다. 독서클럽에서 읽은 책 말고도 마술전공서적과 자기계발서 등을 찾아서 읽었습니다. 다음 해에는 46권, 그 다음 해엔 53권을 읽었습니다. 책을 많이 읽은 것뿐만 아니라 더 값진 것은 나눔을 통해서 10여명의 다른 생각과 사고의 깊이를 가진 분들의 철학을 배운 것입니다. 나눔을 통해서 사고의 깊이와 넓이와 양이 폭발적으로 늘어나면서 한 권의 책을 읽었을 뿐인데 마치 10권의 책을 읽은 듯 했습니다. 마술강의나 공연 중에 사용하는 단어와 인용구가 달라지면서 매출도 폭발적인 성장을 했는데요. 읽었던 책 중에서 가장 기억에 남는 책은 게리 채프먼(Gary Chapman)의 『5가지 사랑의 언어』입니다. 30가지 검사지를 통해서 나의 성향과 아내의 성향을 알게 되었고 그동안 아내가 왜 힘들어 했는지 그리고 왜 나는 사랑받지 못한다고 느꼈는지 알게 됐습니다. 그리고 목장예배 때 검사지를 가져가 목장식구들의 사랑의 언어를 알아보았고 서로 나누며 목장모임을 갖었습니다. 나눔을 통해서 목장식구들과 더 친숙해졌던 기억이 아직도 생생합니다. 책을 나누며 독서는 저 뿐만 아니라 다른 사람의 삶도 바꿀 수 있다는 것을 배웠습니다.

이처럼 독서클럽을 통한 책읽기와 나눔을 통해 "10년 후 삶을 비교해 보라"고 하셨던 목사님의 말씀을 돌이켜 봅니다. 분명, 지금 많이 성장했습니다. 앞으로도 성장할 것입니다. 왜냐하면 지금도 매 달 목사님이 추천해 주시는 책을 읽고, 주일 설교 때마다 목사님이 인용하시는 책이 있으면 설교시간에 바로 스마트 폰을 꺼내서 책을 주문하기 때문입니다. 10년 후 오늘을 기약하면서요….

정기홍안수집사는 교육마술사로
교회학교 유치부 부장, 목자로 충성되게 섬기고 있다.

도전: 도전 10년 법칙

망설이면 시간을 잃고 시간을 잃으면 기회를 놓친다. 도전해서 실패하면 배우고 성공하면 승리한다. 어떤 일도 하지 않으면 어떤 일도 생기지 않는다. 믿음은 위험한 도전이요 불확실성을 즐긴다. 개척하지 않고는 교회를 세울 수 없고, 돈을 모아서 건축하려면 돈을 모을 수 없다. 타석에 들어서지 않고는 홈런을 칠 수 없고, 그물을 내리지 않고는 고기를 잡을 수 없다. 주님 나라 확장을 위해 빚지기를 영광스럽게 생각하라. 도전하다 실패하면 성장한다. 실패가 반복되면 망한다. 망하면 죽는다. 죽으면 부활한다. 죽음을 두려워하면 부활을 경험할 수 없다. 주님께서는 우리를 위해 마지막 피 한 방울까지 주셨는데 주님 나라 확장을 위해 빚 좀 지는 것 두려워하면 어떤 일도 할 수 없다.

01. 떠나라

하나님께서 아브라함에게 주신 첫 번째 명령어는 '떠나라'였다. 본토, 친척, 아버지 집을 떠나라 하셨다. 2000년 후 주님은 베드로에게

'버리라' 하셨다. '떠나라'의 연관 검색어는 '버리라'였다.

안식년 다녀온 지 3년 만에 로고스교회는 안식년 공백이 채워졌다. 안식년 전 출석을 넘어 제2 성장기가 왔다. 3부 예배 시간에 본당에 보조의자를 놨다. 예배당 건축을 해야 한다는 말이 돌았다. 먼저 교회학교 교육 공간이 절대 부족했다. 2013년에 교회에서 7분 거리 삼송지구에 1만 2천 세대 입주 예정이었다. 입주를 맞춰 교회 이전과 건축을 준비했다. 그러던 2000년 10월 셋째 주 목요일이었다. 여느 날처럼 일산 기독실업인회(CBMC) 조찬 모임 식사 중이었다. 일산 한소망교회 중직이 몇 주 전에 류영모 목사님 건강을 위해 기도를 부탁했다. 기억하고 기도했다.

"지난번에 기도 부탁하셨는데 류 목사님 건강은 어떠신가요?"
"금주 주일부터 설교하셨습니다."
"예배당 건축은 잘되죠. 완공은 언제쯤 하나요?"
"내년 6월 말입니다."
"일산 예배당은 매각합니까?"
"매각합니다. 왜 로고스교회가 생각 있으세요?"

순간 40여명 되는 실업인회 멤버들이 얼음이 됐다. 내 입을 바라보며 긴장했다. 눈에는 '일산으로 들어와 주세요.'라고 쓰여있는 듯했다. 생각 없이 영혼 없는 답을 했다.

"생각 없을 건 없죠."

그게 전부였는데 한소망교회 측에는 '생각 있다'로 전해졌다. 만나자고 연락이 왔다. 마두동 소재 교회 전 재산, 대지 820평에 건물 1,300평을 120억 원에 매각하기로 결정했다는 소식도 들었다. 만나러 가기 싫었다. 감당할 능력, 역량부족을 안다. 일산으로 들어가는 타이밍도 늦었다. 하여, 보자고 하니 뵙고만 오려 했다. 12년 동안 뿌리 내린 행신동이 좋았다. 삼송지구는 준비할 시간도 있고 건축에 필요한 마중물로 재정을 모을 수도 있었다. 다시 찾아온 성장기가 좋았다. 목회와 삶에 여유가 생겼다. 경쟁력 있는 본토를 떠난다는 것은 쉬운 일이 아니다. 삼송지구가 아닌 일산으로 이전 하면 반대와 손실이 더 클 것이라 예상했다. 불확실성이 확실히 높아진다. 계약금만 겨우 준비할 수 있었다. 성도들의 적극적인 찬성을 기대하기가 쉬운 일이 아니다. 그 자리에 예배당을 지어도 어려운 일인데 15분 거리로 교회를 이전하는 프로젝트다. 세 가지 숙제가 풀리면 하나님의 뜻으로 받아들이기로 기도했다. 하나님이 로고스교회를 급류에 몰아넣으시고 돌이킬 수 없게 하셨다. 세 가지 기도제목이 다 응답받았다. 가족의 동의와 찬성, 성도들 80퍼센트 이상 찬성, 중도금 준비였다.

교회가 일산으로 이사하는 날 익명의 지역 주민이 전화하셨다.

"주차장 개방, 아이들 무료 영어스쿨 등 좋은 일을 하는 좋은 교회가 이사 가서 섭섭합니다. 가서 번창하시길 빕니다."

축복해주셨다. 그런 전반적인 분위기를 아는 터라 떠나기가 더 어려웠다. 삼송지구는 예배당 건축을 최대 90억까지로 결정했다. 한소망교회 120억은 로고스의 능력 밖이었다. 교회 역사 12년, 주인의식 없는 게 장점이지만 큰일 할 땐 그렇지 않다. 지난번 예배당 건축할 때 경험했다. 지붕 고치러 올라갔는데 사다리 치워버린 느낌을 패스파인더는 수시로 마음에 담는다.

아브라함은 떠났다. '떠나라'는 명령어는 히브리어 '레크 레카'(לֶךְ־לְךָ)인데 '레카'는 너를 위해, '레크'는 장소 이동, 공간 이동을 위한 떠남을 의미한다. 삶의 자리, 새로운 삶을 위함 '떠남'이란 뜻도 담고 있다. 장소 이동만이 아닌 새로운 삶, 다른 삶, 성결한 삶을 향한 '떠남'이란 의미도 담고 떠나는 것이다.

아브라함에게 요구된 것은 '익숙한 삶 = 안전지대'를 떠나라는 것이다. 일상적인 삶의 기반, 기득권, 직업과 모든 관계도 버려야 한다. 공동체가 새로워지려면 새로운 것을 찾기 전에 버려야 할 것을 먼저 찾아야 한다. 전략문제 전문가 마이클 포터(Michael E. Porte)는 경영, 경제학을 연구하는 학자이다. 하버드 비즈니스 스쿨에서 거대 기업의 신규 CEO를 위한 프로그램을 담당하고 있다. 그의 연구는 전 세계 유수의 정부 기관과 기업, 비영리단체, 학계에서 널리 인용한다. 짧은 가르침은 많은 것을 생각하게 한다.

"전략은 선택하고 절충하는 것이다. 좋은 전략은 제대로 된 목표에서 시작한다. 전략은 먼저 하지 말아야 할 일을 선택하는 것이다."

목회자에게 6년 주기 위기설이 있다. 로고스교회를 떠나고 싶었다. 한 사람으로 인한 시험을 감당하기 어려웠다. 너 죽고 나 죽자 식으로 덤볐다. 떠나도 좋을 때 떠나야 한다는 것을 알기에 참고 또 참았다. 첫 번째 위기는 안식년으로 넘어섰다. 안식년은 떠나는 것이다. 부흥에 대한 과도한 부담과 첫 번째 패러다임으로부터 떠났다. 익숙함을 버린다. 자신을 객관적으로 보지 못함에서 떠난다. 두 번째 위기는 정확히 12년 차에 찾아 왔다. 익숙함과 안전지대는 떠남으로만 해결 가능하다. 어떤 것도 새로울 게 없었다. 일산으로의 교회 이전으로 극복했다. 목회자의 목회지 이동도 긍정적으로 생각할 이유가 여기에 있다. 떠남으로 새로워질 수 있다. 목회자를 보내는 교회는 나름 힘들지만 새로운 만남이 주는 배움도 나쁘지 않다. 떠남으로 교회는 새로운 사람을 맞이함이 좋다. 목회자 중심에서 벗어난다. 교회마다 영적인 유전인자가 다르다. 새로운 교회에서 잘 적응할 수 있으면 즐길 일이다. 새로운 문화에 적응하는 동안 성장한다. 개척자가 개척한 교회에서 은퇴하는 것도 어려운 일이다. 그것만으로 기뻐할 수 없다. 자기 갱생을 위해 피 흘리는 수고를 해야 한다. 광야로 들어가야 한다. 기득권, 평안함, 익숙함을 버리기 위해 죽어야 한다. 장기 목회의 보상은 건강한 교회성장과 신뢰도이다.

무엇으로부터 떠나야 할지 모른다면 질문해야 한다. 로고스교회는 연 2회 목회 평가를 한다. 이날 만큼은 온전히 듣는 시간이다. 자기 계발을 위해 읽은 책은 무엇인가? 담임한 교구 식구들 중에 위로, 사역 재배치를 한 사람은 누구인가? 교구 성장 목표를 달성했는가? 했다면 그 이유? 못했다면 그 이유를 냉혹하게 분석하시오. 이런 저런 질문을 한다.

마지막 질문이다.

'담임목사가 당장 버려야 할 것은 무엇인가?'

동역자가 써 내려간 내용을 읽다보면 힘들 때가 있다.

'당신이 목회를 알아!'
'담임목사 돼서 목회할 때 얼마나 잘하나 보자.'

악한 생각이 스치지만 집을 짓지 못하도록 십자가의 피로 씻어낸다. 다음날 새벽기도 시간에 말씀하셨다.

"네가 좀 아프고 대신 내가 네게 맡긴 내 자녀들이 조금 덜 아프면 안 되겠니?"

떠나야 할 것, 버릴 것을 찾고 리스트를 만든다. 결단하고 버리기 위해 성령의 도우심을 구한다. 행신동을 떠나 마두동으로 오지 않았다면 답답하고 게을러졌을 것이다. 하나님이 로고스교회로부터 다른 곳으로 옮기셨을 것이라 생각한다. 다른 교회로 임지를 옮겨서 새로워지는 것만큼 교회 이전은 변화를 요구했다.

2012년 두 주 간 예배당 개보수 공사하고 드디어 입당했다. 외부 사역 비중이 늘었다. 여섯 명 모였던 일산 기독실업인회가 45명으로 성장했다. 코스타 저녁 집회 강사로 섰다. 설교와 교회, 영향력이 한 단계 높아짐을 느꼈다. 입당과 함께 버릴 것을 찾았다. 시카고 교민 연합집회, 토론토 청년 연합집회, 유럽 코스타로부터 온 초청장을 버렸다. 국내 교회 집회도 3년간 나가지 않았다. 외부집회를 버리지 않았다면 교회는 빠른 속도로 성장하지 않았을 것이다. 입당 6개월이 지나니 빚이 더 늘지 않았다. 조급하게 빚 갚고자 하는 마음을 버렸다. 약 3년 동안 전도에 많은 재정을 투입했다. 하나님은 로고스교회를 향해 하늘 문을 여셨다. 교회는 부흥했고 이후 약 4년 동안 대출 받은 원금을 많이 상환했다.

오늘도 떠나야 할 것을 찾는다. 작은 일과 피곤한 일이 싫어진다. 다시 종의 마음으로 무장한다. 한 영혼을 온 천하보다 귀하게 여기는 마음이 변치 않기를 기도한다.

02. 두려움 극복하기

아브라함이 믿음을 가지고 우르를 떠났지만 가나안에 들어가기까지 숱한 두려움과 싸워야 했다. 갈대아인의 땅 우르는 신전 중심 사회였다. 아버지 데라는 신상을 제작하는 명장이었다. 고대사회에서 제의에 종사하는 자는 부자였다. 하란에서도 달의 신 '난다'가 발굴되는 것으로 봐서 아버지와 함께 일했던 것으로 서울대학교 종교학과 배철현 교수는 추정한다. 안정적인 생활을 떠나는 것도 두려움이지만 불모의 땅을 행해 간다는 것은 생명을 건 모험이다. 우르에서 하란까지 1,650킬로미터는 멀고도 먼 길이었다. 나그네는 범죄자로 봤다. 부족에서 퇴출당한 자로 여겨 명예살인이 가능했다. 하란에서 가나안까지는 물도 먹을 것도 절대 부족한 환경이다. 떠나야만 하는 이유는 잘 살기 위함이 아니라 바르게 살기 위함이다.

두려움 없는 프로젝트는 도전이 아니다. 교회는 예배당 건축을 원하는데 선배는 원하지 않았다. 미루고 미루다 건축하지 않고 목회지를 이동했다. 묻지도 않았는데 말씀하셨다.

"나 봐라 건축하자는 성도 버리고 사역지 옮겼다가 완전 개고생하고 있다."

두려워해야 할 것은 두려움뿐이다. 일어나지도 않을 일을 두려워하는 사람을 봤다. 한 사람이 흘려야 할 눈물의 양은 동일하단다. 두려움은 믿음에 관한 시험이다. 믿음은 주문을 외운다고 생겨나는 것이 아니다. 두려움은 큰 소리로 기도한다고 떠나는 것도 아니다. 믿음은 관계의 깊이에 기인한다. 하나님과 친밀감, 하나됨으로 두려움을 극복한다. 하나됨은 내 욕망을 버리고 하나님의 비전에 헌신하는 것이다. 실패해도 성장한다는 믿음이 필요하다. 성결한 삶을 추구하며 날마다 십자가의 피로 수혈한다. 주님이 아파하시는 것 아파하고 기뻐하시는 것 기뻐한다. 일 중심이 아닌 관계 중심으로 서야 한다. 일을 보면 사람은 도구가 된다. 사람을 하나님으로 보면 섬김과 사랑의 대상이 된다.

청장년 출석 390명 성도들과 함께 101억 프로젝트를 감당하기가 꽤나 아니 무척 두려웠다. 이러다가 교회가 송두리째 없어지는 것 아닌가 하는 막장 드라마의 결론까지 예상했다. 매입 대상은 예배당과 부속 건물 외에 다섯 필지 주차장 부지였다. 플랜 B를 세웠다. 믿음 없어 보일지 모르지만 대안을 세워두는 게 좋다. 교회 성장이 더디거나 부채가 부담되면 주차장을 한 개씩 매각하려 했다.

행신동 보다 일산은 대형교회들이 많다. 가서 살아남을 수 있을까 하는 두려움도 컸다. 영적인 거목들이 즐비하다. 그분들 보지 않고 내게 주신 은사에 집중하기로 했다. 안양에서 목회하는 한홍식 목사님께서 전해준 말이 큰 위로가 됐다.

"아무리 작은 일도 성령께서 함께하지 않으시면 안 되고, 아무리 큰 일도 성령께서 함께하시면 된다."
"선배님 성령께서는 어떤 교회, 어떤 목사와 함께하시나요?"
"안 목사, 목사가 그걸 모르면 안 되지."

생각 없이 던진 질문에 해학 담긴 답이 돌아왔다.

주님은 우리를 구원하기 위해 목숨까지 주셨다. 주님의 교회가 주님 나라 확장을 위해 빚을 두려워한다면 어떤 것도 할 수 없다. 빚을 두려워 한 게 아니라 실패를 두려워 한 것이다. 교회건축이나 이전은 순교 신앙으로 무장하면 된다. 죽기를 각오하면 못 이룰 일이 없다. 패스파인더 리더는 헌금을 모아서 무엇인가 하려면 기회는 오지 않는다. 기존 교회에 부임하면 예배당 건물이 있을 확률이 높다. 기득권도 있다. 기득권을 헌신으로 보고 잘난 척 하는 사람들을 수용하면 된다. 기득권도 자기 건물도 땅도 없는 게 개척 교회다. 기득권이 없단 말은 헌신한 자가 없단 말이기도 하다. 다른 방법은 없다. 빚지기를 두려워하지 말아야 무엇인가 할 수 있다.

구입 계약서를 쓰고 잔금 후 입당까지 6개월의 시간이 주어졌다. 알면 못할 일을 했다. 행신동 예배당 매각 계약서를 쓰고 매입 계약서를 써야 했는데 매입 계약서를 먼저 썼다. 행신동 예배당 파는 걸 쉽게 생각 했다. 말리는 사람도 없었다. 다행히 교육관 건물은 6억에 매각했다. 예배당은 36억에 내놨다. 꼭 사겠다고 다른데 주지 말라는 교회가 협상 테이블에 앉았다. 32억까지 낮췄다. 시간은 우리 편이 아니었다. 협상테이블에서 최악의 자리에 앉았다. 30억까지 낮춰야 했다. 그래도 안 사겠단다. 더 깎으려고 하는 것 같단 생각도 했다. 별별 생각이 다 들었다. 그럴 분이 아닌데, 사려던 마음이 변할 수도 있다고 생각했다. 살 생각이 없다고 말하기는 미안해서 터무니없는 값을 부른다고 생각했다. 네 달 동안 줄다리기 하다 줄을 놔 버렸다. 매매 협상을 거둬들이고 돌아오는 길에 두려움이 엄습했다. 36억에 매각해도 부채는 부담스러운 수준이었다. 매각이 안 되면 대출 받아 잔금 지급해야 하는데 빚은 둘째 치고 빚 낼 담보가 부족했다. 하나님께 기도했다.

"하나님! 하나님의 재산이라 비싼 값이 아닌 서운한 값에 내놨습니다. 흥정 없이 살 사람을 붙여 달라고 했는데 너무하십니다. 어떻게 좀 해 보세요. 순적하게 팔리지 않는 것을 보고 교회 이전이 하나님의 뜻이 아니라는 사람이 나옵니다. 그 입을 막아주세요."

아내는 기도했다.

"하나님 살려 주세요. 당신의 아들, 두 번 교회 개척에 어떻게 사역 했는지 아신다면 팔게 해 주세요."

불평 머금은 기도를 드린 지 하루가 지나지 않아서 사겠다는 다른 교회가 나셨다. 일주일 후 36억에 계약서를 썼다. 매입하는 교회 장로께서 흥정하자고 했단다. 담임목사님이 불허하셨단다.

"누가 봐도 적정한 가격에 내 놨습니다. 하나님의 집 놓고 자녀들이 흥정하는 것 아닙니다."

두려움은 믿음 훈련이다. 두려움 없는 결정은 확실한 결정이다. 확실성을 택하면 미래가 불확실해지고 불확실성을 택하면 미래는 확실해진다. 두려움을 통해 믿음을 연단하신다.

03. 타이밍

한 선배가 서울신학대학교 3대 미스터리가 있다고 했다.

"첫째, 그 사람이 외국에서 박사학위 받아 교수가 되어 있는 것, 둘째, 그 목사가 목회 못하고 헤매는 것, 셋째, 안성우가 개척해서 교회 부흥 하는 것."
"말씀이 이루어진 겁니다. 그래야 '처음 된 자 나중 되고 나중 된 자 처음 된다.'는 말씀을 하신 주님의 말씀이 진리라는 것을 사람들이 믿을 겁니다."

미소 머금고 대답했다. 신학생 때는 초라했다. 군복무 마치고 입학한 예비역 눈에 고등학교 갓 졸업하고 목회자 되겠다고 온 애송이의 초라함을 인정한다. 신학대학교를 졸업하고 지난 30년 동안 자발적 고난을 선택하며 고통에 몸을 던졌다. 어지간한 일은 아프지도 않다.

일산으로 교회 이전 할 때 타이밍이 좋았다.

교회는 공간 부족으로 인해 불만이 찼다. 대체 공간을 준비하지 않고 버틸 방법이 없었다. 성도들이 입만 떼면 예배당 짓자고 했다. 일산 기독실업인회도 전국에서 가장 빠른 부흥을 보이는 모범지회가 됐다. 지회 분립까지 했다. 일산이 눈에 들어왔다.

존 맥스웰은 리더십의 타이밍 법칙을 말했다. 로고스교회 예배당 이전과 연관 지어 재해석 했다.

올바르지 않은 일을 올바르지 않은 타이밍에 추진하면 재앙이 온다. 공동체는 해체된다.
올바르지 않은 일을 올바른 타이밍에 추진하면 상실이 온다. 구성원들이 리더를 떠나거나 리더가 설 땅을 잃는다.
올바른 일을 올바르지 않는 타이밍에 추진하면 저항이 온다. 성공제일주의라는 오명을 쓰고 신뢰를 잃는다.
올바른 일을 올바른 타이밍에 하면 성공이 온다. 구성원은 리더를 따르고 리더는 일을 통해 능력을 인정받고 리더십의 수준이 향상된다.

타이밍의 법칙은 리더십의 꽃이다. 어떻게 타이밍을 알 수 있을까? 주님은 십자가 지기 전에 금식하지 않으셨다. 사역 시작할 때 금식하셨다. 목회 위기가 올 때 금식하는 것도 나쁘지 않다. 사역 시작할 때 금식하면 더 좋다. 새해가 열릴 때 금식하던지, 새로운 일을 시작하는 시점이 좋다. 위기 때의 금식은 매일 변화의 타이밍을 놓치고 대대적인 구조 조정을 하는 어리석음과 같다. 매일 십자가 앞에 선다.

타이밍을 아는 지혜는 말로 설명하기 어렵다. 준비된 사람은 안다. 경험, 지성, 기도, 말씀묵상과 경청의 1만 시간 법칙을 통과한 사람은 촉이 살아있다. 감각적으로 영적으로 그때를 안다. 하나님이 신비한 방법으로 타이밍을 말씀하시기도 한다. 특별인도법인데 장려하고 싶지는 않다. 지혜인도, 통찰력을 주셔서 그때를 아는 선택의지를 활용하는 것이 주님의 보편적인 인도 방법이다. 신실하신 하나님은 신실하게 준비한 자를 쓰신다. 공의로우신 하나님은 심는 대로 거두게 하신다.

이르시되 내가 은혜 베풀 때에 너에게 듣고 구원의 날에 너를 도왔다 하셨으니 보라 지금은 은혜 받을 만한 때요 보라 지금은 구원의 날이로다(고후 6:2, 개역개정)

은혜 베풀 때가 있다고 하셨다. 사람이 준비되면 하나님의 때라고 볼 수 있다. 준비 안 된 사람이 이른 응답을 요구하는 것은 미련함이다. 말씀이 마음을 움직이고 감동을 주신다. 환경도 만들어진다. 이때가 적기이다.

또 여호와를 기뻐하라 그가 네 마음의 소원을 네게 이루어 주시리로다(시 37:4, 개역개정)

예배당 건물을 사모하지 않고 하나님의 얼굴 뵙기를 사모했다. 건축이 얼마나 힘들고 어려운 과정인지 알기에 건축은 최대한 미루고 그해 선교사 다섯 가정을 파송했다. 신비한 경험을 했다. 금요일 밤 기도회 시간에 이렇게 선포했다.

"하나님 오고 계십니다."
"우리 교회를 기뻐하시고 우리 교회로 오고 계십니다."

그 어려운 교회 개척을 두 번이나 했다. 로고스교회 개척, 그 어려운 예배당 건축을 두 번이나 했다. 이번에는 매입하게 하셨다. 큰 부채를 감당해야 했지만 2주 만에 구조 변경을 끝내고 입당했다.

타이밍의 법칙의 필요충분조건이다. 무슨 일을 하던지 그 일에 대한 충분한 지식이 우선돼야 한다. 이어지는 것은 경험, 경청, 연구, 분석, 소통, 대안을 찾아야 한다. 준비된 자는 타이밍을 안다. 타이밍이 되면 설득할 필요가 없다. 자발적 동의가 따르고 기다렸다는 듯이 동참한다. "생각 없을 건 없다"고 생각 없이 한 대답을 한 지 두 달 만에 계약을 체결했다.

은혜도 때가 있다. 운명론적 예정의 시간이 아닌 하나님께 회개하고 준비될 때다. 하나님은 기도의 잔이 찰 때, 헌신의 잔이 찰 때, 눈물의 잔이 찰 때 응답하신다.

04. 다시 도전하라

아브라함이 갈대아 우르에서 하란으로 직행하지 않고 하란에서 10 여 년 머뭇거렸다. 죄책감에 매몰됐다면 건강한 출발이 되지 못했을 것이다. 연대기를 따져 보면 아버지의 죽음 전에 하란을 떠났다. 창세기 12장은 하란에서 두 번째 부르심 받은 장면이다. 그 전에 하란에서 아버지 데라가 죽는다. 한 세대는 가고 한 세대가 오고 있음을 암시한다. 아브라함은 하란을 가로지르는 발릭강 둑에 앉아서 고민했다.

"다시 떠나야 하는가?"

그는 일어서서 하란을 떠난다. 다시 도전한다.

영국 허트포드셔대학교(University of Hertfordshire)의 심리학 교수 리처드 와이즈먼(Richard Wiseman)은 성공한 사람들의 공통점을 연구한 결과 "불확실성을 즐긴다."고 했다. 15세기 이후 유럽인들이 항해를 시작한 이유는 후추 때문이었다. 넉넉하지 않은 고기를 소금에 절여 보관했기에 요리를 위해서 후추가 필요했다. 당시 오스만 투르크에 의해 동양과의 육로 무역 길은 차단됐다. 어쩔 수 없이 해상 무역로를 개척했다. 육상 무역로가 열려 있었다면 콜럼버스(Christopher Columbus)는 신대륙을 발견하지 못했을 것이다.

사실 콜럼버스가 신대륙을 발견하기 위해 떠났다고 알고 있는 것은 위인 만들기 놀이에 동참하는 꼴이다. 콜럼버스는 신대륙을 발견하기 위해 출발한 게 아니다. 금을 찾기 위해 인도를 목적지로 삼았다.

확실한 지도도 없었고 인도에 가 본 선원이 한 명도 없었다. 어처구니 없게도 콜럼버스가 인도를 향해 출발한 것은 잘못된 계산법을 믿었기 때문이다. 지구는 둥글고 둘레가 29,000킬로미터라는 프톨레마이오스(Klaudios Ptolemaios)의 주장을 믿었다. 그래서 인도까지의 거리를 4,345킬로미터로 계산했는데 실제 인도와의 거리의 6분의 1에 불과했다. 당시 배의 크기로는 인도까지 갈 수 있는 식량을 모두 실을 수도 없었다. 계산을 바르게 했다면 출발하지도 못했을 것이다. 포르투갈이 그의 항해에 투자를 하지 않은 것은 지구 둘레를 에라토스테네스(Eratosthenes)가 계산한 40,000킬로미터 정도라고 믿었기 때문이다. 포르투갈 사람들이 콜럼버스보다 더 똑똑하고 계산적이었지만 신대륙을 발견한 것은 더 미련하고 도전적인 콜럼버스였다. 식량을 다 채우고 떠나지 못할 배는 없다. 식량을 다 채우고 떠나면 신대륙은 남아 있지 않다. 떠나야 길을 찾는다. 식량이 부족해야 간절함이 있고 간절해야 길을 낸다.

콜럼버스가 항해 중에 돌아오고 싶은 생각을 얼마나 많이 했을까? 거친 선원의 저항을 이겨내며 매일 도전을 즐겼던 그에게 박수를 보낸다. 잘못된 계산법도 지원 하지 않겠다던 사람도 무의미하다. 역사는 도전하는 자에게 열린다. 과거의 실패가 도전의 발목을 잡는 경우도 있다. 사업에 세 번 실패하고 재도전에서 성공한 사람을 알고 있다. 과거는 지나간 일이다. 과거를 후회한다고 달라질 게 없다. 과거를 통해 배우면 된다.

오늘의 로고스교회는 먼저 주님의 은혜임을 고백한다. 다음으로 두 번째 개척이었기 때문이다. 처음 도전이 없었다면 오늘도 없었을 것이다. 당진군 합덕읍 조그마한 시골 마을에서 상개중앙교회를 개척할 때가 첫 번째 도전이었다. 누군가 시골집 한 채를 사 놓고 개척자를 기다렸다. 개척후보자 몇 명이 다녀가서 답이 없었단다. 누가 봐도 답이 없는 일이었다. 신자, 생계비, 예배당, 후원자도 없는 시골 집 한 채였다. 게다가 오랫동안 비어있었다. 개척은 잃을 게 없다는 것이 최대 장점이다. 그리스도의 고난을 몸에 짊어지기 위해 도전했다. 집안에서 처음 믿었고 목회자가 된 터라 조상을 통해 주는 복을 기대할 수도 없었다. 개척밖에 없었다. 하나님은 공평하셔서 자발적인 고통을 선택하면 비자발적인 고통은 줄여 주실 것이라 믿었다. 지금 피하면 언젠가는 맞닥뜨릴 일이다.

1990년   상개중앙교회 개척
1997년   로고스교회 개척
2000년   316평의 대지를 구입하고 214평의 예배당 건축
2010년   820평 대지와 1300평 예배당 구입
2020년   ?

도전 10년 법칙이다. 믿음의 다른 말은 용기다. 용기 있는 자는 후회하지 않는다. 남이 이룬 것 받기를 기대하지 않고 자기희생에 도전한다. 85퍼센트의 목회자는 지금 섬기는 교회보다 더 큰 교회를 섬길 수 있도록 준비됐다고 생각한다는 통계가 있다. 기회만 주어지면 85퍼센트의 목회자들이 목양지를 옮기겠다는 속셈일지도 모른다. 하나님의 인도하심이 있기 전까지 오늘의 현장에서 도전해야 한다. 변화와 성숙을 위해 매일 도전해야 한다.

모르겠다. 하나님이 다른 교회 부임하라는 사인을 주지 않으셨는데 다른 마음을 품고 있는 것이 종의 마음일지.

잘 모르겠다. 오늘 삶의 자리에서 충성을 다하지 않고 더 큰 것을 바라는 것이 믿음일지.

정말 모르겠다. 더 큰 교회나 더 좋은 교회 가려고 인맥 쌓고 몸값 올리려 다니는 것을 주님이 기뻐하실지.

도무지 모르겠다. 무지개 잡으려 뛰어 다니다 마지막까지 무지개를 못 잡으면 어떻게 말할지.

죽어도 모르겠다. 그런 마음 지금 교회에 들통 나면 뭐라고 변명할지.

내면에 잠재된 신대륙, 하나님의 형상을 찾아 떠나지 않고 좋은 환경만 찾는다면 언제 새로운 전환점을 경험할지 누구도 장담할 수 없다.

어제는 전화가 왔다.

"선배님 청빙 받았습니다. 갈 이유도, 가고 싶은 마음도 없는데 청빙 받았습니다. 어떻게 할까요?"

"그럼 가세요."

원하는 결과를 얻지 못했다면 지불해야 할 희생이 남은 것이다. 도전을 주저하면 리더십은 도전 받는다. 속사람의 강건함, 자기 갱생을 통해 리더는 다시 태어난다. 10년에 한 번씩은 알을 깨야 한다. 자발적으로 광야에 몸을 던지는 게 좋다.

일을 통해 사람의 역량이 성장한다. 예배당 건축이나 이전은 꼭 10년 만의 도전이었다. 1990년, 2000년, 2010년에 알을 깼다. 2020년에는 무슨 일이 생길지 기대한다. 타이밍의 법칙에 의하면 리더가 준비되면 하나님이 일하신다. 종에게 필요한 것은 도전하는 믿음이다. 안전지대는 영성을 죽인다. 광야는 인간이 최소화 되고 하나님이 최대화 된다. 10년에 한 번 자발적으로 모험으로 나서는 게 믿음이다. 10년 후면 안정을 추구할 나이가 된다. 안정을 기대하면 남은 사역기간이 무의미할 것 같다. 안정을 주시지만 버릴 용기를 구한다. 나이는 숫자에 불과하다. 청년이지만 노인이 있고 노인이지만 청년도 있다. 청년 정신을 구한다. 도전을 기뻐하는 자는 청년이다.

10년 후에, 오늘 이후 10년 이야기를 담은 개정 증보판이 나오기를 기도한다.

이규영 장로

어느덧 행신동에서 마두동의 시대를 이어온 지도 7년이 넘었습니다. 예수님의 피로 교회를 세우고 성장과 성숙의 과정으로 인해 교회를 이전해야만 했습니다. 준비과정 중에 하나님의 인도하심은 인간의 상식을 뛰어넘어 친밀하게 다가왔습니다. 역사하심 그 자체였습니다.

사람이 마음으로 자기의 길을 계획할지라도 그의 걸음을 인도하시는 분은 하나님이심을 체험하는 좋은 기회였습니다.

2010년 교회를 이전하기 전까지의 과정을 돌아봅니다. 많은 목회자들이 하나님 나라 확장을 위해 교회를 세우고 헌신합니다. 하지만 불행히도 뿌리를 내리고 사명을 감당하며 자립하는 교회는 2퍼센트 이내라는 통계를 본 적이 있습니다. 이렇게 어려운 개척도 두 번이나 그 사명을 완수하고 오늘의 로고스교회를 이끌어 오신 안 목사님의 리더십을 바라보면서 하나님의 살아계심을 분명하게 깨닫습니다.

점점 늘어나는 교인들로 본당 통로와 좌우 남는 공간까지 보조 의자를 준비했습니다. 교육부서 예배 및 여가활동 공간은 절대적으로 부족했습니다. 교회 인근 집사님 댁이나 학원을 빌려서 어린이와 청소년을 양육할 수밖에 없었답니다. 이런 현실을 감안하면 교회의 이전은 반드시 필요했습니다.

지금의 당회 역할을 담당했던 비전회의를 통해 교회 이전을 결정했습니다. 우리가 계획하고 기도했던 장소는 삼송지구였고 구체적인 장소까지 거론하며 추진했습니다. 이전이든 신축이든 막대한 재정투입은 기정사실이며 당시 교회의 재정을 분석하면 사실 무리였죠.

기억하기를 안 목사님 목회여정 중 처음으로 전교인 대상 목적헌금 작정계획을 세우셨습니다. 어린이부터 장년에 이르기까지 전교인이 성전건축에 참여할 수 있는 기회를 갖자는 취지로 헌금약정을 하게 됐는데요. 강요와 체면을 떠나, 서원의 부담감이 아니라 즐거운 마음으로 자원하는 헌신이 필요했습니다. 벽돌 한 장이라도 성전건축에 기여할 수 있는 동기부여와 참여의 기회를 준 겁니다.

지금도 엄숙하고 장엄했던 예배의 분위기를 생생하게 기억합니다. 하나님 앞에서의 약속은 반드시 이행하겠다는 마음으로 아내와 함께 헌금을 작정했습니다. 마음으로는 수억, 수십억을 작정해보지만 안타까운 현실을 감안해 최선의 금액을 정했습니다.

살다보면 사업을 하든 직장생활을 하든 자칫 신용불량자가 될 수도 있지만 하나님 앞에서 신앙(신용)불량자는 되지 말아야지 하는 심정으로 하나님과 약속했습니다. 그 당시 하나님과의 약속을 지키기 위해 지금도 최선을 다하는 분이 계시리라 믿습니다.

목사님은 3년 치 사례비 전액을 작정하시고 헌신의 본을 보여주셨습니다. 자신의 희생 없이는 교회의 부흥을 바랄 수 없다는 믿음과 행함의 일치였는데요. 매월 사례비 지급하고 다음 주일이면 다시 돌아오는 목사님의 헌금봉투를 보는 재정 담당자로서 인간적인 마음은 안타까움과 각성의 세월이었습니다. 끝까지 약속을 지키신 목사님을 존경하지 않을 수 없습니다.

대부분의 교인들은 삼송지구에 건축하는 것을 생각하고 기대했으나 하나님은 안 목사님께 두 번의 건축을 허락하지 않으셨습니다. 많은 교회들이 명멸하는 가운데 굳이 신축을 할 필요가 있을까? 교회가 남아 돈다는데 재분배를 통하는 것이 하나님의 경영이 아닐까? 내 마음 속엔 건축으로 인하여 몇 그루의 나무가 훼손될까? 물과 공기는 얼마나 오염될까? 자손만대에 물려 줄 하나님 주신 아름다운 환경은 얼마나 파괴가 될까? 하는 나름 환경보호주의자 입장도 있었습니다.

결과적으로 하나님께서는 동쪽이 아니라 서북쪽으로 방향을 돌리셨습니다. 교회신축이 아니라 이전을 기회로 주셨습니다. 교회 입장에서 힘에 겨운 결단이었지만 믿음의 시험대라 생각했습니다. 일산 신도시 발표가 나던 날 목사님의 마음에 일산을 품으셨다고 들었습니다. 12년을 일산 신도시 외곽에 자리 했지만 하나님은 목사님의 소원을 기억하셨습니다. 하나님의 세밀하시고 신실하심에 전율을 느낍니다.

무더운 여름 교회 이전이 확정됐고 교회학교를 비롯한 각 부서장들과 한소망교회(현 로고스교회)를 답사하고 리모델링을 계획했습니다. 새로운 교회를 꾸미는 과정에 많은 분들이 자원하는 마음으로 동참했는데요. 필요한 성물, 헌금으로 즐거운 마음으로 참여하는 가운데 솔로몬이 성전을 건축할 때 성물이 넘쳐났듯이 아니 그 정도는 아니었지만 큰 어려움 없이 아름답게 성전 리모델링도 마칠 수 있었습니다.

공간적 제한 속에서 교회 이전 또는 신축은 어쩔 수 없는 현실인데 혹자는 교회가 부동산투기를 한다는 등 부정적인 시각으로 의견을 제시하며 이전을 막아야 한다고 전화한 분도 계셨습니다. 찬반이 엇갈리는 가운데 교회이전을 하고 얼마나 많은 교인들이 따라올까 관심을 가질 수밖에 없었습니다. 당시 비전팀에 속했던 분들 상당수가 마두동으로 동참을 선택하지 않았지만 그래도 멋진 이별이라 생각합니다. 하나님을 사랑하는 자에게 모든 것이 합력하여 선을 이루시는 하나님께서는 이 기회에 남을 자와 떠날 자를 나누었다는 생각도 들었습니다. 물론 당시는 매우 힘들었지만요.

마두동 시대를 열어가면서 새로 등록하는 분들도 점점 늘고 있으며 충성된 하나님의 일꾼들이 모여들고 있음을 감사드립니다. 2010년 7월 이전한지 얼마 안 되어 본당에서 묵상 중일 때입니다. 지하식당에서부터 물이 차오르더니 푸르고 엷은 초록의 물이 넘쳐 계단을 흘러내리는 아름답고 황홀한 광경을 봤습니다. 우리 모두가 은혜의 강물에 몸을 담그고 갈급한 심령이 되살아나는 사람을 살리는 생명수 넘치는 로고스공동체가 되기를 기도합니다. 날마다 하나님 나라를 이곳에서 체험하며 풍성한 생명을 누리는 로고스교회이길 소망합니다.

우리의 방향을 돌리신 하나님께서 과정 중에 보여주신 것은 우리 모두가 리더라는 점입니다. 맡겨진 지체의 역할을 감당하며 모두가 기쁨으로 참여하는 교회를 이루었습니다. 이 시대가 요구하는 리더십은 섬김의 리더십입니다. 교회뿐만 아니라 사회에서도 이러한 리더십을 요구하는 시대입니다. 사람을 통해 일하시는 하나님은 우리 로고스공동체를 너무나도 사랑하십니다.

영성과 리더십을 겸비한 목사님을 보내셨고 선한 영향력과 비전을 제시하는 영적 리더십을 보여주셨습니다. 남을 나보다 낮게 여기고 모든 사람을 주께 하듯 대하는 리더. 성령의 열매를 맺어가며 예수님의 인격을 닮아가는 리더. 그 가운데 선한 영향력과 공동체에 하나님의 비전을 제시하는 역할이 영적 리더십의 올바른 모습이 아닐까요?

어느 날 새벽 교회 인근에 사는 분이 다가와 처음 이사 왔을 때보다 교인들이 많이 늘었다고 했습니다. 안 목사님에 대한 좋은 소문이 들린다고 했습니다. 하나님의 형상을 닮은 영적 리더십의 영향으로 교회가 성장하고 있는 것은 분명합니다. 믿음의 역사로 시대적 상황 앞에 타협하지 않기를 바랍니다. 성령 충만하여 주님 주시는 능력을 행하며 막힌 담을 헐어주신 주님을 기억하고 서로를 위하고 하나 되길 기도합니다. 사랑의 수고를 아끼지 아니하며, 주님의 날을 소망하며 인내하는 로고스공동체가 되기를 기도합니다.

20년을 은혜로 지켜주신 에벤에셀의 하나님. 지금도 우리 로고스공동체와 함께하시는 임마누엘의 하나님. 앞으로의 20년을 아니 예수님 재림하시는 그 날까지 영원토록 로고스공동체의 필요를 채우시고 땅 끝까지 복음 들고 나서는 선교의 장으로 인도하실 여호와 이레의 하나님을 찬양합니다.

이규영 장로는 교회건축팀장으로
리스코 SC 대표로 활동하고 있다.

다시 태어나도 이 길을

2004년 8월, 토론토 North York Centre 도서관은 기도원이었다. 미래를 보기 위해 갔다. 내일을 보여 달라 기도했다. 내일을 보기 위해 과거를 글로 정리했다. 탈고하면 내일을 위한 출발점에 선 것이다. 책을 쓴다는 것은 창조적인 작업이다. 훗날 이 책을 보고 많이 부끄러워했으면 좋겠다. 그만큼 성장했다는 얘기가 될 테니까 말이다.

출간 후 10년이 지나 개정판을 준비하며 많이 부끄러웠다. 문장마다 손대지 않은 곳이 없을 만큼 허접했다. 개정증보판에 도전하지 않았다면 모를 일이다.

후배가 물었다.

"선배님, 목회자의 자질 중에 가장 중요한 것이 무엇이라고 생각하
십니까?"
"기다림과 집중력이다."

지금은 답이 다르다.

"인격과 믿음의 용기다."

사탄은 또 하나의 교회가 세워지는 것을 싫어한다. 교회가 부흥하는
것은 더 싫어한다. 자립하고 지역사회에 영향력을 미치는 것은 사탄의
패배를 뜻한다. 개척 목회는 부흥을 갈망하지만 기다림을 배워야 한다.
패스파인더 리더는 공동체가 두 날개로 비상할 수 있도록 먼저는 교회
내의 사역에 집중해야 한다. 성장이 멈추면 다른 곳에서 길을 찾기 쉽
다. 지방회, 동기, 교역자회, 동문회 등 많은 모임에 초대 받지만 부드
럽게 거절해야 한다. 초기 교회 사역에 집중하지 않으면 하나님도 그
사람에게 집중하지 않으신다. 사역 집중력은 영성의 깊이에서 나온다.

"초기에 얼마나 사역에 집중할 수 있느냐?"
"하나님께 집중할 수 있느냐?"
"그 집중력을 무덤까지 가지고 갈 수 있느냐?"

집중력은 사역의 모든 것이다. 오직 사역에만 집중하기 위해서는 전

도폭발, 성경 연구, 동역자로서의 경험, 제자훈련에 대한 준비와 행정, 설교 준비도 개척 전에 갖추면 좋다. 개척 후 3년간은 무슨 일이 있어도 교회를 비우지 말라고 부탁하고 싶다. 모든 것을 준비하고 매일 전도하며 전력투구해도 개척 교회가 자립교회로 세워지기 어렵다.

10년 전에는 교회 개척의 초기 3년은 대단히 중요하다고 말했다. 이젠 1년이다. 시대의 흐름과 변화 속도를 감지하지 못해도 미래는 이미 와 있다. 교회를 필요로 하지 않는 시대, 교회에 저항하는 시대, 교회가 매력을 잃은 시대, 교회보다 더 많은 문화적 혜택을 누릴 수 있는 시대는 이미 와 있다. 개척 초기 1년은 교회의 미래를 결정한다. 오직 사역에만 목숨을 걸고 집중했으면 좋겠다.

교통사고의 대부분은 집중력이 흐트러졌을 때 일어난다. 마찬가지로 목회 사고, 개척 사고도 집중력이 흐트러졌을 때 일어난다. 통계에 따르면 개척 교회 250개 중 한 교회만이 성장하고 영향력을 미친다고 한다. 개척은 끝났다고 하지만 개척에는 실패가 없다. 개척이 어렵다고 하지만 하나님은 지금도 일하신다. 개척의 새로운 역사를 쓰는 새로운 주인공들이 오늘도 곳곳에서 일어난다.

개척 성공이라고 목회 성공이라 볼 수 없다. 교회 설립 목적은 땅 끝까지 복음을 전하는 것이다. 복음을 전하기 가장 좋은 교회가 개척 교회다. 돌보고 양육할 성도가 없기에 오직 전도만 할 수 있다. 개척 교회의 특권이다.

개척 교회가 자립하지 못하면 누군가에게 짐이 된다. 개척 사역이 힘들어지면 오기와 패배의식에 매몰될 수 있다. 자칫 성공 여부에 집착하며 비교평가 속으로 들어가면 헤어나오기 어렵다. 살아야 일할 수 있고 도울 수 있다. 비교의식, 패배의식에서 구원 받은 리더만이 쓰임 받을 수 있다.

집중과 집착은 구별해야 한다. 성공과 부흥에 집착하는 것은 질병이다. 하나님께서는 자기 성장과 사역에만 집중하기를 바란다.

이 책을 읽고 새로운 용기로 개척을 결단하는 후배가 나오기를 기대한다.

오늘도 개척이라는 거룩한 사명을 가지고 갖은 고생과 끊이지 않는 투쟁 속에서 하루하루를 살아가는 리더들을 위해 중보하며 이 책을 마친다.

다시 태어나도 패스파인더로 살기를
희망하는 부족한 종이 모든 영광 하나님께 올려 드리며….

패스파인더 리더십

ⓒ2018, 안성우

『멈출 수 없는 사랑』 초판 발행 2006년 5월 10일
개정증보판 1쇄 발행 2018년 4월 20일

발행인 안 성 우
지은이 안 성 우

편집장 이순규 | 책임편집 강지희 | 편집지도 신성준 | 교정 안신원
표지디자인 변효은 | 내지디자인 노재순 | 표지사진 정현아 노주한
인쇄 예원프린팅 | 제본 대흥제책

펴낸곳 도서출판 피플스북스
출판 등록 2015년 8월 13일(제 396-2015-000160 호)
주소 경기도 고양시 일산동구 일산로 286번길 36
이메일 peoplesbooks@hanmail.net
문의전화 031)978-3211 | 팩스 031)906-3214

ISBN 979-11-956336-2-3 03230